價崩

氣候危機與大明王朝的終結

卜正民——著

馮奕達——譯

The Price of Collapse

The Little Ice Age and the Fall of Ming China

TIMOTHY BROOK

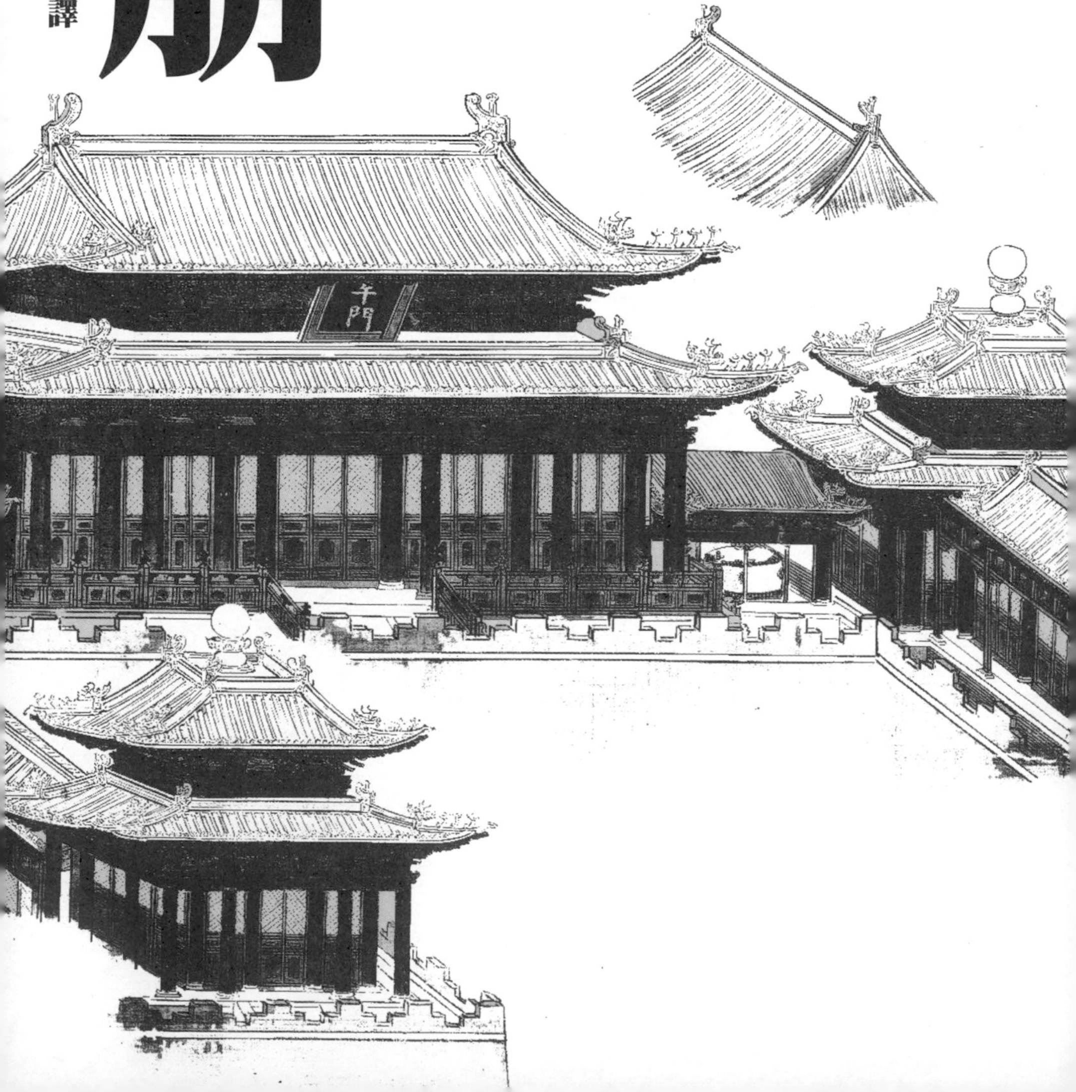

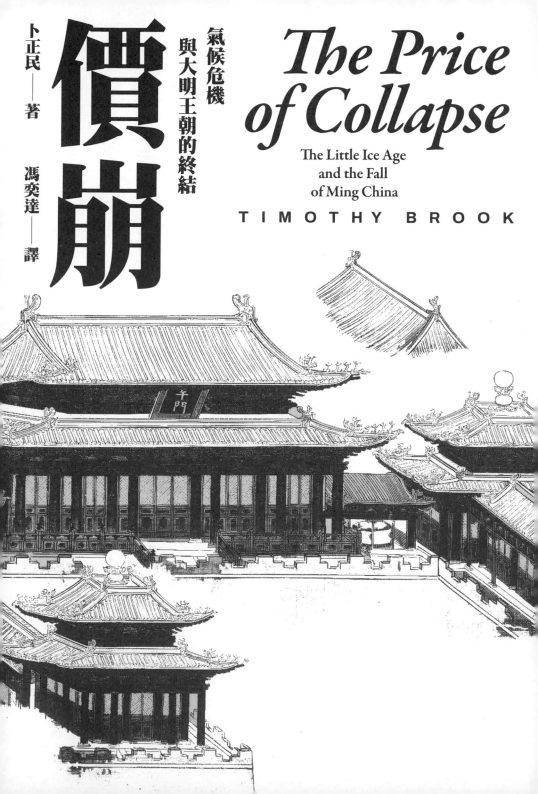

目次

天氣冷，經濟更冷：歷史研究者看《價崩》

陳國棟（中央研究院歷史語言研究所研究員）

我們生活在一個與貨幣形影不離的時代，不過多數人只是簡單的貨幣使用者，不是專業的研究者，因此常常開口說：「我不懂貨幣！」（怎麼會呢？）其實現代人絕對感受得到貨幣的無邊影響力，只是通常也無可奈何罷了。好比說，物價上漲了、薪水變薄了，努力存錢卻永遠買不到房子……實在很揪心啊！買不起房子，那就逆向思考，把錢拿來出國旅遊，至少享受一時的樂趣吧！然而貨幣的陰影又來了——不管兌換現鈔還是刷卡支付，匯率高低的問題及可怕的手續費依舊如影隨形。

貨幣帶來的困擾誠然很煩，可是沒有它，生活在高度分工時代的我們又能怎樣呢？無奈啊！還好，不爽的不只是你，世界各地的人都是，就連古代人也不例外！卜正民這本《價崩：氣候危機與大明王朝的終結》還要跟我們說，因為使用貨幣而產生的物價，難免會上下波動，而崩潰的物價最後居然還拖垮了大明帝國呢！

中國歷史上罕見政權和平轉移。改朝換代的前戲通常是天下大亂，群雄並起。接下來各路英雄好漢經過多年打殺之後，敗者為寇、勝者為王，勝者建立新的朝代，社會逐步恢復秩序。戰亂過程造成大量的人口減損。人少了，對土地的需求變得容易被滿足。戰爭的痛苦記憶，又讓存活下來的人甘心過著平安就是福的日子，放低了物質慾望，辛勤工作。於是經濟慢慢隨著社會秩序的恢復而復甦，時日一久還一天比一天繁榮。在那個「多子多孫多福氣」的年代，沒有節育的觀念，也沒有節育的方法，於是人口自然增加。就這樣，在到達一個高峰轉捩點之後，一切又開始翻轉：人多地不夠，大部分人家的確很難不感覺真實所得一直在減少；而前此在經濟步向繁榮的過程中，財富也向有權勢者的口袋集中，更加深一般人的貧窮感。情況繼續惡化，朝代終究不可避免地走向崩潰。以上這樣說，當然是簡化的敘述，也有人認為這種說法代表「朝代循環」理論，太過抽象與簡單。不過，籠統地去看中國歷史，卻也不太遠離事實。

若就個別朝代的興衰起落而言，無論是政治、社會還是經濟，當然都可以再帶進專屬原因去做進一步的細膩分析。我們來看大明傾覆，社會動盪，確實是引發了各路英雄好漢群起逐鹿。可是，結局卻不是從李自成、張獻忠等造反者領袖中產生新朝代的皇帝，而是關外滿洲人的大清皇帝受邀入關，繼而敉平一切的動亂勢力，坐穩北京的王庭。

話說回來，大清政權入主中國還是要削平群雄，並沒有背離「朝代循環」的基本模式。

至於大明由盛而衰的關鍵，人口的增長、土地的稀有化與貧富差距的拉大，確實發揮強大的影響力。有待深入一點去探討的，就剩下物價與氣候這兩個因素。

卜正民花了很大的篇幅去講物價，可是他很怕讀者只把這本小書當成是經濟史作品。因此他強調：「過去的人之所以把價格寫下來，通常不是因為把價格視為純粹的資料，而是出於價格之間的關聯。我在本書裡講述的歷史，與其說是聚焦於明代經濟，不如說是試圖理解明代社會。物價資料之所以如此珍貴，就是因為這種關聯性。」

外觀上是經濟史，實際內容卻廣泛涉及不同層面。如果閱讀此書而不執著於計較數字，把眼光放到這些數字衍生的社會關係、社會問題、政府行政及官民關係等種種面向上，讀起來就像是在窺看明朝人的生活日常，變得很有趣，而且還時而會有點點滴滴的同情感受。

講經濟好像不能脫離數據。卜正民嘗試使用了像是發生災難時被觀察與記錄到的物價、藝術品或奢侈品交易時產生的物價等難得數據來作為推論的基礎。讀者多少會覺得卜正民有點樂觀，有點輕易接受拿到手中的物價或其他數字，不夠嚴謹；他往往也把個案當成通案來看待。本書中使用的數據，主要來自沈榜的《宛署雜記》（一五九三年完成）。這批數據真的很棒，但再怎麼說都是一時一地的資料，能做多大的推論，能把有效時間延伸多少年，能把空間涵跨多麼遠，只要超過一定的保守界線就很難避免遭到質疑。同樣的資料，有些歷史學家不敢碰，不敢拿來討論。卜正民頂著鋼盔去做，並且適度分析資料的可用性。這有時候也是沒辦法中的辦法，而卜正民也並非完全沒有自覺，因此花了很多篇幅在講重構歷史數據的方法。他做出來的分析與結論，也許不見得完全吻合事實，但正因為他放手做了，也就為讀者開了一扇窗，有機會從不同的角度來看明末的歷史。當我們輕輕鬆鬆閱讀書中一個個歷史劇的演出時，想一想，《價崩》這本書的研究與寫作基本上並未脫離歷史學的訓練與思維，豈不是很有參考價值？

貨幣是經濟的面紗，藏在面紗後面的是經濟活動的真實表現。物價崩跌原本就是經濟狀況不佳所造成——而導致經濟不好的因素很多，對於以農立國的大明國來說，氣候堪稱是最重要的一項。

雖然地理位置與其他地理環境條件創造出不同的區域性氣候變異，而人的能力與人為努力也會影響氣候變化作用出來的後果。但我們畢竟生活在同一個地球，全球氣候皆會受到太陽活動的影響，其中一個情況就是太陽黑子。由於十七世紀後半與十八世紀初（約一六四五年至一七四五年）的太陽黑子數量異常稀少，科學家因此稱這段時期為「蒙德極小期」(Maunder Minimum)，恰巧也就是近世小冰期（Little Ice Age，約一三〇〇至一八五〇）裡最寒冷的階段。

其實，明朝兩度經歷了小冰期當中太陽黑子較不活躍的階段。另一次發生於明朝中葉，科學家稱之為「史波勒極小期」(Spörer Minimum)，大約從一四五〇年至一五四〇年，相當於明景帝在位（一四五〇年至一四五六年）到明世宗嘉靖年間（一五二二年至一五六六年）。本來到景帝即位時，明朝已經創建差不多九十年，也就是三個世代，朝代交替所產生的破壞應該已經完全恢復，社會經濟應該要走向繁榮了。可是寒冷卻在此時乍然來到，農業生產因為日照減弱而欠佳，繁榮的日子只得慢慢等待——這一波等待足足跨越了另外三個世代。

讀明史的人常常會覺得奇怪：《明實錄》裡不時看到嘉靖時代的官員（例如海瑞）說當時的國家財政處在「三空四盡之時」，可是從文人的記載來看，從嘉靖中葉到萬曆中期（一五七三年至一六二〇年）的五六十年間，社會經濟卻是一片繁榮，奢侈之風盛行。國家財政差，是因為同一個統治集團長久掌權，紀律壞了、行政效率差了、貪污腐敗無法遏止了。此時經濟卻因為天氣回暖，豐年常見，繁榮與奢侈一時成為常態。只是一五四〇年以後的好日子為時並不長久：就在過了一兩個世代之後，開始面臨物價高漲的問題。

卜正民頻繁利用明朝鄉紳陳其德與耶穌會士拉斯科爾特斯（Adriano de las Cortes）的觀察紀錄，來講述明代末年人民的生活日常。在數字之外，也給了充滿感情的描繪。至於這兩個人，卜正民過往在《忽必烈的獵豹》與《維梅爾的帽子》等書中都已經介紹過，而他一再利用同樣的文獻，正是熟讀那些作品的結果。同樣的，卜正民也曾在入行之初的一九八一年在《東方經濟社會史學報》發表一篇文章，討論有關翻譯張瀚《松窗夢語》〈商賈紀〉的種種問題。當年他也早就顯現出對於明代後期文集、筆記的認識與運用，有其獨到的見解。透過他的研究與寫作，以及譯者的心力，明代末年的歷史躍然紙上。

這是一本小書，讀起來比較不費勁。但一本小書卻碰觸很大的問題，能夠誘發讀者無限的思考，因此不妨拿來好好讀一讀。

陳國棟

二〇二四年三月二十九日

問題在價格：經濟史研究者看《價崩》

洪紹洋（國立陽明交通大學科技與社會研究所教授）

本人在求學階段主要接受經濟學系的訓練，同時也前往歷史學系修習第一手檔案的解讀方法。卜正民教授撰寫的《價崩》一書，旨在說明氣候如何影響明朝物價，進而帶動帝國衰亡。作者在書中陳述，原本是要以物價史為出發研究明朝，最後意外走向環境史為中心的討論。由於本人之專攻非環境史專業，故嘗試從經濟史的見地為本書提供一些思考與討論。

接受當代經濟學系訓練的畢業生，進行特定商品的物價研究時，一定會想到要找出詳細的日資料、月資料或年資料等，整理成時間數列後，觀察長期趨勢。而對於如農產品、夏季或冬季暢銷物品，還需要剔除季節性因素，再接著針對各種變數之間推敲其因果關係。而當前的財務經濟學，亦早已進入對以百萬分之一秒為單位的「高頻數據」的分析。綜言之，要瞭解現代經濟，可以充分完備的從統計資料與計量經濟學的分析，瞭解物價與不同變數之間的因果關係，並提出政策建議。從經濟學的角度，還會分成短期與長期討論，試著推敲出景氣循環的階段。

近年來有愈來愈多的研究者，試著從歷史文書中整理出可用的數據，並進行量化分析。只不過，並非每段時期都能「幸運地」有詳細實證資料支持這類研究。也就是說，要以現代經濟學的研究技法分析歷史物價，就可能會受限於資料不足而窒礙難行。這個時候，歷史學者恰能以片斷的多方資料進行整理，進而提出嶄新的觀點。

卜正民教授以明朝的私人紀錄與方志內容為基礎，讓讀者能理解各種商品的價格。值得注意的是，若只對同一時間點的單項商品價格進行羅列，並無法讓讀者感受到價格數字的意義。於是，這本書巧妙納入不同商品的價格，甚至涵蓋各類人口的價格紀錄。作者還透過有限的資料估算出明朝富裕階層與社會底層的家計單位每年所需的收入與開銷，詳細瞭解到有錢人家一年的薪資介於十四至二十二兩，生活成本為二十三兩餘；而窮人家的年度薪資則介於五至十二兩，生活成本卻有十四兩之多，呈現出入不敷出的現象。這樣的討論，即是在無法瞭解所得分配和欠缺當代嚴謹家計調查的背景下，以有限資料體現出不同階層的生活差距。本書的一大重要的貢獻，即在於以淺顯易懂的方式，呈現史冊所記載的不同商品價格，讓讀者約略感受到當時貨幣的購買力，瞭解明朝社會經濟的初步輪廓。

作者除了援引中國國內的資料外，還積極找尋到同時期前往中國的外國人紀錄。這些外國人記錄了在中國所見識到的物價，加上與自己國家的物價相較，得以窺見中國和其他國家同樣商品在價格上的差異。另一方面，作者也將日本的國際貿易納入討論，得以瞭解到東亞的內部貿易與對歐洲的東西方貿易情況。在本書論述的過程中，讀者將能透過各地舶來品的價格介紹，看到各國參與國際貿易的情形。

前述所提及的討論，皆是為了鋪陳作者的論點：全球氣候造成明朝糧食價格提升，導致糧價高到無法負荷。此時作者進一步將氣候問題納入影響物價的要素，且運用地方志資料為佐證。作者一針見血地指出，地方志史料提及災荒和物價下跌的不正常價格狀態時，大多是以買方角度，而非從賣方角度記錄。這樣的歷史記載忽略了生產者的角色，也就是低廉的價格對消費者雖然是有利的，對生產者來說卻是一場災難。就此點而論，顯現出本書資料考證的嚴謹態度。

從中央政府的立場來看，糧價失控可能會造成地方官員的烏紗帽不保，甚至是政權瓦解。從經濟學的角度來看，作者透過官員活動，能夠看到政府在供需失調時嘗試以政策對數量或價格進行調控。舉例來說，明朝官方為了穩定糧價，既可以從官倉釋出糧食以增加供應，進而降低價格，也能夠透過道德勸說的方式，要求地方大戶捐糧或降價出售。

本書最為精彩之處，想必是作者運用災荒時期的糧價報告，清楚整理成書中圖4.1和4.2的災荒糧價，並進行分析。本書另一精彩之處，則是指出溫度與氣候為農業發展的重要關鍵。作者援引天文學家約翰・艾迪以西方為觀察對象的論點，同樣適用於陳述明朝的現象，並以傳教士利瑪竇的觀察進行論證。氣候變遷不僅止於造成糧食價格上漲，更改變運銷體系，而女真崛起可能也與氣候異常的背景有關，最終才導致明朝衰亡。

為什麼像中國這樣一個擁有充沛農業勞動力的地方，且政府糧食存量充足、市場運作良好，最終卻還是出現明朝滅亡的大規模災難呢？在極端氣候的脈絡底下，災荒時期糧價變化的規模和速度，為我們提供了一項意想不到的解答。

站在一名讀者的觀點來看，閱讀卜正民這本淺顯易懂的新書，能讓我們瞭解到物價、環境變遷與國際貿易等因素如何在中國與東亞互相連動，更可以快速吸收明帝國滅亡的新觀點。因此本人樂意將這本書推薦給對經濟史有興趣的讀者。

眼皮底下的事實：環境史研究者看《價崩》

洪廣冀（臺灣大學地理環境資源學系副教授）

著名的漢學家卜正民以如下段落為《價崩：氣候危機與大明王朝的終結》一書定調：

> 生活在這個時代，我們彷彿逃不出莫測變幻的手掌心。變化讓人這麼痛苦、氣餒，為了安慰自我，我們便告訴自己：當代的生活特徵就是接連不斷的變化，正是這種不穩定，讓世界變得比以往更複雜。

他告訴我們，作為一個「長壽之人」，「過去十年來，氣候變遷、物價通膨，以及政治豪奪的速度與規模」，他認為也是前所未見。只是，作為一個歷史學者，他還是想問，若我們放大時空的尺度，當代人在過去十年來經歷的變化，真的是前所未見嗎？他的答案是否定的。在一六四〇年代早期的中國，也就是明朝末期的中國，是一個連「生存條件都被剝奪，平安度日的尊嚴都被否定的時代」，因為「大規模的氣候寒化、疫情與軍事入侵，奪走數以百萬計的人命」。

一六四〇年代初期的中國發生什麼事？這便是卜正民試圖回答的問題。他反對傳統史學的兩大見解：一者是訴諸人禍，即訴諸當時宮廷內的派系鬥爭，統治階層道德淪喪，導致民不聊生；二者是訴諸十六至十七世紀全球的白銀貿易，即當時從美洲與日本湧入中國的白銀，造成物價波動與社會不安。卜正民認為，訴諸人禍與貿易會讓我們看不見「藏在眼皮底下的事實」：小冰河時期（簡稱小冰期）。

廣義地說，小冰期是從十四世紀至十九世紀初期的地球寒化現象，氣溫平均掉了攝氏兩度。乍看之下，攝氏兩度的溫差或許微小，但對作物而言，這樣的溫差已經足夠讓作物減少一次收成，或根本無法收成。再者，必須注意，兩度的溫差是「平均」，即可能是極熱與極寒的氣溫交錯變化造就此兩度溫差。這確實也是在小冰期中發生的事。地球科學家推測，寒冷的氣候讓兩極的冰山範圍擴張，讓海水變得更鹹，也就是變得更重，影響洋流的流動方式，從而牽引了大氣與洋流間的循環。影響所及，所謂「聖嬰—南方震盪現象」（El Niño-Southern Oscillation, ENSO，即傳統上所說的「聖嬰現象」加「反聖嬰現象」）變得格外激烈，乾旱、水災等極端氣候頻傳。不僅如此，地球科學家也指出，小冰河期也是火山活動格外頻繁的時期。火山噴出的煙塵，遮蔽了太陽輻射，更加速了地球的寒化。

小冰期的起因為何？目前普遍接受的見解是太陽活動改變。此外，也有研究者指出，這與所謂歐洲人「發現」新大陸有關。受到所謂「哥倫布大交換」的衝擊，美洲原住民大量消失，森林擴張，吸收大量二氧化碳。眾所周知，二氧化碳是溫室氣體；二氧化碳濃度的減低，讓大氣保溫的能力下降，與前述太陽活動與火山噴發的效果耦合，讓寒化成為不可逆的過程。總之，我們現在已經知道，地球是個混沌系統，牽一髮不只動全身，甚至整個身體都會分崩離析。

回到《價崩》這本書。卜正民指出，明朝的存續時間（一三六八至一六四四年）即落在小冰期，並成為明朝覆亡的主因。他將小冰期之於明朝的影響分為六個泥沼期：一、永樂泥淖期（一四〇三年至一四〇六年）。二、景泰泥淖期（一四五〇年至一四五六年）。三、嘉靖泥淖期（一五四四年至一五四五年）。四、萬曆一號泥淖期（一五八六年至一五八九年）。五、萬曆二號泥淖期（一六一五年至一六二〇年）。六、崇禎泥淖期（一六三八年至一六四四年）。永樂泥淖期欠缺災荒記載，景泰泥淖期以饑荒收尾，嘉靖泥淖期氣候異常乾冷，萬曆一號泥淖期爆發饑荒、洪水、蝗災與大疫，「人民相食，枕籍死亡」；萬曆二號泥淖期的乾旱與水災頻繁，饑荒再度爆發，「朝廷賑濟的請願如潮水湧來」。崇禎泥淖期是明代乃至於「整個千年期間最慘痛的七年」，「米粟踊貴，餓殍載道」。一六四四年四月末，闖王李自成兵臨北京，致書要求崇禎帝歸順。崇禎不從，在命皇后、貴妃與女兒自盡後，他爬上皇居後的煤山，自縊身亡。李自成稱帝後，滿人入關，將中國納入大清國版圖。

如此的歷史解釋是否會流於環境決定論？卜正民的回答是：「如果環境決定論的幽靈就在門外徘徊，我也不會在分析時將其拒於門外。」那麼，是什麼讓寫出《縱樂的困惑》、《維梅爾的帽子》等名著的歷史學者相信環境的決定作用？答案就是糧價。以他的話來說，「太陽能與人類需求的關係，是透過糧價調節的。從景泰年間到崇禎年間，糧價在五次環境泥淖其中激增，每一次都把價格多往上推一截，這樣的事實也說服我必須採用氣候史的大框架。」卜正民表示，「一旦經濟體仰賴太陽輻射為能源來源，那麼無論大自然是幽而不顯還是顯而易見，都必然是社會或國家生命力的決定因素。」在結語「氣候與歷史」中，卜正民再次反駁那些把明朝覆滅推給「失德」的見解。他認為，這種論調是「合理化明清兩朝遞嬗的過程」，且「編出這種敘事並為之背書的，就是征服者」。他強調，「明朝的滅亡固然不能推給災荒糧價，但講述崇禎末年重大危機時不把氣候因素納入考慮，那簡直就像莎士比亞所言，宛如癡人說夢，充滿著喧譁與騷動，卻沒有任何意義。」

然而，不至於將環境決定論「拒於門外」是一回事，認為社會變遷就此被環境「決定」，又是另一回事。卜正民並不認為，面對氣候因素帶來的種種挑戰，明朝各級官員只能雙手一攤，感嘆天要亡我，不做任何努力。就如其他生活在小冰期的人們一般，卜正民認為，明朝人建設基礎設施、育種、建立制度、開發新科技與控制生育力等；但問題是，一六三〇年代晚期的種種災害，並未催出社會的適應力，反倒是摧毀其適應力。拜此時勃發的火山活動與激烈的聖嬰—南方震盪現象「之賜」，不論是政府還是市場，都變不出糧食。卜正民認為，至少在前五個泥淖期，明朝人還是表現出相當的韌性，努力予以調適。然而，進入崇禎泥淖期後，春夏乾冷，田地龜裂，運河無水。當每公斤的米得需要兩千五百公升的水，而老天爺就是不願意降下一滴雨時，糧食供應體系就此崩潰，連帶把物價與政治體系拖下去陪葬。

回到卜正民所稱的「眼皮底下的事實」。我們要問，是誰忽略了這項事實？誰是這對眼皮的擁有者？卜正民的答案有二。一則是以研究社會、政治與環境變遷的人文社會科學研究者。以小冰期的相關研究為例，他表示，當他開始研究明代中國糧價變異與氣候變化之關係時，驚訝地發現，「其他地方的環境史對糧價幾乎不提」。與之對照，精通糧價的歷史研究者，如不是太快地把糧價理解為「公平交易」的指標，便是視之為社會關係的一環，忽略了糧食必得是在特定的環境條件下孕育出來的。

另一個忽略氣候或環境此事實者便是卜正民的同代人，也就是在閱讀這本書的你我。現代人對物價飛漲的關注程度遠比全球暖化、極端氣候與環境破壞來得高；畢竟，前者是切身之痛，後者則相當遙遠，是北極熊與紅毛猩猩的事。然而，卜正民的分析告訴我們，即便明代中國離現在相當遙遠，所謂的小冰期至少也是一百五十年以上的事，但物價恐怕還是可作為某種氣候指標。換言之，若人們以關心物價的熱誠來關心環境，面對當代的環境危機，說不定人們多少可找出個解方。

此外，讓人心生警惕的是，卜正民告訴我們，小冰期多少是個漫長的地球系統變化。小冰期本身並未造成明朝衰亡，是相伴的極端氣候摧毀了明代社會的韌性與調適。他也認為，面對小冰期、火山噴發與聖嬰—南方震盪現象誘發的極端氣候，從後見之明來看，明朝人也做了他們可以做的，但也只多苟延殘喘了七年，且還是生存條件都被剝奪、生活尊嚴都被否定的七年。那麼，當人類誘發的氣候變遷可能已加劇了聖嬰—南方震盪現象，讓去年（二〇二三年）夏天成為有紀錄以來地球最熱的夏天，而極端氣候彷彿成為日常，人類還有多少時間可以調適？如果說明朝多少是被地球系統的正常運作摧毀，當今地球系統的異常，是人類自己造成的，數百年後的歷史學家，在回顧這段歷史時，恐怕無法如卜正民對待明朝人一樣地寬厚，只能說這是咎由自取。諸如此類的思考，都讓《價崩》有了跨越時代的現實意義。

畢竟，明朝人不是外星人，他們跟我們都生活在同一個地球上。

價崩

氣候危機與大明王朝的終結

卜正民——著
馮奕達——譯

The Price of Collapse

The Little Ice Age and the Fall of Ming China

TIMOTHY BROOK

序言 淺嘗物價史研究

生活在這個時代，我們彷彿逃不出莫測變幻的手掌心。變化讓人這麼痛苦氣餒，為了自我安慰，我們便告訴自己：當代生活特徵就是接連不斷的變化，正是這種不穩定，讓世界變得比以往更複雜。過去十年來，氣候變遷、物價通膨，以及政治豪奪的速度與規模，引發了連我們這些長壽之人都沒見過的嚴重動盪。但我們還真的沒有那種底氣，沒有那種把握，敢說眼前的變化比過去更劇烈，畢竟我們的前人可是經歷過連生存條件都被剝奪，平安度日的尊嚴都被否定的時代。本書要講述一六四〇年代早期的中國，就是一段這樣的時代——大規模氣候寒化、疫情與軍事入侵，奪走數以百萬計的人命。

發生在一六四〇年代初期的寒化，其實是所謂的「小冰期」（又稱小冰河時期），也就是全球長期低溫的階段。一開始，氣候歷史學家根據歐洲的資料，把小冰期的起點訂在一五八〇年代，此時歐洲的天氣突然變冷起來（中國亦然）。目前，學界普遍同意這段寒冷期始於十四世紀。[1]到了一六三〇年代晚期，小冰期開始進入更寒冷的階段，也就是所謂的「蒙德極小期」——這個名稱是為了紀念天文學家蒙德夫婦安妮與瓦爾特（Annie and Walter Maunder），他們假設地球降溫與太陽黑子活動的減少有關，並且把這一時期標定在一六四五年至一七一五年間。

這次的氣溫下降，促成了國號「大明國」的朱氏王朝崩潰（國祚一三六八年至一六四四年）。在此之前，明朝原已在小冰期中存續將近三個世紀，而且展現了高度的穩定與耐久。[2]雖然摧毀大明國的不只是氣候，但如果不去考慮氣候，不去考慮人們如何因應氣候，就無從解釋大明國的滅亡。明朝對氣候做出回應，但在一六三〇年代與一六四〇年代的氣溫大幅下降期間，這些回應舉措仍不足以應付環境變遷。研究明朝的人都很清楚，朝政紛亂與軍事衝突，導致明朝最後一位皇帝在一六四四年自縊，隨後清軍入關。[3]但這不是我在這本書裡要講的故事。我反而會把明朝的滅亡，看成長達兩世紀一連串生計危機的落幕時刻——這一次危機把明朝老百姓推向混亂，他們只能告訴自己這是天譴。我基本上會把主導明末敘事的政治事件、派系宿怨，以及來自境外的武裝入侵擺到一邊，改用不同的方式談歷史，把焦點轉向因為太過稀鬆平常、結果大家反而視而不見的資料，也就是物價。

老實說，我當年沒有受過物價史訓練，也不曾接受氣候史的學術栽培。我的學術生涯都在分析十三世紀以降的中國歷史變局，之所以這麼晚才開始注意前述物價與氣候史，是因為我逐漸把中國放到更大的脈絡中去理解，而這種做法在以前我剛開始做研究的時候並不流行。事實上，我在一九七〇年代就讀研究所時，物價史與氣候史研究領域才剛要形成。[4]我在哈佛大學的研究生導師楊聯陞，可謂開啟了中國物價史研究濫觴，只是很不巧，物價從來不是我們討論或研究的主題。一九五二年，楊教授發表《中國貨幣與信用簡史》（*Money and Credit in China. A Short History*）。雖然用「簡史」做為副標題，但他確實為我們帶來第一部英語寫作的中國貨幣與信用研究，而且該書歷久彌新。過往學者多半從「錢幣學」的角度切入，但《中國貨幣與信用簡史》卻是從經濟與公共財政的角色來談錢。楊教授的結論是，「貨幣與信用的有限發展，映照出傳統中國的本質。」雖然這番對中國文化的主張如今聽來實在太過攏統，對於中國財政能力的評估也悲觀過頭，但本書無疑是個起點。[5]由於楊教授是從歐洲經驗出發，進一步探索及發展自己對中國財政制度的研究，相當於在一定程度上肯定了歐洲貨幣與信用紀錄理論的優先度。不過，他也堅信可以把中國與歐洲放入同一套框架中，而這種方法論正好挑戰了當時處處把中國當成例外的傳統研究傾向。儘管楊教授此書對於物價問題的貢獻有限，但那是因為他關注的是把錢當成計價單位，而不是錢可以實際達成哪些交易。他探討的重點是從制度角度探討金錢，而不是金錢能買到什麼。

當楊教授正在為英語讀者撰寫《中國貨幣與信用簡史》時，比他年長九歲的上海銀行經理彭信威也在撰寫他的巨作《中國貨幣史》。彭信威的研究在兩年後出版，內容上窮碧落下黃泉，至今仍是踏入中國貨幣史領域的研究者不斷援引的必讀案頭書（主要是一九五八年的修訂版，以及一九九四年的卡普蘭〔Edward Kaplan〕英譯本）。彭信威的著眼點與楊聯陞不同，是靠研究錢幣來解決物價問題。他把物價當成重建及驗證貨幣價值的資料，而不是顯示民間如何體驗今人所謂「經濟好壞」的指標。[6]從彭信威的角度來看，物價取決於貨幣價值，本身並沒有獨立價值。我的重點正好相反，是去理解物價對於付錢的人來說代表什麼，他們如何計算，又如何衡量。貨幣史與物價史雖然不同，但研究卻能互補，求出不同的見解。

我初入物價史領域，應該是一九七九年去東京大學進行博士研究的時候，只不過當下我還沒有意識到這件事。兩年的研究時光充滿樂趣，尤其是跟年輕學者中山美緒（婚後改姓岸本）的友誼。我們認識的那一年，中山美緒發表了兩篇關於十七世紀物價史的論文，都是佳作，其一研究長江下游地區的商品價格（日文），其二則是研究同一地區與時代的糧食價格（英文）。[7]我當時忙於自己的研究主題，不僅沒能及時讀到這兩篇重要著作，更沒想到數十年後我會踏上和她一樣的道路。

直到一九九〇年代，《劍橋中國史》（*The Cambridge History of China*）主編杜希德（Denis Twitchett）邀請我以明代商業為題，替這套書寫篇文章，我才真正開始注意物價。我原本打算把價格資料放進文章裡，只是找到的材料不夠多而作罷。即便如此，一九九〇年代還真是思考物價問題的黃金十年，畢竟我們這班中國史學者正是從此時開始把自己的研究擺進世界史的脈絡，開始進行比較與連結。一九九八年，研究低度發展狀況的理論家君德（Andre Gunder Frank）發表技驚四座的《白銀資本》（*ReOrient*），隔中國山打歐洲牛，要把歷史學家從既有的歐洲中心思維裡逼出來，換從亞洲的角度進行思考。君德還跑來我在多倫多大學研究所的專題課旁聽，直接上門踢館。他的核心論點是，白銀透過物價機制發揮作用，把區域貿易體系與全球商品交易網路連成一氣。[8] 西班牙人主宰美洲銀礦開採，中國人生產品質卓越但價格低廉的紡織品和瓷器，而來自四面八方的貿易商則紛紛涉足，加速了交易的進行。這套解釋模型別開生面，簡明扼要，即便後來人家批評它把原本複雜的關係網路簡化太多，但對於我們這些希望把中國擺進全球的、連通的歷史裡的學界同道中人來說，君德的理論堪稱動員令。[9]

值此脈絡，千禧年前有四本著作問世，體現了前面提到的這種研究轉向：萬志英（Richard von Glahn）的《財源》（*Fountain of Fortune*），王國斌的《轉變的中國》（*China Transformed*），我的《縱樂的困惑》（*The Confusions of Pleasure*），以及彭慕然（Kenneth Pomeranz）的《大分流》（*The Great Divergence*）。這四本書在一九九六年至二〇〇〇年間出版，把「中國」拉出舊有的歐洲中心論，帶入了全球史的範疇。眾人雖然沒有仔細研究物價，但我們確實提出了與物價相關的問題。假如我們知道物價的話，是不是就能比較中國與歐洲的經濟？中國的物價資料，或許有助於判斷中國經濟影響全球經濟物價的程度？這些物價對於日本人與歐洲人打入貿易網來說，有什麼樣的影響？或者問得更直白一點：大明國商人既然用製造品換取貴金屬，那明代物價是否代表商人正在幫西班牙征服者與日本大名的戰利品洗錢？我們沒有答案，但至少我們有問題。

我對明代中國消費文化和社會投資的關注，也讓我開始留意物價。我挖掘到的物價資料使我從自己埋首的文本裡抬起頭，開始意識到消費行為的歷史不光為我點出物價的變化，也指引我往氣候史的方向延伸。畢竟，正是物價在氣候變異期間上漲，所以當時的人才會把它們記錄下來。本書是我對這一研究的總和。與其說我寫出了一部明代物價史，不如說是描繪了物價如何反映出明代百姓及氣候條件惡化之間的關係。即便大部分文獻是由明代社會的菁英階層執筆刊行，但我始終惦記著老百姓，希望更瞭解他們買賣自己的商品與服務時究竟是怎麼做決定，尤其是在中國由盛轉衰的關鍵時刻。

*

研究明代物價多年，學生和同仁惠我良多。要從明代史料的茫茫大海裡把物價撈出來是很辛苦的差事，我很感謝我以前的學生班德（Dale Bender）、張海浩（Desmond Cheung）、戴聯斌（Lianbin Dai）、費絲言（Si-yen Fei）、陸永玲（Yongling Lu）、司徒鼎（Tim Sedo）、維莫特（Frederik Vermote）和嚴旎萍（Niping Yan）分憂解勞。我也要感謝布魯（Gregory Blue）、包筠雅（Cynthia Brokaw）、波頓（Jerry Brotton）、葛蘭特夫婦（Peter and Rosemary Grant）、何谷理（Robert Hegel）、帕克（Geoffrey Parker）、阮思德（Bruce Rusk）、昂格（Richard Unger）、魏丕信（Pierre-Étienne Will）與王國斌等同仁提供我相關資料，或是幫助我想通書裡的重要問題。特別感謝萬志英對定稿的審閱。

古根漢紀念基金會（John Simon Guggenheim Memorial Foundation）為研究初期提供補助金。本書有部分材料曾經在二〇一〇年哈佛大學賴孝和講座（Edwin O. Reischauer Lectures）發表，同年稍後則承蒙魏丕信的熱情邀請，也在法蘭西公學院講座二度發表。我同樣要感謝施奈珀（Burkhard Schnepel），他在二〇一六年邀請我前往位於德國哈勒（Halle）的普朗克社會人類學研究所，深入研究全球貿易物價；感謝薛鳳（Dagmar Schäfer），她在三年後於柏林的普朗克科學史研究所接待我擔任訪問學人，進而在陳詩佩（Shih-Pei Chen）與葉桂林（Calvin Yeh）協助下透過LoGaRT（地方志研究工具集），由柏林國立圖書館CrossAsia入口網站蒐集資料，多虧有他們，我才能進行特定的技術分析。

有三位影響我寫作歷程至深的編輯，我銘感五內：Sophie Bajard建議我寫一本談明代環境史的書，只不過這本書與她原本想像的不大一樣；Kathleen McDermott對我一開始的草稿坦率以對，讓我不致於發表一本沒人想讀的書，更讓我能寫出我真正想寫的書；還有Priya

Nelson，她熱情支持我的研究，為我的書在普林斯頓大學出版社找到了新家。最後，要是這本書讀起來還算通順，那都是因為Fay Sims願意耐心聽我把定稿讀出來，只要行文聽起來不流暢就喊停，不讓我讀下去。

最後，我也希望向馮奕達表達誠摯的謝意，謝謝他將本書翻譯為中文時所展現出的非凡細心、專注與才智。

第一章 陳其德的故事

予生也晚，不及見洪永〔一三六八年至一四二四年〕開闢之盛，并不及見成弘〔一四六五年至一五〇五年〕熙皞之時。（8a）[1]

陳其德晚年回首過去時，總是萬分感嘆。雖然他未能躬逢明皇聖祖之治，但這相對已經沒那麼遺憾。崇禎十四年七月十五日的中元鬼節（按今曆為西元一六四一年八月二十一日），陳其德懷著如此愁緒提筆為文。那年，他寫過兩篇文章，描述自己周圍世界的崩壞，這是第一篇。

他親眼看見故鄉土崩瓦解——那是位於長江三角洲，距今上海西南一百公里處的桐鄉。陳其德在當地教書，沒有什麼值得一提的成就。要不是他那兩篇描述明朝最慘受災年的文章傳了下來，說不定世人早已忘卻此君是何許人也。光是他這兩篇回憶居然能存世，就實在是很不可思議。這兩篇文原本都沒有刊行，直到一八一三年，才由一名地方志作者把它們附在陳其德那本薄薄的生活倫理訓誨錄，也就是《垂訓樸語》的最後面，才終於得以付梓。據我所知，《垂訓樸語》僅有的傳世孤本，是由南京圖書館收藏。歷史學家之所以知道那兩篇文章，是因為一八七七年版的《桐鄉縣志》把它們附在明末地方事務的段落裡。陳其德對於一六四〇年代初期的描述，就是靠著這種宛如懸絲的關聯，才得以流傳了四個世紀，在本書中軋上一腳，甚至形塑了本書的調性與內容。下面的段落，我會把陳其德的文字與我的看法交織在一起。

回憶文一開頭，陳其德先是對明朝先皇表忠，接著就從抽象感嘆轉向個人的懷舊之情。

猶記萬曆（一五七三年至一六二〇年）初年，予始成童，在在豐亨，人民殷阜。（8a）

關於陳其德，我們所知的就只有他在自己著作中提到的事情，例如這段文字提到他在一五七〇年前後出生，當時一切欣欣向榮。《垂訓樸語》有一篇文章，題目叫〈本來十樂〉，讓我們得以一窺他的家庭生活。陳其德在〈本來十樂〉提到，自己生為傳統「四民」（士農工商，先後順序就是身分高低）中的最高階級，成長於「耕讀」之家，並為此感到慶幸——這代表他們家是鄉間的中等富裕之家，明史學者會稱之為「鄉紳」。這些特權讓他「覺人世寬展無礙」，空間無限寬廣。[2] 陳其德與其他鄉紳子弟一樣，努力讀書，期盼有朝一日能中舉登科，光耀門楣，為國效勞。二十多歲時，他每隔三年應試一次，卻始終未能中舉。三十歲時，他放棄了入試出頭的抱負，決定好好過生活，轉而從事教學，並且在接下來二十五年間用心教書，知足常樂。也就是說，陳其德相當認分，他受過教育，日子還過得去，也安於當他的低階鄉紳。

陳其德為了證明萬曆年間豐衣足食，提出了充分的證詞：

> 斗米不過三四分。（8a）

陳其德用來稱呼穀物的字是「米」這個通用詞，指的可以是米心或米粒。「米」在長江三角洲的脈絡中通常指稻米，而不是北方人吃的小米或小麥，南方人比較愛吃米。他用「斗」這個單位來為米計價，而「斗」字面上是指一杓或一桶。陳其德提到的貨幣單位，是白銀的標準小單位「分」，「分」本意指「百分之一」，而這句話裡所說的是什麼的百分之一呢？是「兩」這種重量的百分之一。「兩」是中國主要的貨幣計算單位。[3] 我得提醒讀者，明代的一分銀雖然只有三分之一克重，但價值並不少。陳其德小時候，一分銀足以買一加侖米（關於重量與貨幣的介紹，請參考附錄A的表1.1〈單位換算〉。

物價這麼低，榮景似乎觸手可及，至少陳其德寧願這麼想。誰都不用擔心東西不夠吃。

欲以粟易物則酸鼻。棄去豆麥，輒委以飼牛豕。而魚鮮□肉之類，比戶具足。人以為常享如是耳。（8a）

陳其德已經知道接下來的走向，於是他用戒慎的態度來勾勒這種安逸，提醒大家榮景不只能讓人豐衣足食，也會讓人鬆懈了道德。

豈知人心放縱，天道惡盈。一轉眼而歲在戊子。淫雨淋漓，遠近一壑。越己丑赤地千里，河中無勺水，鞠為茂草者兩月。（8a）

陳其德的記憶無比準確。一五八八年至一五八九年這兩年間發生嚴重的天災，先是豪雨成災，然後是嚴重乾旱。身為重視道德的儒生，陳其德只能把這兩波天災歸諸於「人禍」。他認為，萬曆初年的富足，讓大家失了道德準繩。雨水與乾旱不只是天災，也是上天的警告。陳其德回過頭來談米價，把老天爺警告的嚴重程度加以量化。

> 當是時，積米一擔，博價一兩有六。然米價騰貴，僅以月計，便覺野無青草，樹無完膚，而流離載道，橫屍遍路。（8a）

一擔有十斗，等於一斗要價十六分，也就是說米價漲了四到五倍。米價這麼貴，窮人只好盡可能從身邊的大自然找尋替代品，從青草到樹皮都不放過。社會愈來愈動盪。

講完一五八九年的天災，陳其德跳到天啟年間的一六二〇年代（一六二一年至一六二七年），宦官派系在統御無方的明熹宗治下抬頭，朝綱混亂，讓政治菁英與衛道人士大感失望。陳其德簡短描述當時的混亂，將之視為上天的警告，接著跳到他為文的主軸，也就是繼位的崇禎皇帝統治末年。關於明朝皇帝年號與治世期間，請參考附錄B表1.2〈明朝皇帝年表〉。

> 至崇禎十三年（一六四〇年），大雨積雨彌月。較之萬曆戊子（一五八八年），水更深二尺許，四望遍成巨浸。舟楫艤於床榻，魚蝦躍於井竈。有樓者以樓為安樂窩，無樓者或升於屋，或登於臺，惟慮朝之不及夕也。（8b）

陳其德再次以米價來量化災害並追蹤其進展。

米價初自一兩餘，漸至二兩餘。至水退而吳興農父重覓苗於嘉禾，一時爭為奇貨。即七月終旬，猶然舟接尾而去也。（8b）

陳其德在此把單位往上翻了一番，從「斗」上調到「石」，大約等於一百「升」。數字除以十就能還原出每斗的價格：價格在一六四〇年先漲到每斗十分，接著二十分。後來的情況跟一五八八年至一五八九年時相仿，前一年水災，後一年大旱。一六四一年的乾旱極其嚴重，河床都乾涸，物價更上一層樓。

米價自二兩驟至三兩，鄉人竟斗米四錢矣。雖麥秀倍於他年，終不足以餬口。或齧糠粒，或齧麥麩，甚或以野草樹膚作骨，而糟糠佐之。（8b）

這些物價對經濟的影響，是導致市場關閉。至於社會影響，則堪稱災難。

即素封之家，咸以麵就粥。二餐者便稱果腹，而一餐者居多。夫棄其妻，父棄其子，各以逃生為計耳。若動用什物，山積於世，得用者半估攜之而去。至美好玩弄之器，莫有過而問者。嗚呼，民窮極矣。（8b）

連當鋪都關門大吉，因為誰都沒有東西能典當。農民還是打起精神，出門耕田，但作物才剛種下去，蝗蟲便席捲而來，連剛發芽的東西都不放過。溪流乾涸，有水桶也無用武之地。接下來疫情爆發，很可能是鼠疫，百分之五十到六十的家戶染疫。陳其德提到有許多人「就木」，至於「無木可就者，不過以青蠅為弔客」。

接著陳其德重新回來談物價，把敘事主軸從米價轉向其他食品的價格，藉此強調物價漲到難以置信的水準。

> 彼如日用之物，無不數倍於昔，即雞之抱子、鴨之生雛，亦四五倍之，以至豆之作腐，非數十餘錢，則八口之家不能沾唇。（9a）

唯一一樣價格不致於貴到得用白銀計價的東西，就是種來做豆腐的黃豆。陳其德用來衡量價格的，是用來買小東西的方孔鑄銅錢。人們用「文」來稱呼銅錢，是因為銅錢鑄造的時候，正面會打上今上的年號，錢上有文，因而稱錢為「文」。葡萄牙人依然借用馬來語的說法，把這種錢幣稱為 *caixa*（西班牙語則作 *caxa*），這個詞演變成英文的 cash。[4] 由於 cash 在英語有別的意思，我在書裡因此改用古英文對於小面額銅幣的稱呼 copper，作為「文」的對譯。明朝初年，政府訂錢千文兌銀一兩，但銅錢比銀兩更常用，導致銀價立刻落到一兩銀兌換約七百文錢的水準。也就是說，七文錢相當於一分銀。一文錢不算多：可以買一塊豆腐，一張用來寫字的普通的紙，兩雙筷子，或是一磅木炭。[5]兩文錢可以買一隻便宜的毛筆，或者一根柏香，抑或一塊米糕。一窮二白的人連一文錢都捨不得花，有錢人則根本不會浪費時間彎腰撿地上的銅錢——除非是為了強調這人連蠅頭小利都不放過，而不代表一文錢多有價值。[6]用來罵人家心裡只有錢，會說「錙銖必較」。[7]出家人托缽化緣，但凡有點自尊的托缽僧，都不會接受區區一文錢，布施的金額起碼要十幾文才行。[8]一六四一年旱災期間，得花數十錢才能買到一塊豆腐，顯見當時一文幾乎不值錢。

價格這麼誇張，活物都進了人的肚子。

又自猪料一貴，中人之家不能豢一豕。所謂二母彘者，早已付之鼎俎。前此或白鏹一兩，可得湯猪一口。今則一猪首，亦索價八九錢。故昔之雞犬相聞者，今即鬧市之中，傾耳聽之，早上得一雞聲，便如華亭鶴唳。（9a）

陳其德在文章最後提醒讀者「勿視為老生腐談」。光是能活命就足以感恩涕零，但大多數人都想忘記受過的苦難，假裝什麼壞事都沒發生過，那可不行。

災難還沒到頭。陳其德在一六四一年中元節擱筆時，也沒想過情況還可以變得更糟。一年又一個多月之後，陳其德在中秋節（一六四二年九月十九日）再度提筆為文，把去年的故事接著說下去。他在文章開頭提到，那年冬天嚴重缺米。他不是說米價有多高，而是沒提價格，因為根本沒米可以標價。

> 是時市上無米可貿，即有米亦過而不問。富者僅覓豆覓麥，貧者或覓糟糠或覓腐渣。貸得糠皮數斗，便喜動顏色。至十五年春，青草初生，遍野俱掬草之人。前此猶擇草而食，至此則無草不食矣。鄉人成担担來，須臾罄盡。即鬻蔬果，未有若此之速售也。（9b）

填不飽肚子的人或者拋棄自己的孩子，或者殺了他們來吃。染疫的比率上升到百分之九十。情況愈來愈慘，無計可施的老百姓甚至不惜把自己討來的丁點食物拿去拜拜，尤其疫情復燃之後更甚，期盼神明能出手幫忙。陳其德說，這種可悲的做法只會讓糧價變得更貴。

> 又因病者祈祝太甚，食物倍貴於去年。大雞二足，得錢一千；即小而初能鳴者，亦五百六百。湯猪一口，動輒自五兩至六七兩；即乳豬一口，亦一兩五六錢至一兩七八

錢。若小廝婦女，反不過錢一千二千。又安見人貴而畜賤耶？（9b）

陳其德此處提到物價時，講到兩種不同的貨幣。豬用銀兩，雞用銅錢，人也用銅錢。社會上普遍把「銅」跟「銀」的用處區分得很清楚，銅錢用來買便宜的東西，銀兩則是用於大手筆的買賣。陳其德用銅錢替奴僕定價，其實是反指不該用銅錢給人標價，銅錢應該是用來給雞標價才對。然而在經濟崩潰的年代，就連豬都比人貴。

直到一六四二年夏末稻米收成後，災情才開始緩解。

米價漸平，病者少瘥，民有起色，但恨死者不能復生，流亡者不能盡復耳。（10a）

陳其德第二篇文章的結尾跟第一篇一樣，他期盼讀者把這一切當成上天的警告，千萬不能忘記凶荒之事。老天爺以前能降災，以後也能降災。他在結尾說：

嗟呼，當此一番厄運，連歲災荒，一不死於饑，再不死於疫，便可稱無量福澤矣。倘不警心刻骨，思所以上報天地，仰報祖宗，自快凶荒已過，生一受用之想，豈復有人心者哉？予又不能忘情，故復記如此。（10a）

人們往往在逆境中尋求倫理教訓，尤其是陳其德這種道學之士。身居鄉紳底端的他，不停反省自己享有的那一點點特權，免得讓僅有的一絲絲福德溜走。他父母之所以為他取名「其德」（大概可以解為「有德之人」），或者也有這一番期許吧。陳其德身家有限，又沒有中過舉，只能仰賴其德來維持自己的社會地位，而他對此也是戒慎恐懼。他在《垂訓樸語》裡說得好：「增一分明敏，不如減一分世情。」他用了「一分」這樣的講法，彷彿「明敏」跟銀兩一樣可以百分量化。或者換個說法，「加一重振作，不若去一重昏惰。」然後是他的結論：「益鶩於世情則品俗，任昏惰則品下。」（沉溺世俗及容忍自身愚蠢是品格低俗的展現。）[9]

儒家把倫理與宇宙觀緊密結合，讓兩者之間幾乎沒有分別。雨水來自天上，天不下雨，是因為天決定不下雨，做為某種警告或懲罰。今日的我們抱持著大不相同的宇宙觀，但就連我們都會在日常生活中替天氣與疾病生態所受到的擾動賦予道德意義，宛如破壞環境與氣候變遷的警告。所以，雖然我們的道德權衡基準與明代百姓截然不同，但我們跟他們其實相去不遠。在本書裡，我希望大家各退一步，試圖找回明代百姓生活的世界。我們如今把「世界」想成某個深受條件變化影響的有形生態體系，而他們當年則是把「世界」看成某種形而上的桌上遊戲，主導遊戲走向的則是上天。兩種觀念的建構方式並不相同，我也不覺得非得採用儒家道理，但我確實覺得當時人有他們的體會，他們用自己覺得有意義的方式在理解世界，我們不妨盡可能去貼近他們的體悟與認知。如果我們不去觀照生存危機對他們的意義，就等於是掏空了歷史。

其實，無論是我們還是他們，大家都生活在一個容易遭受擾動的全球生態系，擾動的因素也許是蒼生愚昧阻礙了天恩，也許是人類製造的碳與氣膠阻擋了太陽能。我們大家還有一個共同習慣，就是從必需支付的物價來看自己財富的變化。本書要順著陳其德的腳步，觀察糧價，但為的不是當成天怒程度的氣壓計，而是做為氣候變遷的衡量指標。讀者不妨把本書視為陳其德一六四〇年至一六四二年災荒記事的長篇註解。

明代的物價認知

陳其德與當時的人在談物價時，他們有什麼樣的認知呢？從這個問題開始下筆寫這段註解，或許是個好起頭。他們相信世界最好不會變，對物價也有一樣的期待。大家都曉得，價格會隨供需而有季節性波動，在正常情況下，物價應該要回到原本的水準，而不是往上推升到更高的新水準。當時人會用「平」這個字，表達對物價穩定的盼望。「平穩」之所以重要，不只是因為生活開銷需要量入為出，也是因為不穩定的價格對部分人來說並不公平。價格「不公平」的話，等於違背了「公眾利益」與「平等以待」。[10]公平價格是買賣雙方都可以接受的價格，因為它符合雙方的期待。價格異常的話，等於偏袒一方，對另一方不公平。因為這種交易創造出的買賣關係，是從另一方的損失當中獲利。

最美好的世界，應該要「米多價平，則鳴吠相應」，餘音迴盪在繁榮自足的村落間。這種狀況下，人們就能「不煩遠輸，而獲利已多」。[11]這是上海本地人徐光啟的話。十七世紀初，有一小部分中國讀書人皈依天主教，徐光啟是其中之一（聖名「保祿」）。徐光啟對歐洲基督信仰的認識，讓他得以同時從基督教與儒家的信條汲取侍奉聖上所需的力量，最後位極人臣，官拜禮部尚書，直到一六三三年去世。一六二〇年代中葉，徐光啟寫下了前面那句評論，認為經濟不需要仰賴長途貿易。當時朝綱雖然混亂，但氣候引發的災難已經緩和，讓眾人再次開始想像何謂理想的世界秩序。某些儒家基本教義派會否認商業交易的必要性，但徐光啟不然，他只是在想像一套體系，其中的所有人都能共享交易之利，物價則保持公平。

當時的商人提出同樣論點，也就是「平價交易」，以證明自己從事正當職業。一六三八年，嘉定縣為了保護布商牙行，在上海西郊新涇鎮立碑告示，聲明其成員「易價度命」。以甲價格購入，以乙價格售出，「平買平賣，三尺無欺」，讓人們可以享受到他們暫時無法獲得的商品。布商不希望人家覺得自己是剝削生產者或消費者的寄生蟲，而是發揮必要經濟功能的人。聲明中說，他們「照物之精粗，定價之高下，以有易無。」[12]民眾不見得接受商人的說法，尤其那年中國正遭遇千年來最嚴重的氣候崩潰，但他們的說法還是有點分量。

不只中國人認為價格應保持穩定，認為交易是達到公平的手段。歐洲人秉持同樣的信念，也就是價格應該保持穩定，並據此發展出一套類似論述；而歐洲人也領悟到，在所有商品價格中，通常最不穩定的就是糧食價格。[13]在十七世紀的英格蘭，提倡貿易的人普遍認為維持價格穩定不只能創造正向收益，更是公義之舉。一六二二年，馬林斯（Gerard de Malynes）出版的商務教戰守則中提到不該「厚此薄彼」，而是應該要以物價為「達成兩者平衡」的手段。先前提到徐光啟，他那番認為商業應為公益服務的農業經濟願景，也是提出於一六二〇年代。「公平無他，就是秉持求是的精神，出於自願，對事物的價值做雙向的評估。」一六三五年，史考特（William Scott）採取類似的思路，表示「價格」是在一套公正的體系中，對事物的切實評價。「事業以時間為尺度，商品以價格為尺度。要是價格超過物的價值，或是物的價值超過價格，就沒有公平可言。」經濟史學者茂德魯（Craig Muldrew）解釋道：這些人相信「公平而公正的價格，就是最便宜的價格」。公平的價格旨在「確保人人都能獲得不受限制的物品供應，不分貧富都能負擔」。不過，物價固然必須低到大家都負擔得起，但也必須「高到能創造利潤，畢竟若無利可圖，人們將買不起其他東西」，這樣才叫公平。[14]

明代人同樣瞭解，價格的公道與否是由供需所決定，但他們會把供需機制看成個人道德的體現，而非抽象的正義使然。明代的觀察家不太可能認為只要任由市場自由運作，公平正義就能水到渠成。利潤可以做為達到公平正義的一種機制，偏偏「利」這個字對儒家來說相當敏感，只會在譴責以私害公時才會拿來使用，這也讓明代文人跟「以利逐義」的想法愈離愈遠。那麼，怎麼樣的價格才叫公平呢？就是雙方都能從交易中受益，沒有任何一方的犧牲變成另一方的得利——符合這種情況才公平。符合這個大前提，人們才會認為開放市場能有助於公平。因此，他們談到公平的物價時，用的往往是「市價」或「時值」。如果紀錄中提到某一次交易是根據市場價格進行，也就等於這次交易有獲得認可。[15]

求公平，不代表不准生產者合理運用市場力量，去確保其產出盡可能得償。農民手中有農作可以出售，不會因為「待時待價」而遭到譴責，大家都覺得在市場交易條件下，為自己的莊稼爭取公道價是很合理的做法。[16]商人把商品從價格較低的市場運往價格較高的市場，就算他從中獲利，只要他買賣時符合這兩個市場的現價，就可以算是為公益服務。救荒專家俞森主張，「無論官米民米，俱當隨時價低昂，不可故為增減。蓋價高則遠販自多，米多則價值自平。」私人買賣商業就是靠這種方式達到公益效果。當時英格蘭商人認為市場有調節價格的魔力，但俞森標舉的不是這個，而是儒家的中庸觀念。他斷言，「此理勢之必然者也。」[17]

政府的存在

像陳其德這種貼近底層鄉紳、抱持儒家思想的人，關心的是危難時不公平的物價，擔心的是百姓出不起這些錢。他們對市場不見得有信心，認為政府應該在市場價格超出承受能力而變得不公平時介入，加以「平準」，讓價格回到百姓負擔得起的期望範圍。明代政府透過諸多機制想達成這一點。

確保糧價可負擔的機制當中，最基本的就是價格回報。地方官負責監控所轄縣份的糧價，每十天派人到當地市場記錄價格，觀察是否有糧價上漲的跡象。地方官每月將這些情資上報首都，讓朝廷能瞭解全國的糧食供應。[18]京城裡負責這項任務的人，是人見人怕的大內情報機構東廠的密探。他們在每月最後一天前往市場，確認米、雜糧、豆、食用油的價格。有了他們蒐集的數據，九重之上亦能知晨歲之豐歉。審視這些數據，也能判斷商人有沒有為了哄抬價格而妨礙市場中的糧食流通。[19]商人們很想為自己塑造出童叟無欺的形象，但當時的經濟活動缺乏價格透明，大家只知道隔壁商家訂定的價格，因此對商人普遍不太信任。一邊是對經商之人的不信任，另一邊則是政府對價格的監管因日久而懈怠，兩相運作下，制度於是不斷廢弛。原本按月檢查在一五五二年變成每年二月與八月各一次。[20]到了一五七〇年代，北京以外的大部分地方似乎已經沒有在監督價格。查價機制在北京至少延續到一六三〇年代，為的是預判京城的安定是否遭到威脅。

危機時，明朝廷可以採用比蒐集物價更積極的方式干預。[21]政府有時候會規定商品價格。比方說在一四四四年饑荒期間，皇帝下詔把官定價格定得比市價還低，並要求商人以官定價銷售手中穀物。[22]二十年後，北京地區發生饑荒，但朝廷採取不同的因應措施。都察院右都御史的措施就不是規定價格，而是嚴厲警告不要哄抬物價，而警告對象則是「各處集鎮，如有豪強及牙行人等，把持行市，將糧米貨物以賤為貴以貴為賤，高低唱價，專圖厚利肥己者」。[23]地方官只要一發現有操縱物價之情事，就要立刻採取行動。一五二三年的詔書用比較溫和的語調重申警告，提醒店主們「令價不平者」將要受罰。[24]地方有司對於欺騙定價的商人有自由裁量權。[25]原則上，商人算是健全市場中的潤滑劑，不過有一位官員的妙語卻說道，「市儈評物價者」，簡直是「教學自告」（讓商人監督價格就好比請學校學生自我監督）。[26]

相較於規定糧食價格，政府主要的干預手段是在市場上釋出公糧，其定價足以使糧商降低市價。官員也可以實施禁運，阻止糧商把穀物從已經遭遇困難的經濟體中轉往可以賺取更多利潤的地方。一五四〇年代，一名南直隸官員提點部下說，「因時設禁，則米價平而民食用裕。」[27]到了一個世紀之後，也就是陳其德所描述的饑荒期間，南直隸（陳其德的故鄉桐鄉就位於南直隸）巡撫對蘇州頒布禁令。巡撫公開表示「吳所產之米，原不足供本地之用。若江廣之米，不特浙屬藉以運濟，即蘇屬亦望維續命之膏」。巡撫向糧商重申先前的禁令：

「不許蘇城積貯，為他處奸商高價販買，反至空虛。」他同時命令長江更上游的糧商務必保持糧食供應暢通。[28]也就是說，如果少了政府的角色，明代物價史是寫不出來的。[29]

明代政府對整體物價體系來說相當重要，原因不只是政府會出手干預物價，更是因為政府本身就是經濟體中的重要買方。明朝早期以徵調、徭役（強迫勞動）等方式滿足商品與服務的需求，算是跳過了物價問題。但政府仍然有購買的需求，開國皇帝朱元璋態度堅決，規定官員以市價採購所需，以免商人破產，或是影響老百姓的購買價格。他甚至在一三九七年下旨，明言在京以「高抬時估」的價格出售貨物者，要正法處死。明太祖的兒子明成祖則在一四〇三年登基時重申這項措施，並把施行範圍從京城擴大到全國各地。[30]前述榜文等禁約後來收入《大明律》，根據賣方收取價格與公平市價的差距來決定處罰刑度。[31]

到了十六世紀，由於透過稅收得到的白銀增加，政府也一改過往徵調與徭役的做法，改為購買商品與服務，而且原則上必須按照市價。[32]儒家信念是這些規定的根本，國家的代表不能採取有害於百姓，或者削弱百姓福祉的措施。當然，實際上的交易價格根本是大混戰，官員往往也只想到自己。儒家道學之士始終無法打消這種困擾，而與他們同時代的基督徒有識之士同樣頭痛不已。史學家勒高夫（Jacques Le Goff）研究當時的貨幣與物價，他提到衛道者很擔心貨幣將會減損真正重要的道德價值。唯有基督徒的「愛德」（caritas），才能避免萬事萬物都變成「價格」。所謂「愛德」，就是關心他人，也就是眷顧靈魂（包括自己的靈魂）

的一部分，靈魂有了眷顧，才能培養出足以進入天堂的美德。只要愛德持續發揮作用，金錢的抽象性就不足以壓倒公義的義務，資本主義也就無法大行其道。[33]明代人想必也會對這種節制的美德深有同感，只不過他們不會把這種美德當成靈魂救贖，而是從儒家恕道去理解。他們應該很難理解金錢為什麼是人類蒙上帝恩典的一環，甚至覺得這種想法前後矛盾。但至少，明代人就跟當時的歐洲人一樣，都有一股焦慮，害怕貪婪會壓倒義務，唯恐禮尚往來會輸給金錢與物價，貧富之間愈隔愈遠。一六〇九年，心有不滿的儒家官員痛斥：「金令司天，錢神卓地。貪婪罔極，骨肉相殘。受享於身，不堪暴殄。因人作報，靡有落毛。」[34]經濟行為本該有倫理界限，如果讓商賈來定價的話，就毫無分寸可言。

當時歐亞大陸兩端的人們，正經歷今日所謂「早期現代性」（early modernity）的經濟成長初期階段。他們都擔心計價與逐利，會損及對美德與關懷的信念。陳其德在他的第二篇文章結尾就警告過讀者：「自快凶荒已過，生一受用之享，豈復有人心者哉？」（如果我們只因度過饑荒就安然享樂，又該如何恢復人性呢？）失控的價格就是警訊。

物價作為分析數據

本書的任務，是從陳其德這兩年的桐鄉物價史往外擴大，上升到國家及朝代的層面上。這並非易事。陳其德有他的優勢，他熟稔物價體系，也生活在體系之中，對物價知之甚詳，就像今天你我都很熟悉今日的物價，知道東西都賣多少錢。當他提到某個價格時，往往預設讀者知道這跟公道價有多少差距，也知道這樣的差距有什麼深意。我們對他的世界所知不多，所以得要重建他生活其中的物價體系，先彌補知識上的落差。「估計明代物價」看起來單純是個技術問題或普通的學術目標——事實不然。前資本主義經濟體的物價紀錄不僅很難尋找，就算找到也十分零散，而且總有闕漏。

即便如此困難，但正因為當時人對物價的重視，我們還是有機會重建明代中國的物價史。他們曉得自己生活在一個萬物皆有標價的世界裡——豆米有之，蛋雞有之，婢女有之，生涯與生存亦有之。一五七〇年，有宦官想跟一名軍中豪傑買他的寶刀，這位武人回答說，這寶刀「何論貨哉」，是非賣品。沒想到宦官的開價實在太高，於是他不再義正嚴詞，遂把劍賣了。[35]道學之人或許會堅持有些東西是無法定價的非賣品，但多數人若非覺得這種想法陳義過高，就是自欺欺人。

大家之所以關注物價，是為了知道該買或賣什麼，知道該何時何地做買賣，有時候則只是為了記錄收支。少數人甚至把物價寫進日記、信件與報告，歷史學家就在裡面大海撈針。舉個頗具代表性的例子：陳其德故鄉桐鄉的密印寺，於一六一二年懸掛新鐘，而此事有碑文紀。這篇紀念文之所以能保存至今，是因為文章的作者是出身杭州城（桐鄉西南約六十公里）的退休官員李樂，而他在著作《見聞雜記》中收錄了這篇文章。[36]李樂說，以前海盜猖獗，一五四四年在督府令下，密印寺舊鐘充公鎔化以製作火器，如今他要糾人發起鑄新鐘運動。他在紀念文提到許多數字，像是登上芳名錄的最低捐款數額（三兩），他與友人在前兩個月募集到多少銀子（兩百餘兩），以及在第三個月募到的銀子（又得兩百餘兩）。其中一人帶著銀（二百七十兩），去南京請工部許可他們購買一千六百多公斤的銅與錫；另外，李樂也移書御史，希望商人能「平價交易」金屬。當他們把金屬運回桐鄉時，憑憲牌免除了過路費（李樂說省了不下六十金）。修砌鐘樓的工程成本（十六兩），償還密印寺僧人預先支付的費用（三十兩），鑄鐘者的酬勞（三十五兩），豎碑石費（十兩），以及為求計畫順利進行而奉護文昌帝君的香火（四十兩）。李樂沒有列出所有開支作完整記錄，畢竟這不是他的目的。公開這些金額，是為了確保投入的錢財不會在未來遭侵占或偷竊。

時人因為類似的目的而公布實際花費與價格，也因此留下了卷帙浩繁的明代物價資料，但這些資料很瑣碎、不連貫，也很難整理為統計數字。物價看似鐵錚錚的事實，是可靠的數據，所以一開始才會有吸引力，但數據之瑣碎卻與此背道而馳。經濟史家漢彌爾敦（Earl

Hamilton）在一九四四年表示，物價是「既有且連續不斷的客觀經濟資料中歷史最悠久的」，而他這麼說的根據，是歐洲現存的大量物價紀錄。[37] 漢彌爾敦對於自己在歐洲文獻中找到的價格很有信心，他相信不只可以藉此來追蹤物價的變化，還可以改寫現代早期世界的歷史敘事。就揭開歷史的變遷而言，他的自信不無道理，但每一組物價資料都有其模糊之處。有些物價也許符合漢彌爾敦的標準，不過讀者還是會發現物價鮮少如表面上那麼紮實。

以明代的水桶價格為例：一五七七年，北京一位官員記錄自己任職的官署以三分銀一只的價格購買水桶。[38] 所以明代的水桶就是這個價格嗎？也許吧，但水桶也不是全部都長一樣。某種水桶在此時此地的價格，不見得跟彼時彼地一樣。下一個問題是價格本身。他的官署是付了三分銀，但這個價格有沒有額外加價？有沒有打折？付錢時是用白銀支付，還是銅錢支付？假如用銅錢，那兌換率為何？我問這些問題，不是為了動搖物價史的可行度，純粹只是想點出：就算某某說自己在特定時地支付了具體價格，東西也不見得就是這個價。假如我們去看十五年前浙江內陸某縣官的紀錄，會發現他買的水桶要四分銀。[39] 所以說過了十五年，水桶就降價了嗎？不太可能。還是說鄉下價格比城市高？也不太可能。會不會是北京官署買的水桶比外省鄉下官署更多，量多可以打折呢？說不定，畢竟相較於縣城衙門，北京官署要為更多機構供應水桶。還是說，北京賣的水桶比浙江賣的水桶小，更廉價，做工也更差？這我們不得而知。我們頂多只能推論，明代在十六世紀時，水桶的價格介於三分與四分銀之間。

以白銀計價的做法，會受到各種因素影響，甚至是白銀自身變化而變得更加複雜。史家阮思德（Bruce Rusk）有一篇絕佳文章在談明清文本中的白銀文化。他提醒大家，如果人們不是用鑄造的銀幣，而是用銀條去交易，只會讓實際交易過程變得非常複雜。水桶有很多種，白銀也是，不會只有作為貨幣使用的抽象功能。金屬純度各異，有些純度可以接受，有些不能接受。熟門熟路的人有可能會攙假偽造。還有許多非經濟因素都會影響「交易」的社會性質，尤其是「信任」與「賞臉」，這些都會影響買賣雙方是否都接受以特定重量的白銀來支付。阮思德說，「乍看之下，一塊白銀的市值用重量與成色就能輕鬆算出來，但這兩個數值並非浮動變量，只是會計上可以這麼處理。白銀的實體性質是無法剝除的，因此為了發揮抽象單位的功能，人們必須對一塊白銀的成色等級達成共識。」[40]白銀的實體性質的確會扭曲（至少是影響）物價，只是我們無法確切得知四個世紀前特定交易中使用的白銀成色如何。因此，每一筆紀錄下來的物價，不只受到換取商品或服務時所易手的金屬成色所影響，也會受到商品品質與服務特質的影響。

史家漢彌爾敦還說過，「物價史頂多只能處理免於政界或教會強制力的能動者，在自由市場中支付的價格與工資。」[41]在漢彌爾敦看來，他所謂的「謹慎的物價史家」，能夠「避免購買數量、季節、銷售環境、運輸成本、服務、隱藏費用、額外實物工資等因素的扭曲」，但實際文獻紀錄卻不足以讓我達到他所設下的高標準。明代物價資料傳世者多半不是源於

「自由市場」，而是來自地方政府為了制定預算、記錄帳目而保存的行政檔案。官員理應按照市場價格進行買賣，但他們買水桶的那天到底有沒有守規矩，我們就不得而知。就明代中國來說，我們能取得的大部分物價數據，都是來自於「政府」與「經濟」交會時的紀錄。

四十年前，歷史學家賈永吉（Michel Cartier）便體悟到，必須知道市場價格才能寫物價史，而他也提醒學界中人用政府文書來寫物價史的危險性。他甚至懷疑根本無法寫出十八世紀以前的中國物價史。[42]畢竟，中國紀錄現存的大部分數據，其實都是「財政價格」，也就是為了稅務稽核所制定的價格。財政價格和市場價格也許相去不遠，但並不必然如此。財政價格往往是賈永吉所謂的「化石價格」，根據過往的市值而定，後續就沒有再調整。十六世紀時，地方政府的財政運作從徵收實物稅與發放實物薪水，轉變成徵收與發放白銀，前述的化石價格也會換成等價，但我們很難評估轉換的數值有多貼近市場價格。

我找到的價格，大多數確實都是出於非經濟目的而記錄彙編——比方說是出於操縱限額的財政目的（而非記錄市值），或是出於打貪的行政目的，或是出於迫使價格進入公平區間的道德目的，抑或是出於講述興衰的修辭目的。不過，面臨這些挑戰的人，可不只研究中國物價演變的人。貝弗里奇（William Beveridge）研究近代早期英格蘭的物價史，他便曾在自己著作的引言中指出「物價史研究的不是孤立事實，而是關係」。這番話可是比漢彌爾敦對物價史客觀性的高調樂觀還早了五年。[43]物價是各種非經濟因素脈絡中浮現的「交易結果」。[44]

事實上，過去的人之所以把價格寫下來，通常不是因為把價格視為純粹的資料，而是出於價格之間的關聯。我在本書裡講述的歷史，與其說是聚焦於明代經濟，不如說是試圖理解明代社會。物價資料之所以如此珍貴，就是因為這種關聯性。

可能性的限度

曾有兩位研究蘇格蘭物價的史家諄諄提醒：「物價與薪資是很切實的東西，人們支付價格，領取薪資，他們生活的水準，有時候甚至是他們的生命本身，都仰賴這兩者。數據的內在意涵與其詮釋很微妙，也很困難，但它們絕非蒐集之後用來讓史家打發時間、腦力激盪的區區人工數字。」[45]物價確實有打發時間及腦力激盪的一面，吸引不少明代文人蒐集、講述千奇百怪的物價故事。明代人對於貧富差距之驚人感到不解，他們的生活遭逢迅速變化的世局，而物價的故事人人都懂，於是他們便用這些故事來表達自己的困惑與憤慨。

我偶爾會有樣學樣，沉浸在精采的故事裡，但我這麼做是為了突顯這個事實：明代文人寫物價，不只是為了標舉物品花費，更是要呈現這花費就他們所知到底合不合理，以及物價如何形塑維繫人們的社會關係。就我看來，最精彩的物價故事就是我前面講過的陳其德，以及他對明末動盪的經驗談。由於陳其德的故事說的是嚴重災難，說不定有人會覺得我選這個故事為主軸來建構本書，等於是偏離「把握日常生活」的宗旨。實際上，他的故事強烈突顯出「生存」這項核心議題——生死存亡之際，物價最是重要。明朝和小冰期中期重疊的事實，只會進一步讓我把一六四〇年代的天災人禍當成出發點，去想像物價對生活在明代的人究竟意味著什麼。糧食是人能否生存的關鍵，糧食價格豈不是比其他價格更值得作為關注焦點？

四十年前，歷史學家布勞岱爾（Fernand Braudel）主張：如果要寫一部詳實的現代早期世界史，首要之務就是衡量「可能性的限度」。[46] 他在《日常生活的結構：可能性的限度》（*The Structures of Everyday Life: The Limits of the Possible*）的前兩章著手進行這項任務，探討兩大項足以影響社會回應可能性限度的能力指標——人口規模與糧食供應。在農業經濟中，糧食生產主要仰賴太陽能。一邊是要吃飯的嘴，一邊是餵飽這些嘴的糧食，兩邊的平衡很難維持。布勞岱爾是以歐洲史料為研究基礎，在這一點上他會比研究其他地方的我們更有優勢。因為他那一派的人口、氣候與物價史家有能力取得地方牧區與市場紀錄，得以替許多商品建構價格序列。他們利用這類文獻，不僅有機會察覺長時段的轉變，甚至是預測長期的經濟、社會乃至於政治變化。假如沒有物價史，布勞岱爾的分析只會是空中樓閣。

歐洲的歷史物價多半是手寫檔案中保存的原始數字，但傳世的中國物價多半是經過行政機構過濾處理後付梓的結果。兩者的差距，意味著我們會寫出不一樣的歷史。[47] 但這不至於讓歷史比較無從著手。歷史上的中國不僅可以是，也應該是我們在理解布勞岱爾式可能性限度時所汲取的一部分泉源。每一個前現代社會，都是設法在「種出足夠食物養活成員」的物質限度中運作。用比較抽象的方式來說，就是設法捕捉與轉化太陽能，讓人口規模得以維持，進而在太平歲月中擴大人口。[48]只要人們留下了如何達成這項任務（有時候也會失敗）的紀錄，物價史研究就有可能。我會在第四章談到，太陽能輸出或地球大氣層內氣溶膠累積、阻擋太陽能的情況會有變化，而在中國的紀錄當中最有用的文獻指標，就是太陽能減弱時上漲的糧食價格——陳其德簡短但動人的文字，就是對整體紀錄的貢獻。

明代人生活在一套物價體系之中，堅定認為物價應該保持穩定，但這不代表我們就能把他們的信念化約為「經濟是由法律地位平等的各方進行交易所組成」。研究現代早期歐洲的史家雷迪（William Reddy）提醒，商業經濟中的價格並非抽象概念，而是與社會關係緊密相連。[49]「價格只是體制中的無害小齒輪」這種觀念，其實是後來十七世紀英國經濟名嘴發展出來，用來掩飾貨幣交易不對等的遁詞。事實上，資本主義的發展，就是由這種不對等所促成的。富人與窮人同樣是買，支付同樣的價格，但他們撥出資源來購買東西的能耐卻有高低之分。

現代早期歐洲的新興經濟理論，把貨幣當成一種客觀媒介，法律地位平等者透過這種媒介交易商品與服務，至於價格則是公平決定應支付額的客觀手段。經濟理論把價格化約為抽象數學，資本主義經濟中的買賣雙方則透過價格達到公平交易。但對於阮囊羞澀的人來說，物價卻是一種枷鎖，甚至是張牙舞爪的無常。價格有利於把數字記在帳本裡的富人，卻會剝削貧困中的窮人，讓他們惶惶不可終日。價格變成金錢藉以創造社會結構的手段，賦權富人，懲罰窮人，而雙方都沒有意識到，或者不接受他們所處的「經濟」競賽是多麼的不公平。甲價格也許跟乙、丙、丁價格「持平」，但根據價格進行交易的場域，一定會有高有低。明代人普遍認為只要市場自由，不受掮客獨占，官員對此也沒有縱容，那就是醞釀出公平物價的最佳條件。然而，資本主義的價值觀（資本為價值中立，能創造普世效益）並未因此應運而生。無獨有偶，儒家奉行的「貧富相互扶持」的價值體系也沒能實現。現實世界裡，價格造成富人與窮人之間的對立，而基於價格的交易則一再讓不平等的社會變得更加根深蒂固。確保交易價格「公平」的做法，為的不是把「經濟」從「社會」的桎梏中解放出來。確保價格公平，是為了讓經濟與社會保持聯繫，如此一來財務上具有優勢或具有經商手腕的人，才不致於剝奪窮人的生存途徑，尤其是在氣候危機摧毀莊稼的關鍵時刻。

災難性物價作為氣候指標

對於前工業時代的農業經濟來說，「氣候」是發展可能性最大的制約因素。作物需要溫暖與水分，才能發芽長大。不管是溫度不對還是水不夠，糧食生產都會受到影響；而產量一下跌，價格就會上漲。穀類是相對耐旱的作物，能夠忍受一定程度的環境壓力，但水分與溫度仍然必須保持在一定範圍內，穀物才能發芽、生長、抽穗、成熟。地球從太陽接收的能量，左右了氣溫與降雨。對前工業時代的經濟體來說，氣候與穀類價格有直接關係：起頭是地球從太陽接收的能量多寡，然後是田地裡穀子得到的溫暖與水分，最後是購買這些穀類的價格。工業化的特色是大規模燃燒碳氫化合物，但在進入工業時代之前，仍有兩項因素可以暫時改變太陽與地球之間的能量關係。其一是太陽輻射減少，原因跟太陽黑子或太陽物質噴發有關。其二則是大氣環境改變，稱為「氣候強迫」(climate forcing)，成因可能是火山爆發或森林大火將氣膠噴入大氣中，遮擋太陽輻射觸及地表。這兩種情況的機制固然不同，但地球都會失去部分以往的能量。能量減少會導致氣溫下降，引發風向與洋流運動的變化，進而改變降水模式。

氣候對地球能量的影響並不均勻，因為陸地與水體的分布有區域差異，但還有更大的能量系統在影響全球情況。氣候的具體表現是局部性的，但氣候的整體影響與發展趨勢卻是全球性的，雖然不會直接影響彼此，但兩者確實同時存在。某個地區的氣候，並不直接等於其他地方的氣候。先詳盡瞭解所有地方的局部氣候表現，才能完整建構整體的氣候模式。所以，我們必須先重建出範圍大如中國的區域氣候，才能精進及深化對氣候變遷的認識。

一九三〇年代，中國學界開始從正史（也就是官修前朝史）找出提及天災的段落，著手撰寫中國氣候史。一九九〇年代以來，本來採用文獻指標的中國氣候科學家，逐漸改採可以用儀器測量的物質指標。他們的研究大致確認中國的氣候歷史，其實就跟北半球其他地方蒐集到的物質證據所推斷出的全球模式相當類似——十世紀中葉到十三世紀中葉的中世紀暖期、十四世紀開始的小冰期、十五世紀再降溫，然後十六世紀末到十九世紀又大幅寒化。最有價值的實物指標是年輪資料（細胞生長留下的痕跡，顯示了氣溫與降水的變化），以及冰川冰核分析（分析水分子中的同位素重量，或是有沒有火山硫出現）。這兩種實體資料檔案庫可以精確檢測氣候變化的幅度，以及區域氣候差異，因此非常珍貴。[50]不過，最近幾十年間也有部分氣候科學家開始跟歷史學家合作，評估文獻材料蘊藏的氣候資訊，例如編年史、日記、信件，畢竟當時人經歷氣候反常時，往往會記下自己的觀察。這類文獻指標也許不像年輪或水同位素那麼連續不斷，但特定文化內的指標通常會前後一致，而且年輪並不會顯示局部情況、突變的瞬間，乃至於氣候變化對於人們生活造成的衝擊，但文獻指標可以。[51]

我主張把糧食價格納入文獻指標。我剛開始挖掘明代中國糧價變異與氣候變化之間的關係，就驚訝發現其他地方的環境史對糧價幾乎不提。值得一提的例外是經濟史學家包恩凡特（Walter Bauernfeind）與沃伊特克（Ulrich Woitek）在一九九九年發表一篇論文，分析日耳曼地區小冰期糧價跟氣候擾動的關係。他們觀察到，「氣候變化對經濟與人口變化影響重大，但近期經濟史研究鮮少著重於此」，而且歷史學家往往用「人口成長、貨幣貶值、貨幣供應增加」來解釋十六世紀的「物價革命」，並認為氣候惡化的「影響相對次要」。[52]就連帕克（Geoffrey Parker）在探討一六四〇年代全球氣候災難的巨作《全球危機》（*Global Crisis*），也沒有採用物價指標。我曾經問他，註腳裡面有沒有藏了什麼被我遺漏掉的物價研究？結果他跟我證實，在他的大作裡，物價的戲份確實不多。

我開始注意到，明代地方志記錄了糧價在氣候變異時的上漲，而後代對於氣候變化歷史的研究居然會忽視價格，這讓我感到不可思議。對我來說，等到我在一四五〇年代的地方志裡找到饑荒時的糧價紀錄之後，氣候波動與價格波動之間的相關性就已呼之欲出。我開始尋找還有沒有別人研究同一時期世界上其他地方，把價格與氣候變化的影響相連結。而我很開心地發現，坎貝爾（Bruce Campbell）在《大轉型》（*The Great Transition*）研究物價波動時，提到他有用到物價，只不過不是用物價來重建氣候變遷，而是作為環境條件受衝擊的指標。[53]坎貝爾特別留意一四五〇年代，把這十年標榜為「十五世紀與整個中世紀最寒冷的十年」。[54]確實，自一四二〇年代開始，全球氣溫開始大幅下降，也就是後人所稱的「史波勒極小期」，把小冰期拉進第一個極寒階段。一四五〇年代，明代地方紀錄的荒年糧價首度出現一定程度的連貫性，讓我大膽考慮糧價跟全球氣候波動之間的相關性。我假設糧價可以做為氣候指標，並進一步研究到明末，證明這是一項合理的做法。包恩凡特與沃伊特克研究十六世紀日耳曼時，曾經替糧價與氣候的關聯建立數學模型，但我沒有接受過計量經濟學的訓練，所以無法像他們這樣處理明代中國。不過，由於明代荒年糧價與全球氣候異常之間具有極高的相關性，讓我大膽相信讀者能夠接受這種關連並不只存在於我的直覺，而是在理論上也具有說服力。[55]

在本書裡，我會一遍又一遍重提陳其德對一六四〇年代初期物價災難的回憶，這一章算是基本認識。而在本章結尾，我想再提一項有趣細節，希望能讓讀者更貼近本書探討的世界。陳其德第二篇文章的日期是農曆八月十五，也就是中秋節。在亞洲，中秋是一年當中最重要的節日之一，親朋好友會齊聚一堂慶豐年。晚明農民有一句諺語：「秋分在社前，斗米換斗錢；秋分在社後，斗米換斗豆。」（社即秋社，古代農家舉辦酬神典禮的時刻。）[56]前者價格高過頭，後者則低到令人絕望。中秋是陰曆日期，而秋分則是陽曆日期——秋分時，正午太陽正好直射赤道，秋分後開始往南偏，把北半球推向冬季。這句俗諺等於是把收成價的奧祕，藏在上天安排日月運行的奧祕當中。其實，秋分鮮少早於八月望日前。假如秋分比中秋更早，那就是奇蹟；假如農人收成的米換到的不是等重的豆，而是換到等重的錢，那也叫奇蹟。

一六四一年，陳其德在第一篇文章結尾題上月日時，這兩個日子看起來近在咫尺：那年的秋分比中秋晚剛好三天。但到了一六四二年，中秋節早了一天，秋分則晚了一天，兩個日期之間的距離多出了兩天。假如桐鄉農民在一六四一年或一六四二年有米可賣的話，就可以把價格喊到跟銅錢等重，但僅限於賣給有錢人。對多數人來說，價格是可以這樣訂，但實際上卻沒人買得起。當時的中國正陷入蒙德極小期，而這次秋分既沒有收成可以慶祝，也沒有作物可以拿來販賣。現在，我們就要去探究當時究竟是怎麼一回事了。

第二章 太平盛世：萬曆年間的物價體系

陳其德孩提時正值萬曆初年，糧價便宜又公道。一五七二年，八歲登基的明神宗萬曆皇帝還是個活蹦亂跳的小孩子；等到一六二〇年，晚年疏離淒苦的萬曆以五十七歲之齡過世，死因可能是過度服用鴉片（由他派出去的宦官在廣州進口後運往北京皇宮）。萬曆從小統治大明到老，在寶座上坐了將近半世紀。人的一生總會經過許多階段，所以我們才會發現他以截然不同的方式，去因應統治一億人口所帶來的各種挑戰。也就是說，「萬曆皇帝」絕非鐵板一塊，而「萬曆年間」也不是個靜止不動的年代。萬曆年間發生許多事，因此人們對這段時期的反應都不相同，當年如此，至今猶然。有人覺得萬曆年間是政治派系鬥爭、奢靡浪費、道德淪喪的時代；也有人覺得萬曆年間是社會活絡、哲學復興、經濟繁榮的時代。雖然這幾種勾勒方式各有其側重，但它們都是真的。

每一位皇帝統治期間，都會有一個蘊含著期許的年號，而萬曆帝的「萬曆」，大有「萬年之計」的意思。朱翊鈞的父親是隆慶皇帝，雖然他是隆慶的婚生子，但他的母親並非皇后，而是皇貴妃，這種身分之別通常代表著：本來不見得是由他當上皇帝。隆慶帝於一五七二年七月駕崩，年僅三十五歲，而此時皇后的兩個兒子，也就是朱翊鈞的異母兄弟，卻皆已不在人世。因此，朱翊鈞在距離自己九歲生日還有六週時，登基之路便已敞開。小少年萬曆在內閣首輔張居正鐵腕輔政下，積極學習怎麼當個好皇帝。一五八二年，張居正去世，二十出頭的少年皇帝親政，自己治國。[1]幾乎每一位皇帝都很難接觸到老百姓生活的世界，而在紫禁城牆內得到各種照料的他，也有這樣的困擾。然而，年輕時的他似乎曾盡力去吸收各種資訊，掌握天下大事。他不見得知道買個水桶要花多少錢，但他至少知道荒年的物價。我們之所以曉得他知道，是因為他在一五九四年四月十九日那天，曾經跟小他四歲、備受恩寵的皇貴妃鄭妃談到這件事，並且在隔天又把這段對話告訴了首輔大學士。[2]

> 昨者，朕覽《饑民圖說》，時有皇貴妃侍，因問：「此是何圖，畫著死人，又有赴水的。」朕說，「此乃刑科給事中楊東明所進河南饑民之圖，今彼處甚是荒亂，有吃樹皮的，有人相食的，故上此圖，欲上知之，速行蠲賑，以救危亡於旦夕。」[3]

這段簡短逐字稿是很了不起的紀錄，特別是因為它揭露了宮中私下談話可能的內容。皇帝和皇后確切的用字遣詞不是不重要，但真正的重點在於萬曆對於此事有所表示。他用這種方式向大學士與滿朝文武表現自己知道饑荒迫在眉睫，而他會親自著手賑濟。萬曆皇帝絕對不會看到饑民，畢竟只要他出宮，士兵都會奉命先把街頭整頓一番，不會讓他看到任何難看的景象。對於饑荒的光景，他所知盡皆來自《饑民圖說》。他大約兩週前收到這份《饑民圖說》，實錄上說他看得「驚惶憂懼」。[4] 兩週後，這部圖說仍然擺在寢宮案頭，想必他已細閱多次，對所見極為震驚，反應就跟鄭貴妃初見時一樣。等到皇帝讓鄭貴妃看圖的時候，他自己已經有兩星期的時間能消化圖說解釋的內容，深入瞭解天災可能引發的人禍，恐將從社會動盪演變為大規模暴力。[5]

《饑民圖說》完全達到了進圖官員所期望的結果，也就是皇帝立即而確實的回應。萬曆皇帝告訴首輔大學士：

> 皇貴妃聞，說自願出累年所賜合用之積，以施救本地之民，奏朕未知可否？朕說甚好。且皇貴妃已進賑銀五千兩，朕意其少，欲待再有進助，一併發出。

鄭貴妃賑銀之後，太后、福王、沈王和萬曆本人也輸銀賑災。[6] 他們賑銀的總額，是明朝皇帝動用大內資金單次最高的賑災金額。皇室尚且慷慨如此，讓萬曆朝中的首輔大學士有了道德籌碼，得以要求五品以上官員捐奉薪賑災。

不過，真正緩解饑荒威脅的卻不是這些賑銀。解決饑荒的方法，是造成價格差異化，讓差價的局面來發揮作用：當每石米價來到前所未有的五兩，糧商便產生了商業動機，紛紛把糧食運往黃河受災地區。

負責賑災的官員回報皇帝，「米舟並集，延袤五十里。」[7]每石米價因此下跌到八錢。八錢是五分之四兩銀，仍然是很高的價格，但大致上還是歉收時可見的米價，既不到饑荒時價，也還能讓糧商有利可圖。因此，河南省的饑民未有不濟者，也就是無人因此餓死。[8]

這則故事背後還有兩項更複雜的層面。首先，只要詳盡檢視當時河南省的地方志，就會發現該省還不至於瀕臨饑荒。糧產量雖然略微下降，但絕非進呈給皇帝御覽的那種災荒局面。也就是說，對於饑荒的恐懼壓過了實際情況。萬曆之所以自己帶頭賑銀，還逼著文武百官一起，是因為想起中國曾在六年前遭遇過嚴重饑荒，而當時的當局毫無準備。這則記憶太過深刻，陳其德在〈災荒記事〉也有提到。

故事裡另一項耐人尋味之處，在於鄭妃。後宮嬪妃中，萬曆最是寵愛鄭妃。一五八六年鄭妃懷孕後，萬曆諭禮部封鄭妃為皇貴妃，並有意立其子（在萬曆諸子中序齒第三）為太子。此舉引發的繼承問題將困擾萬曆，終其治世，不只讓他跟大臣有了齟齬，甚至到了皇帝罷朝的地步。萬曆試圖把鄭妃塑造成這次賑災故事裡的主角，讓百官不得不追隨她的登高一呼，藉此提高她的地位，進一步推動立其子為繼承人的計畫。這起事件的政治操作當然跟糧價無關。我只是想提醒大家，萬曆朝的每一項決策，其實都有政治操作的影子。

不過，本章主題不是萬曆本人，也不是荒年物價，那都是第四章的事。我在這一章要談的是明代萬曆年間的時局，具體來說即是構成我所謂「萬曆物價體系」的各種物價，以及百姓在這種體系下過生活的方式。陳其德懷想萬曆年間，覺得當時在在豐亨，宛如太平盛世，而我的問題意識則是探究他的看法是否合理。

記帳

問菽三升易小麥二升，小麥一升五合易油麻八合，油麻一升二合易粳米一升八合，今將菽一十四石四斗欲易油麻，又將小麥二十一石六斗欲易粳米，問各幾何？[9]

但凡讀過一點書的明代青少年，都能解答這道數學題。不過，解出來的答案卻很荒謬。米價通常會比麥價稍高，有時甚至高出百分之十五至二十。但前述問題解出來之後，米價竟是麥價的八·七五倍。數學題目不用符合現實，畢竟現實中絕對沒有這種事情。我提到這道題目，只是想讓大家知道明代百姓在買賣時，也會按照會計史學家所謂的「經濟效用」進行，也就是有效率地進行理性選擇。[10]他們知道物價，懂得比價，也明白怎麼樣做才能維持收支平衡。他們會記錄「入」與「出」，對於「用」與「存」也相當敏感。他們會細分支出與收入，瞭解固定資產亦有其價值，也懂得評估投資報酬。若非如此，明代物價紀錄也就不會保留下來，而萬曆年間正是物價紀錄顯著增加的時期。

萬曆年間物價紀錄的增加，反映出經濟的變化：此時經濟商業化已經達到「一切皆有價」的程度，而經濟產能則達到國內外的各種物產（都有價格）在數量與種類上皆前所未有的地步。身邊物產之豐饒，常令時人讚嘆不已。思想家宋應星在他所寫的百科全書《天工開物》序言中表示，他與同時代的人生活在「天覆地載，物數號萬」的世界裡。他寫道：「事物而既萬矣，必待口授目成而後識之，其與幾何」，[11]而這正是他編寫此書的目的。萬曆年間的藏家李日華甚至覺得「萬」還不足以形容事物之豐富，認為「天地間，異物皆隨時幻出，原無定數可以驗矣」。[12]對他來說，若想瞭解已知事物，最好的方法就是去讀古人怎麼樣寫它們——至於遠從威尼斯與祕魯利馬源源不斷來到李家的新事物，則要親自細察，然後擺進「天地」這個百寶箱裡。每一樣東西都要訂個合適的價格，有了價格，才能安進明代的物質宇宙。

萬曆年間的日用品價格眾所皆知。根據明代紀錄，動物性蛋白質幾乎一直維持在每斤兩分左右。一六〇二年，耶穌會士龐迪我（Diego Pantoja）的家書證實了這一標準價格，他提到「無論牛肉、羊肉、鵝肉、雞肉、鹿肉，上佳者都是二里亞（*liard*，小面額的法國錢幣，龐迪我用來對應「分」）買得一里弗爾（*livre*，用來對應「斤」）。」[13] 龐迪我之所以提到這件事，是因為若按歐洲標準，萬曆年間的肉品可說是供應充足，價格便宜，野味尤廉。[14] 如果肉品質甚佳、供應有限或需求量大時，肉價可能會高過兩分，但大部分人都能理解這種波動，不是什麼稀奇之事。

一旦價格標示的對象不是日用飲食而是製造品，價格概念就會變得很難把握。就說扶手椅吧。豬肉就是豬肉，明代的豬還是豬，但明代的扶手椅可不是只有一種，也不會只有一種價格。而特定時空間裡製作或買賣的扶手椅價格更是各不相同。[15] 唯有在甲價格能與乙價格相比時，「價格」才有其意義；消費者根據價格差異來區分高級貨與普通貨，同時據此讓自己有別於其他社會階層的消費者。[16] 先有價格，才有等價。明人理解一張普通椅子的價格，相當於一把諸葛弩弓或翦絨風領頭圍，而一張昂貴的扶手椅價格則相當於一張定窯瓷盤或十隻肥鵝。[17] 只要「等價」與「差價」不至於波動太大，就是一套穩定運作的物價體系。買方只要知道物品應有的價格，知道自己身處的社會階級該買什麼，就能知道自己該付多少錢。

現在回來談陳其德對萬曆年間「在在豐亨、人民殷阜」的回憶。我們必須重建萬曆物價體系，看看當時一般物價如何，以及物價差異有多大，才能驗證他的看法是否有憑有據。這一章使用的文獻有兩大類。一類是萬曆年間留下的大量散文、日記、信件與回憶錄，執筆者有時候會提到自己日常生活中接觸到的物價，不過通常沒那麼有系統。另一類則是我下面要介紹的材料——官方價目表與地方官署的庫存清單。當時人之所以要彙集這些資料，是為了讓政府開支有所指引與節制。

兩知縣

對大部分舉人來說，「知縣」是他們仕途上的第一站。「縣」是政府的最基層，也可以說是最重要的行政據點，而明代大概有一千個縣。也許是因為訟務稅收，也許是出於文教團練，總之政府與百姓往往都是在「縣」的層面出現交集。年輕的舉子固然滿腹儒家倫理經綸，但他們對於行政事務卻很陌生，派去人生地不熟、口音又不通的地方當縣官，真可謂是一番試煉。新任知縣非得立刻上手預算的編定與覆核，設法讓任內財務不至於滅頂才行。他們做事的誘因是晉升，做不好的懲罰則是免官。有些人平步青雲，但許多人庸庸碌碌，多數只能順本地胥吏（行政人員）的意，才能平衡收支。

新任知縣要搞懂縣的財務紀錄，就得拿無心政務、滿腹牢騷的前任縣官所留下的爛帳

（或根本就不存在的帳）來重建簿記。理清頭緒之後，接下來就是收支結算（無論有沒有記在帳上），才能確判斷兩者差距有多大。知縣要先能掌握收支，才能既平衡收支，又滿足財政制度造冊查考的需求。[18]下一項任務是制定收支準則，以確保縣衙維持運作，縣官的仕途也才不至於出軌。我們在這一節會談到兩位知縣，他們一到任就發現帳目不清，但他們挺身面對挑戰，也記錄自己做了哪些實事——其中就有不少物價紀錄。

一五一四年，海瑞在海南島出生，初任官的時間點比萬曆登基還早了二十年。他勤於政事，舉國上下人盡皆知，後於萬曆十五年辭世。沈榜比海瑞晚二十五年出生，在海瑞過世後十年的萬曆二十五年辭世。他的官沒有做得像海瑞那麼大，但他也是一位優秀的知縣。兩人有一個共通點：他們雖然都有中舉，但不是進士，也就是說兩人雖然飽讀詩書，卻沒有通過會試，而妙就妙在這一點凸顯出官學與科舉體系之間的錯位。吏部在尋找幹才時，往往是從這類人當中尋找。海瑞與沈榜在仕途之初獲選授任小官，展現出有別於做學問的行政長才，後來也都憑藉任上表現，為職涯發展打下基礎。

我們要從海瑞任淳安知縣時開始談起。淳安是浙江的貧困小城，位於省會杭州上游，而且距離省會甚遠；淳安本來不是縣，而是廳，設置廳的地方往往是政府認為難治的地方。海瑞在一五五八年上任時，淳安素有吏治敗壞的惡名。地方要人威脅或賄賂廳裡的胥吏，設法把自己的地籍與賦稅資料從紀錄中抹去。海瑞一發現這種陋俗便頓悟到：想在不觸怒上級的情況下知淳安事，只有兩條路可走，要麼學前任讓老百姓承擔虛稅，要麼翻閱稽查冊籍，革除害本縣陷入財政絕境的弊端。對海瑞來說，要走哪條路根本不成問題。他認為自己必須照顧百姓的福祉：「有能樽節減一分，民受一分賜矣」，於是訂定《興革條例》，標榜要逐條革除舊例，興新常。[19]

海瑞在〈淳安縣政事序〉提到，他抵達淳安之後，第一件事就是翻閱冊籍。一看才知道，黃冊中「逃亡者」過半，也就是說有一半家戶逃離，或是隱匿於其他家戶中（想必是造冊者收賄之弊），未服差徭。結果，全縣人口居然從一三七一年的七萬七千人，掉到一五五二年的四萬六千人，這顯然跟當時中國人口成長的實情有悖。[20]前人在造冊時欺隱，就是把差徭轉嫁給還在黃冊上的其他人。老吏勸告海瑞說，「在今日不可能也，在今日不可為也。寧可刻民，不可取怒於上；寧可薄下，不可不厚於過往。」[21]海瑞拒絕了這種明哲保身的建議，展開稽核。他認為審計能揭發真相，使吏不能緣為奸弊。

海瑞改革的另一項要點，在於官員備辦所需時，花費不能高於市價。他警告當地供應商，不得在供貨與提供服務時任意起價，也對下屬三令五申，不得強迫商人以低於市價供貨。[22]海瑞的干預若要成功，就得先公布價格。而他在《興革條例》中便分成三個段落進行：〈禮屬〉一節羅列官府儀禮之用度，〈兵屬〉一節羅列官兵的薪餉，再將知縣（尹）、縣丞主簿教官（二尹）以及典史（少尹）的日用器具（家伙）製成清單。[23]按照兩浙政議，官員的傢俱所需由里甲買辦，但淳安縣卻習慣讓官員在離任時把傢俱帶走，或是送給下屬，而不是留在官署。[24] 海瑞的家伙清單詳細規定每一件用品添補時所應支付的價銀，試圖降低開銷。這份清單相當難得，讓我們得以一窺尋常人家的日用物價世界，見附錄C〈參照表〉表2.1。

一五九〇年，沈榜走馬上任，治理宛平縣。他面對類似的財務混亂與帳目不清，只不過具體情況跟海瑞大不相同，因為沈榜得承擔中央政府與宮內的需索。沈榜發現，縣衙得支付超過六千兩銀的開銷，但庫房卻只剩五十二兩銀。他和海瑞一樣清楚：想化解危機，就只能查帳。沈榜正好有相關經驗，適合處理這個局面。中央政府根據分而治之的邏輯，把北京分成兩個縣，宛平縣就是其中之一。同理，南京也分屬兩個縣，其中之一是上元縣，正好是沈榜前一個任所。沈榜因此早已習慣應付由上而下的各種要求。他的文友吳楚材說他的專長並不在於寫一手好文章，而在於設立管理的方針，在於「負經濟略」。[25]

沈榜查帳的目標，是為了制訂宛平縣年度預算，以實踐「量入為出」這一大明審計的第一要務。究其根本，沈榜必須同時照顧兩個方向：既要維持收入，又要盡可能減少開銷，而且還不能得罪中央政府與皇室。他問道：「若曰入不為額，而出焉無經，疇能謀之耶？」（如果沒有收入配額及支出控制，要如何制定計畫？）[26] 為了確保審計結果不會遭到淹沒，他決定把所有數據公諸於世。一五九三年，他發表自己為宛平縣製作的行政要點《宛署雜記》，其中有兩大章就是那些數據。[27] 宛平縣必須應上級機關的要求，購買各種物品，而沈榜的稽核清單羅列了所需用度的名目，上至漆器，下至蔥薑蒜，而且大部分都有列出價格。沈榜《宛署雜記》列出的物價遠多於明代的其他刊物。他的上司順天府尹謝杰讚賞道，「惟經費書則備極覼縷，幾於隸首不能得。」（縣政府的開支詳盡到官員無從謀取暴利。）沈榜筆下有些價格稱為「折價」，亦即提供的不是實物，而是實物的價格去折算支給。有時候，他也會一口氣列出好幾樣東西，但給出的不是個別價格，而是加總後的總價。雖然偶有這類不夠詳盡之處，但《宛署雜記》數據之大、水準之高仍堪稱一絕，裡面的物價一頁又一頁，桃李有、夜壺有，連升堂時用來銬罪犯的鐐銬都有，我在本書中仰賴的物價資料也泰半出自《宛署雜記》。

一分、一錢、一兩的購買力

為了勾勒萬曆物價體系的整體輪廓，讓讀者有比較具體的感受，我根據海瑞、沈榜等人記錄的物價資訊，整理出三張表。第一張表上列了二十五樣可以用一分買到的物品，第二張表是一錢（十分）能買到的物品，第三張表則是用一兩能買到的物品。[28]

第一張表上的物品，可以用一分買到（見表2.2）。大多數人都能負擔這個價格。黃瓜、荸薺等蔬菜幾乎都是一分買一斤（一又三分之一磅，或者六百公克），但蔥薑等食材比這還

表 2.2 一分銀可以買到的二十五種物品

	地點	年分	資料來源
飲食（斤，例外者附註）			
黃瓜	北京	1590	SB 122
胡桃	北京	1590	SB 123
酒	淳安	1560	HR 85, 86
鱒魚	北京	1602	DP 112
蛋（18 粒）	北京	1602	DP 112
野味	華陰	1615	HB 305
豬肉（半斤）	北京	1590	SB 129, 130
煙子（半斤）	北京	1590	SB 134
家用品			
水瓢	北京	1577	SB 141?
木杠	北京	1590	SB 133, 147
腳火凳	淳安	1560	HR 129, 132, 134
火筯（雙）	淳安	1560	HR 130, 132
苕箒	北京	1590	SB 151
荊笆	北京	1590	SB 141
磁湯碗	北京	1577	SB 141
鍋蓋	北京	1577	SB 141
紙墨			
粘果紙（二十五張）	北京	1590	SB 171
常考卷	淳安	1560	HR 42
寫版墨	淳安	1562	HR 83
材料（斤）			
魚膠	江西	1562	TS 164
麻繩	北京	1590	SB 134
錫箔	北京	1590	SB 133
鐵釘	北京	1590	SB 145
煤	北京	1590	SB 140
紫檀	杭州	1572	WSX 139

要便宜許多，一二文就能買一斤。酒固然有各種價位，但一分錢就夠海瑞買一斤酒了。（至於沈榜記錄的酒價，一壺酒介於四到二十分之間。）[29]肉的標準價是一斤兩分，一分只能買半斤（三百公克或三分之二磅）。不過，活體的價格只有屠宰肉的一半。[30]至於魚肉，無論是鮮魚還是醃魚，賣價都跟肉差不多（不過，耶穌會士龐迪我在一六〇二年的信上說，在北京可以用一分買一斤鱒魚）。[31]按照沈榜的紀錄，煙草和豬肉一樣，都是一分買半斤。由於萬曆年間的煙草，是西班牙人引進菲律賓後再轉往中國，因此價格還是很貴，一分還買不到一斤。[32]沈榜的清單還列出了其他價位的煙草，便宜的有三分一斤的本地貨，貴的則有十分一斤的菲律賓進口貨——這份文獻剛好也是中國煙草消費紀錄中時間明確者最早的一份。[33]

家庭日用品一分一件，有凳子，有鍋蓋，甚至有便宜的磁碗。最廉價的紙墨也賣一分。海瑞和沈榜都提到多種紙張的價格，質量各異。海瑞列出十七種，沈榜則提到六十多種——官署經常要製作報告或張貼公告，用紙多不足為奇。紙的單位是「刀」，一刀一百張。[34]表的底端則是一些基本材料，一分可以買一斤的膠、麻繩與紫檀，但只夠買半斤鐵釘。

從一分拉高到十分，就能買到高檔食材：一斤冬瓜或水蜜桃，兩斤山藥、一整尾鯽魚和雉雞，也可以買一斤上好的進口煙草和茶葉（見表2.3）。[35]酒類有各種價位，茶葉也有各種品質與價位，最高檔的茶葉價格波動有如過山車，茶商則競相吸引喝這種等級的鑑賞行家。[36]

用一錢買到的家用品，會比一分買到的更精緻，也許是因為用料更好（像是鐵鍋），也

表 2.3 一錢銀（十分）可以買到的二十五種物品

	地點	年分	資料來源
飲食（斤，例外者附註）			
冬瓜	北京	1590	SB 122
水蜜桃	上海	1628	YMZ 170
芡實	北京	1590	SB 123
細茶	北京	1590	SB 123, 126
山藥（二斤）	北京	1590	SB 122
鯽魚	北京	1590	SB 123
雉雞	北京	1590	SB 122
家用品			
鍋	淳安	1560	HR 130. 132, 134
日傘	淳安	1560	HR 129, 131
淨桶	北京	1590	SB 147
套索	北京	1590	SB 132
木床	北京	1577	SB 141
四柱床	淳安	1560	SB 141
紙（刀）墨			
抬連紙	北京	1590	SB 146
白咨紙	北京	1590	SB 123, 129
墨汁一觔	淳安	1562	HR 42
材料			
燭（斤）	北京	1572	SB 136, 137, 145
蘇木（斤）	北京	1590	SB 133
土粉（斗）	北京	1562	SB 133
布料與布製品			
苧麻	北京	1590	SB 138
段絹錦幅包袱	江西	1562	TS 161
布被	江西	1562	TS 160
繡護膝襪口	江西	1562	TS 161
藥材（兩）			
附子	上海	1620	YMZ 161
服務費			
出診	紹興	1600	LW 131

許是因為費工（例如陽傘）。付十分可以買到品質更好的紙跟墨，買到更貴的料，像是蠟燭、石膏、蘇木（進口木料，用於製作紅色染料）。到了十分這個價格，衣布一類才開始出現在清單上。醫藥也是從這個價格開始出現。十分也是常見的服務類價碼，例如找大夫。《金瓶梅》有一段間接證明了這個價碼，作者提到故事裡某個醫生開藥方只收五分，藉此暗示他評價普普通通。小說後段再次突顯了價格跟醫術的關係：主角西門慶為了救愛妾（前面那個收五分的大夫正好是這個妾的前夫），於是給了任醫官整整一兩銀。[37]

從一錢提高到一兩，也就進入了完全不同的消費水準（見表2.4）。這個等級很難找到什麼飲食，因為食材太便宜，抬不到這個價。我能找到放進這張表的飲食，就只有整隻小豬跟最高檔的茶葉。動物是主要的例外。一兩銀子還不夠買全隻。成豬價格可以賣到四或五兩。[38]用一兩能買到更精緻牢靠的傢俱，更奢華的布料，當然也有比一刀一錢品質更好也更厚的紙張。「榜紙」是一種長一公尺半，寬度也逼近長度的大張紙，是官府常用的標準大小紙張。因為需求量使然，榜紙價格相對較高。

表2.4出現了幾類新商品，是前兩張表裡沒有的。一兩可以買到一把槍，不是普通獵槍，而是名為「密魯銃」的鉤銃；「密魯」二字顯然是祕魯，名稱暗示這種槍是西班牙式樣的槍，或是其仿製品。書籍是出現在這個價位的另一類新商品。萬曆年間撐起了活絡的印刷文化，讀者多，買書也多；有人為科考，有人為增廣見聞，有人則只是娛樂。書價各異，端視因用

表 2.4 一兩銀（一・三盎司）可以買到的二十五種物品

	地點	年分	資料來源
飲食			
毿豬	北京	1590	SB 122
芥片茶	上海	1620	YMZ 159
擺飾			
爐	上海	1592	PYD 307
宣爐	上海	1593	PYD 308
朱紅菊花果合	徽州	1518	WSX
素漆花梨木等涼牀	江西	1562	TS 160
硯	上海	1591	PYD 307
盆景	上海	1588	PYD 298
磁器	淳安	1560	HR 131
紙（刀）			
大榜紙	北京	1577	SB 139
大磁青紙	北京	1590	SB 145
貼紅籤紙	淳安	1560	HR 82
箋紙	淳安	1560	HR 82, 84
紡織品與布製品			
綢（疋）	江西	1562	TS 157
錦段絹紗帳幔	江西	1562	TS 160
錦段綾絹被	江西	1562	TS 160
材料			
梨板	北京	1572	SB 138
武器			
密魯銃	浙江	1601	LHL 6.66a
書籍			
李袁二先生精選唐詩訓解（四冊）	福建	1618	SC 112
廣金石韻府（六冊）		1636	SC 112
搜羅五車合併萬寶全書（八冊）	建陽	1614	IS 263
新編事文類聚翰墨大全（二十冊）	建陽	1611	IS 263
服務費			
寫新歲門神	北直隸	1548	WSQ 46
裱面	上海	1591	PYD 299
人			
小廝	上海	1588	PTD 289

紙、木版品質、版畫的精細度、印刷與裝訂的工，以及編輯工作的精準度而有不同。如果是大眾消費導向的書，一冊可能只賣六分，但往往是分冊，而不是全本。[39]最便宜的書，是福建商業書坊大量印製的廉價書籍。愛書人胡應麟總結書價範圍，「凡刻，閩中十不當越中七，越中七不當吳中五，吳中五不當燕中三。」就我所蒐集到的七十八種書價來看，平均價格為二兩。樣本中有四分之一的價格低於一兩。百分之四十的書價介於一到三兩，落在這個價格範圍的書算是中階知識分子的守備範圍。[40]超過均價之後，書價漸漸往十兩發展，超過十兩的書價往往是三級跳，是數十兩甚至數百兩的藏品價格。我們可以透過萬曆年間祁承熯的藏書一窺書價。祁承熯告訴兒子們，自己遺留給他們的書總價超過兩千兩。他所準備的收藏清單列出了九千三百七十八種，也就是每一部書均價不到二十分。[41]我們不知道祁承熯過世之後，幾個兒子怎麼樣處理這些書，一般人想必是抵擋不了拿書換現的誘惑——真是藏書家的夢魘啊。幾十年後，陸文衡戮力恢復祖父在萬曆年間毀於祝融的藏書，而他根本不相信人性，預言下一代根本不在乎這種傳承。「人家子弟愛才者多，愛書者少」，他嘆道。「積而遺之，非飽蠹則覆瓿耳。」[42]

進到一兩的水準，已經可以獲得專業勞動服務，例如委人作畫或裱面。一兩也能直接購買勞動力，至少夠買一個小廝（僮僕）。一兩通常是最底價。小童的價格可以高到六兩，成人從四兩到二十兩都有，性伴侶的價碼則比家僕更高。根據上海人潘允端的日記，他在一五九〇年至一五九二年間四度花錢買家僕，價格從四兩到十兩。[43]有時候他會購入夫妻。一五九二年，潘允端用八兩買了陳文夫妻。至於油漆匠顧秀夫妻，潘允端在一五八八年只花了二兩身價銀，也許是因為這一年饑荒嚴重，賣身總比餓死好。潘允端也買過表演人。一五八八年至一五九〇年間，他用一到二十兩的價格，買了九名串戲小廝（均價六．七兩）。

我們從這類買賣看到什麼？首先，一兩對普通人來說是一大筆錢，算是貧富的分水嶺。[44]窮人會用一兩買隻小豬，希望未來能賺錢，但表2.4上其他的物品他也買不起。買不起的物品，窮人會去找比較便宜的替代品。一張梨木床要價一兩銀子，窮人決不會花那個錢。富人也不見得會想買，只不過原因跟窮人完全不同。我是在某個富家的庫存清單裡找到這張梨木床，而這張床是他們家最便宜的床。最貴的床比最便宜的貴了五倍。[45]有錢人會覺得，要買床，一兩怎麼夠？

其實，明代小說常常拿一兩當作界線，花超過一兩的話，什麼事情都有可能幹。一兩還不夠誘人犯下重罪，但超過一兩就沒問題了。一六二〇年，萬曆末年，馮孟龍寫的〈沈小官一鳥害七命〉故事裡，有個箍桶匠認為奪人的畫眉鳥去賣，可以換得二三兩銀。箍桶匠殺了畫眉的主人，把鳥賣給商人。對方只開一兩，但箍桶匠往上喊價，最後換得一兩二錢，然後趕忙回家把好消息告訴妻子。馮夢龍如是說，此二人得到這一兩二錢，「歡天喜地」。[46]香油錢同樣也有這條一兩分界線。一六一〇年代晚期，江西某佛寺募款時，把二兩設定為登上芳名錄的最低門檻。[47] 一兩銀子還不足以讓人贏得護持佛陀的檀越之名。

西班牙人在廣州

現在是時候把前面討論的零散數據擺進現實生活的脈絡了。為此，我提出兩個簡短的個案研究，以呈現真實的家戶如何在明代物價體系中穿梭營生。第一個案例來自廣東省的都會，主要是廣州城；第二個案例則來自華北平原南端的一個農業縣。這兩個案例都比萬曆年間還晚幾年，但援引的物價仍落在萬曆物價體系內。

廣州的案例是拉斯科爾特斯（Adriano de las Cortes），他是一位駐在菲律賓的西班牙籍耶穌會傳教士。他搭乘葡萄牙船隻，預計前往澳門，誰知船在一六二五年二月十六日這天因遇風，在距離目的地還有三百五十公里的地方觸礁，拉斯科爾特斯漂流到廣東岸邊。連同拉斯科爾特斯，船上兩百多名船員與乘客在沉船後奮力泅水，設法在黎明前上了岸。他們立刻被鄉兵抓了起來，接著一層一層遞解，送往省會廣州。拉斯科爾特斯一行人囚禁在中國一年多，直到兩廣總督撤銷對他們的海盜指控，然後才授權將他們遣返澳門。回到馬尼拉後，拉斯科爾特斯寫了一份詳細報告，堪稱當年最詳盡的明代中國民族誌，卻不幸埋沒在檔案之中，數世紀無人聞問。拉斯科爾特斯在報告的第二十章〈論中國之富、富人與窮人〉描述自己見識到的家庭經濟，因此對我們來說特別有價值。[48]他在這章一開頭就提醒讀者，雖然前面章節把中國經濟說得十分繁榮，但讀者可千萬不能誤會：「不能從中國人擁有的商品數量，就說他們非常富有。其實整體來看，他們反而是非常貧窮的民族。」接下來，拉斯科爾特斯細細說明自己在廣東遇到的人及這些人的經濟生活，從雇工、兵丁起頭，然後是商販、工匠、漁民，最後才是社會菁英。他特別提醒說，中國人的財富程度「很難精確說明」，一方面是因為多數人極為困頓，一方面則是財不露白，所以外人看不到。即便如此，拉斯科爾特斯還是能讓西語讀者深切感受到中國人的生活方式，感受到他們負擔得起什麼，還有佩服他們居然靠這丁點些許就能過活。

一開始，拉斯科爾特斯描述老百姓的生活情況。大部分人擁有「一隻小狗，一隻貓，一隻雞和一隻小豬」。[49]他們吃得頂多是「少許米飯跟一點蔬菜」，逢年過節的時候飲食才會有變化，連赤貧者「也能吃上幾口肉、魚、蛋、酒」。男丁沒有出門工作時，就照料自家菜園，而前面提到的飲食也多半來自菜園。至於家裡的衣物，「每年」頂多「添購個兩三件」。他用下面這句話來總結一般人家的總資產：「假設把他們擁有的衣物、布料與所有傢俱拿去換錢，他們所有的財富也就大概八到十二達卡（ducat，他用這個西班牙貨幣單位來對譯「兩」）。」他因此斷言：「對窮苦民眾來說，這已經是一大筆錢，因為有人甚至更貧窮。」

拉斯科爾特斯接下來談兵丁的生計。他在受羈押與軟禁期間，曾密切觀察過他們的生活。他說，許多人就跟打零工者一樣窮，頂多會有一些人「擁有比較多的財產，衣食好些，甚至可以過得再舒服一點，財產能達到三十兩價值」。他們跟做工的人一樣，自己耕地養活自己。「其他財富則來自薪水、傢俱與其他物品。」帶兵的人薪水「每月只有四兩，此外他必須要有一匹馬，士兵得從自己的薪餉裡撥一點出來幫忙養馬。有一回，我問這些帶兵的人，像他們騎的這種馬價值多少錢，對方說值十五兩」，其他史料中提到的馬價足以佐證他的說法。[50]相比之下，普通士兵每月薪餉只有「一兩，再加上根據職務而異的加給」，而且還不見得是實兩。比方說，士兵還要幫長官的馬付秣料錢，或者支應其他開銷（像是賭債），付完之後「交到他手上的銀就已經不足兩了」。

拉斯科爾特斯觀察到，工匠與商販的生活比工人與士兵更好，不過這批人的財務狀況差異很大。「生意穩定的話，店面普通的商人頂多賺三十兩，店面多幾間的話可以賺到一百五十兩。至於工匠，人家會覺得給他三十兩就算太多了。」[51]拉斯科爾特斯以當時在廣州城住隔壁的裁縫為例，說明一般工匠的家戶經濟。此君原本是士兵，表現尚可，後來轉行做裁縫。這位耶穌會士與他結識時，他的裁縫生意還算不錯，能拿到一些大單，但他每天都得工作，甚至逢年過節也不例外，賺得錢才夠養家。「我問他一個月賺多少，他說一兩。而他每年要付八到十里亞爾（real，拉斯科爾特斯用來對譯「錢」），作為店租與持家所需。」裁縫的財務狀況與士兵差不了多少，但多少可以靠努力工作與嚴格的管理來控制收支。「至於其他類似的工作，我看情況也差不多。賺比較多的人，一天能賺兩角（condimes，他用來對譯「分」）。」他強調，跟臨時工能賺的數字相比，兩角「已經相當多」。「工匠等於一天能賺兩三分。」每天賺兩三分雖然不多，但足以讓「工匠每餐多一小塊鹹魚，多這一點已經很奢侈了」。

至於各行各業的最底層，他們的勞動成果少到拉斯科爾特斯不敢相信這些人居然有辦法過活。拉斯科爾特斯以線香為例，他發現線香廉價到難以想像。不管去到哪，他都可以用十分買到一萬至一萬兩千支香。雖然拉斯科爾特斯得承認中國香的品質比不上西班牙香，但他仍然認為中國香的長度很足，製作也相當精良。但他實在想不透，做香的人要怎麼靠這種價格維持生計呢？「做香的人總歸能靠做香腳來賺一點錢，能靠這一行維生，儘管光靠把這一萬兩千支香包裝起來，感覺連一錢也賺不到。」[52]他只能推出一個結論：中國人精通靠殘羹剩餚過日子的功夫，懂得怎麼樣賺最微薄的利潤，靠「一點碎米和幾片芥菜葉」過活。他雖然沒有想到窮人家是集眾人之力，靠全體勞動的微薄收入活下去，但他在下一頁提到大多數窮苦人家只能靠「丁點利潤」維生，也就是說他的想法與實情的差距還不算太遠。

除此之外，拉斯科爾特斯唯一有提到財務資訊的另一種勞動形式，則是打魚。就他看來，漁民同樣只能勉強糊口。他寫道，如果「把漁船跟漁網扣掉」，那漁民「連三十兩的財富都沒有」。[53]這個觀察有其深意，拉斯科爾特斯反覆提及「三十兩」這個數額，作為脫離赤貧的門檻，而大部分漁家連這個水準都搆不到。我要引南京文人張怡所蒐羅的一個故事，佐證拉斯科爾特斯對於漁民收入微薄的說法。故事裡，媳婦帶著活蹦亂跳的猴子在街上乞討，而她貧困的婆婆則建議她，「弄猴所得無幾，不如漁，日利數倍。」[54]打漁不會致富，但比乞討強多了。

華北一知縣

濬縣位於華北平原南端，明代屬北直隸，位置正好是北直隸最南端，在黃河以北的地方把山東與河南隔開。（清代行政區劃調整過後，濬縣被劃入河南。）商業轉型讓明代改頭換面，而明中葉的方志說濬縣人的特色是機智又可靠，可謂把握到濬縣人在轉型最前沿的位置。商業的影響有好有壞，濬縣人雖然還沒染上最壞的影響（也就是說他們很可靠），但也難免受到侵蝕（因此必須機智靈活）。[55]人在廣東的拉斯科爾特斯記錄了以銀為本的物價，濬縣的金融活動則同時以銅與銀的單位記錄下來。考慮到商業經濟偏向以銀計價，濬縣的情況顯示當地只有部分融入商業經濟。

是張肯堂的著作讓濬縣登上舞臺。張肯堂是松江府人，松江府位於長江三角洲，在上海的西南。他在一六二五年成為進士，約三年後授濬縣知縣，並把自己在濬縣擔任知縣的過程記錄下來，然後在一六三二年擢御史那一年刊行，內容是他在濬線斷過的三百零四件案子的摘要。他起的書名《㽷辭》用了一個古字，意思是犁田後把土地弄平整。張肯堂的關懷一以貫之，就是用法律達到公正，不偏不倚，因此若要把書名翻譯成白話文，就是《公正斷獄集》。[56]從木雕版的粗糙程度與大量使用異體字的情況，可以推斷《㽷辭》是濬縣當地出版的，這部鮮為人知的明代法律史傑作就靜靜躺在當地。這個地方相對沒那麼重要，但恰好符合我此刻書寫的需要：因為「不重要」就代表張肯堂記錄的案件，反映的是明代社會底層普通人，也就是偏僻地方的陶工、船工、賭徒、騙子、老千，他們生活中的衝突與不滿，以及物價。明代大部分的人生活在這種遠離都會城鎮的地方，我有許多關於物價的敘述性資料，都是在這兒蒐集到的。

張肯堂的判例中反覆提及價格（時間介於一六二七年與至一六三二年間），而這也不奇怪。要不是扯到錢，大部分人都不會進衙門。提到價格時，通常會用兩種通貨來計價，而且數字通常不大。張肯堂的判例中，金額最小的是兩百文錢的竊案。按照法律，偷錢是可以問斬的，但張肯堂不覺得兩百文錢有那麼嚴重，於是用了一陣刑之後就放了這名小偷。[57]他裁決的債務糾紛，金額多半介於一千兩百文至一千五百文。唯一的離群值是某個無可救藥的賭徒，他一晚就輸掉兩千五百文，誰知他囊中其實一文錢都沒有。由此可見，對濬縣的窮人來說，兩千五百文是一筆巨款，遠超過一般人手邊持有的份量。[58]

大多數人之所以進衙門，則是因為更高的金額與價格。[59]有些金額跟遺失的款項有關，例如有個旅人弄丟了三千七百文，帶這麼多錢是為了支應旅途開銷。有些是未償欠款：我看到的最大一筆債，是積欠已久的七兩銀子。其他大數目則是跟購買財物有關。比方說，張肯堂斷過幾個跟騾子有關的案件，其中一案的騾子要價五千文，被告付了一千文頭款，餘款卻未能支付；另一件案子裡的騾子則是要價八兩，但實際只支付三兩，所以才鬧上官司。土地買賣爭議有時也會提到價格。有個案子是某人花六千文買十二畝地（一畝相當於六分之一英畝，大概二．五座網球場大）。另一件案子裡，張肯堂為當地設定的地價更低，每畝僅二．五兩。

張肯堂的判例也出現「人」的價格。妾的價格最慘有低到三兩，最大手筆則是一萬四千文。（養情婦的話，每個月要六百文。）買新娘的價格更貴。我在張肯堂斷案集找到的價格中，最低的是五千文，大約等於七兩。有一個比較複雜的案子是這樣的：隔壁鄉饑荒，一名男子因此外出求糧，過程中在濬縣討老婆，同意以一萬四千文，約合二十兩的價格向人買女兒。由於手頭現金不夠，該名男子以六千文的價格賣了十二畝地，把錢交給女子的父親，後來卻在沒有支付餘款的情況下離開濬縣，因此引來知縣關注。[60]雖然張肯堂沒有提到，但女婿就跟新娘一樣，都可以用錢買到。這種做法不只不常見，而且也不太體面，付錢的不是新娘而是新娘的父親，所以招來的女婿才叫做「贅婿」，亦即「無用的女婿」。這種找人娶自己的女兒，成為家內成員的方式，稱為「招贅」。買婿者藉此獲得一男為自己勞動與生孫子，並提供其他服務。法律史家仁井田陞抄了一份一五九三年的贅婿合同，內容具體規定贅婿的義務，像是在岳家撫養孩子，耕種岳家的田，照顧年邁的岳父，而且不能有怨言。贅婿的價格（合同上說得比較委婉，是用「禮金」二字）是十五兩。[61]

張肯堂提到的最高價碼，不是騾子、土地或新娘的買賣，而是奠儀。參加喪禮的人要準備一筆錢，在登門弔唁時支付。張肯堂有時候會援引奠儀的慣例，為受害一方安排補償；假如他認為某人不當造成他人死亡或傷害了遺族，則某人就得支付一定數額的奠儀。有個案子是這樣的：張肯堂命令曾經冤枉死者的人，在死者的葬禮上給出三兩的奠儀，而這個金額遠遠高過一般行情。但張肯堂有那個權力，而且也確實責成過更高的奠儀金額。他在兩個案子裡分別科處這種非正式罰款，一次判了二十四兩，另一次是兩萬文錢，這兩個金額大致等值。[62]這兩筆都是大錢，很可能代表濬縣小康家庭在短期間能籌到的資金上限。

張肯堂必須仲裁某些欠債問題，在衡量一般人所能承受的財務壓力時，或許債務數額會是比起前面這些價碼更好的指標。有個案子是，船夫的駁船在暴風雨中翻覆，船上的小麥貨物也一去不返，害他欠糧商四十五兩。他努力還債，但多年後還是欠糧商超過二十七兩。另一個例子是，有一位商人去世之後，留下四張未償的借據，金額從一．二五兩到八．七五兩不等，債務總額為十九．五兩。拉斯科爾特斯估計個人的總資產介於二十到三十兩之間，假如我們接受他的看法，那前述兩個例子也就證明了他所說的範圍，是一般人竭盡所能後可以達到的財務能力上限。

萬曆物價體系下的日用成本

藉由張肯堂、拉斯科爾特斯等作者留下的破碎材料，我們勉強可以重建萬曆年間生活成本的近似值。歐洲的歷史學家有個習慣，會去估計一戶人家為了生存與繁衍所必須購買的「商品籃」（basket of goods）。接下來我會按照這種做法，把我找到的物價湊起來，判定家戶得花多少錢，才能如物價史學者所說，「確保一定程度的效用或福利。」[63]

經濟史家艾倫（Robert C. Allen）研究歐洲工業革命，他把英格蘭現代早期成年男子的生活成本分成兩「籃」來估算。一是「糊口籃」（家戶的最低生存成本），另一則是「體面籃」（維持「體面」福利水準的成本）。[64]當然，不同文化的人對於「糊口」有不同的看法；拉斯科爾特斯就覺得廣東的糊口籃也太寒酸，悽慘地描述成「一點碎米和幾片芥菜葉」，但這是從歐洲人的角度看，我們不能直接採納。有人吃得夠，穿得夠，有地方遮風避雨保命，有些人則否。至於怎麼樣的組合才搆得上「體面」的消費水準？這不只關乎物價指標，也必須顧及文化指標——幸好萬曆年間的文人能助我們一臂之力，經濟與文化的變遷讓他們多少有點焦頭爛額，所以他們很重視如何才能維持起碼的面子。

我們先把最基本的糧食需求搞清楚。艾倫的基本假設是，當時歐洲成年男子平均身高為一百六十五公分，體重五十四公斤，身體每天至少需要四十四克蛋白質才能存活，如果要大量勞動的話，則需要近七十克。為了達標，艾倫設定的每日飲食最低攝取量為一千九百大卡，並且為歐洲成年男子創造出結合了燕麥（一百五十五公斤）、各種豆類（二十公斤）、肉品（五公斤）以及固體或液體油類（三公斤）的年需糊口籃，這樣攝取值可以達到一千九百三十八大卡。他還在菜籃裡擺了肥皂、衣服、蠟燭、燈油與燃料。這種做法不能直接套用在明代中國，畢竟艾倫有資料可以去蕪存菁，重建英格蘭的情況，但我們沒有。研究十九世紀成年男性之後，我們知道當時的中國成年男性身高比艾倫估計的英格蘭成年男性矮大約兩公分。65 我們可以根據這一身高差距，把所需的最低熱量與蛋白質稍微降低一點，至於如何判斷調降多少，就不是我能力所及了。

給明代人裝菜籃的時候，我們可以從不同的角度出發，去看地主留下的長工雇用成本紀錄。根據萬曆年間湖州府（位於長江三角洲，緊貼著陳其德故鄉桐鄉縣的西北方）一名地主的紀錄，雇用一名長工每年要付二．二兩薪資，飯米錢二．七兩。[66]假如地主還包住，那我們可以把糊口籃內的糧食與其他基本用度加起來，定在大概四．九兩。另一位湖州府地主沈氏提供的數字更高。沈氏估計一名長工一年要花他十二兩：工銀三兩，糧錢六．五兩（可以買五．五石米），柴酒一．二兩，其他必須花費一兩，還有農具〇．三兩。[67]這些價格來自崇禎末年，此時糧價是萬曆年間的兩倍。把糧食價格砍半，去掉工具費用後，長工的糊口用度為四．九五兩。與陳其德同為桐鄉人的張履祥，把沈氏對農事的建議保留下來，並且在一二十年後對內容進行補充。張履祥沒有更動米的折價銀，但把其他飲食的開銷明確列出來：七十三斤肉（每斤兩分，總價為一．四六兩）、二百一十三塊豆腐（每塊一文，加總換算為銀約為三十分）、二百七十三杓酒（價值〇．二兩），另外加上二．六兩的柴薪與食用油，總共接近五．二五兩。[68]加上降了價的米錢之後，總生活費達到八．五兩。

明代給士兵或饑民的配糧標準是一日一升，一年就是三又三分之二石。這個配額明顯低於沈氏估的五石半。[69]也許給這麼多米，是為了在競爭激烈的勞動市場吸引工人。無獨有偶，拉斯科爾特斯也曾提到，負責看守自己與同船人的士兵，每人每天可以拿到一分半的伙食費，相當於每年五兩半，可以做為沈氏估定數字的佐證。[70]士兵如此，而務農的長工之所以配給這麼高，很可能是因為他不只要掙自己的米糧，還要連家人的份量一起努力。五石半幾乎是最低配額三又三分之二石的一倍半，看起來就像是額外給了半份，無論那半份是給妻子還是小孩，都意味著人家知道他光是靠最低糧食配給還不夠活。

為了把「商品籃」加大，多養妻子與兩個孩子，我姑且把張履祥給單人的米與豆腐價金乘以兩倍，其餘不變，另外加一兩買蛋與青菜。這樣算出來糊口籃內的食物與燃料價值有十二兩。拉斯科爾特斯提到隔壁的勤勞裁縫靠十二兩銀子養家，算是間接證實了這個估計值。如果是比前述長工境遇再好一點的家戶，我們在估計商品籃的時候不妨把米、油、柴的成本增加百分之五十，其餘則乘以兩倍，讓消費提升到比較舒適的水準。假設成立的話，那麼體面籃的成本為十八兩。

但我們的計算還沒結束。除了食的花費，我們還要加上衣、住等其他基本開銷。十五世紀時，一套簡單的衣服價值三十五分。[71] 假如體面水準的家庭每年替大人和小孩各添一套衣服，且小孩衣服的價格是大人的一半，那一年就要多加一．四兩錢，體面籃價值提高到十九．四兩。窮人的衣服多半是自己織裁，所以衣服的費用就算前者的一半，糊口籃的金額也增加到十二．七兩。然後，我們還要在預算裡加幾件家居與廚房用品。附錄C〈參照表〉中的表2.1，是海瑞替縣衙官署定的家伙代金價格，我提議把一家人每年持家所需的花費，大概估在家伙價值的四分之一。對於糊口之家，我採用海瑞設定的少尹等級價目（右欄）來估算，金額為三十二分。對於體面之家，我會挪到中欄，金額是五十七分。把前述金額加上去，新的金額就是糊口之家需十三兩，體面之家需二十兩。

最後，我們還要加上租房花費。一六〇七年有一份來自南京的文獻，提到每「楹」（意為兩根樑之間的距離，實際面積大概四．四公尺乘以五．七公尺）的官訂租金價格為三．六兩，但也提到若佃戶付不出這麼多錢，則租金最多可以折價到三分之一。[72]我用打過折的南京行情，也就是每楹一．二兩為準，假設體面之家柱在三楹面積的房子裡，租金三．六兩。當然，租金水準可能高很多。曾經有官員在自傳中提到，自己二十三歲那年準備應試時（一五九八年），一年膳宿要花十兩。[73]但他的生活水準遠超過體面水準。

統整一下，萬曆年間體面之家的年均生活費也才二十三兩出頭。至於勉為糊口的家庭，則是十四兩多。這幾個估計數字與一五九五年來自福建沿海的一則軼事算是吻合。某知府前往祭祀宋代理學大儒朱熹的祠堂中祭拜，發現負責打理祠堂的兩名朱家後人生活相當困頓。他們在朱子祠的地產上種荔枝與蔬菜來維持生計，每年能獲得一萬文。以每兩兌換八百文的比率來換算，他們的收入若以白銀計價則是十二．五兩。他們的吃穿都靠這筆錢（但他們不用繳房租）。知府為了改善他們的處境，於是募了一小筆資金買地，希望靠收租來維持朱子祠與管理人的生計。該公業能收穫三十石米，其中五石用於維護建物，另外二十五石則做為管理人的收入。[74]如果每石米半兩的話，管理人收到的米糧價值為十二．五兩，他們的收入因此提升一倍，變成二十五兩。這樣的安排也讓他們從糊口之家提升到體面之家，大致證明了我們先前估算的生活費。

收入

明代的收入極難估計，原因有三，而且三個理由都很簡單。其一，販售勞務以維持生計的人固然不少，但大多數人賺取的不是工資。他們務農，食物自己種，在以物易物的經濟體中拿收成換取所需。因此，家戶的經濟活動泰半不是現金所能及。其二，由於沒有家政預算，因此就算有賺取工資，也根本無法重建出工資在家庭收入中的占比。販售勞務的人之所以賺血汗錢，主要是為了補充家庭收入，而不是全部靠此賺錢。所以，就算工資低到連最低的糊口水準都搆不到，但只要把家中其他成員的收入全部加起來，還是可以維生，因此完全合理。其三，傳世的文獻當中或有觸及薪資問題，但要詮釋並不容易。記錄下來的工資水準，未必能反映雇主實際支付或受雇者實際收到的金額。[75]食物是工資裡很重要的部分，但這部分卻很少記錄下來。

難歸難，我們還是可以對做工的薪資提出幾點觀察。從明代史料中反覆出現的數字來看，明代整體最低薪資水準為每日三分（銀），或是二十四至二十五文（銅）。十五世紀末，有官員在奏摺中提到，受雇營建軍事設施的工人，每月用銀一兩一二錢，相當於每天三分。這顯然是最底線，因為官員隨後痛陳工資之低。他說，「行糧糶賣，不得食用」（即便降價賣糧他們也吃不飽），許多工人因此「負累疲弊，率多逃亡」（因負債而逃離）。[76]一百多年後的一六一九年，徐光啟上疏萬曆帝，提到「都下貧民傭工一日得錢二十四五文，僅足給食」，入冬後簡直衣不蔽體。[77] 沈榜記錄的金額則是三分——宛平縣衙替陵園雇腳伕，或是選民間女子進內預教應用打掃時，都是給這個價格。[78] 景德鎮瓷器業紀錄中則提到日薪範圍：拿手的匠戶三分銀加五文，處理釉藥的工人少拿半分，而這兩種都會有米糧津貼。[79] 一六三五年，某南京官員付了三分，找了一位俊俏少男假扮女子，陪自己過了一天。[80] 當然，這不是薪資的天花板。織工日薪四分，如果他們用的是自己的織布機，則日薪會提高到六分。[81] 沈榜記錄中最高的日薪六分，是給鼓手和木匠的金額——不過有個很微妙的例外，那就是替爐子點火的人可以拿到十分（點火堪稱神乎其技）。根據明代忠臣祁彪佳的日記，民兵的標準日支已經增加到四分。[82]

並非所有人都能賺到三分的最低薪資。一四六六年，福建某橋樑修復紀碑文內提到工人日薪兩分，「饍日升七合，給菜間日鮮，再日肉。」雖然用的是銀的單位，但碑文又說這些工資「皆（銅）錢而給之」。[83] 一個半世紀後，拉斯科爾特斯提到中國南方最底層的工人日薪二分半，換算成銅的話頂多就二十文。[84] 假設一年有三百四十個工作日，每日工資三分（二十四文），年收入就是十．二兩。織工自有織布機的話，薪資是他們的兩倍，則年薪為二十．四兩。

最豐富的年薪資料，居然收錄在方志當中。方志之所以記錄薪資，是因為地方政府必須明訂雇工工資；之所以明定工資，倒不是因為真要付錢給人，而是因為工錢是明代初年役差衍生出來的結果，屬於財政數據。這類「財政工資」是在十五世紀下半葉規劃及計算，旨在把「役差」轉換成所謂的「力差」費用，攤派給納稅人，付銀錢代替勞役。[85]此後，官府就用這筆工錢找役工，把改折的價金當成根據勞動成本算出來的結果，也不至於不合理。[86]財政工資之所以有參考價值，是因為工資就跟物價一樣，價格要公道，工資也要公道。[87]

我從一五四〇年至一六三〇年間出版的縣志中隨機挑出二十六種，爬梳其財政工資紀錄，發現有一半的縣給的工資低於五兩，四分之三的縣低於十二兩。沒有一技之長者如吏夫、抬運夫，其年薪範圍從三又三分之二兩到五又三分之二兩不等——光靠這種工資是活不下去的，不妨把這個金額看成兼職工資。[88]稍有技能者如刀筆吏，或者擁有專門技術者如會騎馬的遞夫，年薪則介於八至十一兩。[89]從雜工往上到擁有專職者，例如民校或驛人，其工資落在十四兩到二十二兩之間。[90]這些工資跟兵部尚書梁廷棟在一六三〇年上疏崇禎皇帝時提到的數字很接近：梁廷棟跟皇帝報告福建地方的非法對外貿易，提到閩人當水手出海到西洋，每年可賺二三十兩，算是很好的收入。[91]

回想一下先前關於生活成本的估計（糊口線邊緣的家庭大概十四兩多，體面的家庭則是二十三兩出頭），只要把這幾個數字跟工資比較（廉工的工資在五至十二兩之間，體面工資在十四至二十二兩之間），便可以推論前述工資應該是能滿足明代家戶生活成本的。

表 2.5 官員品秩俸祿（換算為銀兩），1567 年

品秩		俸祿
正一品	大學士	265.1
從一品	尚書	183.84
正二品	御史	152.18
從二品	布政使	120.51
正三品	侍郎	88.84
從三品	參政	66.916
正四品	知府	62.044
從四品	太學祭酒	54.736
正五品	翰林學士	49.846
從五品	知州	37.684
正六品	主事	35.46
從六品	經歷	29.084
正七品	知縣	27.49
從七品	給事中	25.896
正八品	縣丞	24.302
從八品	助教	22.708
正九品	主簿	21.114
從九品	司獄	19.52

資料來源：《大明會典》，39.1b-7b。

如果想進一步瞭解更高社會階層的工資，有一個簡單的方法，就是去看另一種官方材料，也就是入流官的俸祿（見表2.5）。官員品秩分為九品，每一品都有正從之分，根據產生的十八個階級給不同俸祿。萬曆年間，職官品秩後三分之二的俸祿範圍，低起從九品司獄的十九．五二兩，高至從三品參政的六十六．九一六兩。再往上，俸祿從正三品侍郎的八十八．八四兩，飛漲到御史的一百五十二．一八兩，正一品大學士的俸祿更是一飛衝天，達到二百六十五．五一一兩。[92]數字是很漂亮，但史家黃仁宇點出這樣的俸祿「以晚明的生活水準來說，顯然不敷使用」，所以才會有這麼多人要送禮賄賂了。[93]

富人圈內的物價

一個人的社會地位，決定了他的生活方式與財用負擔，而這就是生活費的基礎。[94]有錢人睡的床恐怕比窮人睡的貴了百倍。[95]北京的窮人一個月花一百七十文（約二兩半）就能活，但有錢人光是食宿可能就花了二十五兩——差了大概百倍。[96]有位大臣向萬曆皇帝上疏，提到京官每個月花費四五兩銀是很稀鬆平常的事——他不是想抱怨高房價，而是奢侈的生活方式。[97]舉這些例子是要表示，富人的生活物價是一個範圍，窮人則是另一個範圍，商業經濟愈是侵蝕社交生活，貧富之間的鴻溝就愈深。中國的商品經濟並非起於明代，但明代有別於過往朝代之處，在於有大量的人必得仰賴商業往來才能生活。這一局面下的物價，可謂鮮活展現了貧富差距。因此，明代才會留下大量的證據，證明繁榮及困苦的程度到哪裡，而價格讓我們能道出這段故事。

目前為止，我們這番討論的焦點都擺在評估一般人的生活成本。現在來稍微考慮一下有錢人的開支，畢竟這也有助於讓我們瞭解明代人生活在什麼樣的物價條件裡。帶領我們認識有錢人世界的導遊，依然是心細的耶穌會觀察家，拉斯科爾特斯。雖然拉斯科爾特斯生活在窮人之間，但他對於自己接觸到的官員，對於官員出身的富裕世界無比好奇。由於他個人沒有管道接觸有錢人的生活，因此沒有切入點能讓他像之前拆解窮人的支用那樣，去分析有錢人的預算。不過，他仍然敏銳蒐集任何可能情報，並提出一點看法。他觀察到，對於富裕家庭的維持來說，土地所有權至關重要。窮人也許有一小塊地能種東西給家人吃，但富人擁有的卻是大片農地。這塊土地要麼自己親自管理、雇工，要麼租給佃戶。擁有大片土地的話，通常也能獲得動物性蛋白質的補給，像是魚塘裡的魚，或是用池塘養鴨養鵝。據拉斯科爾特斯的說法，有錢人家還會有四到六頭水牛，很多的豬，以及十來隻雞。

拉斯科爾特斯想必去過富裕經濟階級的人家，所以才會知道人家家裡裝潢陳設俱佳。他提到光是一間房間，就擺了「多達二十五六張，甚至說不定有四十張」精美的桌椅，而這讓他驚訝得合不攏嘴，因為歐洲人家裡的房間遠不會擺那麼多桌椅。富人家的床具、布料與鞋子的品質也讓他印象深刻。他尤其注意到，「中國有錢人家的財產裡，還包括一些奴隸，有男有女，都是本地人，貧困的雙親將他們賣為終身奴隸，但其實他們父母處境也不到絕境。」得知奴隸之廉價，拉斯科爾特斯激憤不已。雖然他用一種幫打圓場的口氣，提到奴僕「可以用當時賣身的價碼替自己贖身，主人也會善待他們，但他們伺候人的方式就是不折不扣的奴隸」。[98]他提到幾個價格：十五歲的少年值一．二兩至二兩，相比之下，一頭足重成豬則價值四到五兩。妙的是，雖然拉斯科爾特斯跟陳其德處境不同，但他卻跟〈災荒記事〉一樣拿人跟豬比價。無論如何，我們可以把這看成萬曆年間繁榮的間接後果：有人是主，有人為奴。至於有錢人給的聘金，拉斯科爾特斯聲稱「在富有體面的中國人家，……聘金至少五百兩，甚至高到一千兩，不過這麼高的例子很罕見，而且只有真正權傾一時、身居高位的人才出得起」。[99]

由於生活費不同，有錢人買東西多半用銀，窮人則用銅。拉斯科爾特斯提到有錢人家手邊都會留「一點銀子」用來買東西。具體金額他沒有說，但有另一份文獻提供了一個數字。一六一七年，耶穌會的傳教據點在南京教案後被抄，從沒官物品清冊可以看到他們持有十七．六兩的銀，這或許代表相對富裕的人家家裡會準備這個額度，進行日常財務交易。[100]至於窮人持有的現金有多少？打個比方，就像有人今朝有酒今朝醉，他回家後把口袋裡的零錢丟進門邊擺的零錢筒，以免臨時有人來訪，身邊零錢卻不夠買酒——大概就這個量吧。[101]這種人家裡不會預備銀子，因為日常生活裡的買賣用不到。

一番考察後，拉斯科爾特斯推斷中國有錢人沒有像義大利有錢人那麼富有。在他看來，中國人所謂「千兩之家」，財富比不上歐洲的富戶。他認為某些有錢人家資產或許可達二三千兩，但他也說「就算把衡量的標準放寬，大部分有錢人的身家還是難以達到三千兩」。

我的意思不是要貶低他的觀察，但拉斯科爾特斯畢竟是局外人，不懂如何詮釋當地人的財富象徵。他確實承認自己描述的不是大明最富有的家庭，只是去估計「在中國算是有錢人、但又不是商人的人有多少錢」。他體會到，因貿易而致富者跟持有土地的鄉紳，兩者在經濟上根本身處不同的世界，而他始終無法打進前者的圈子。

現存的明代文獻中缺乏家庭帳簿，也就是說，我們幾乎無法瞭解鉅富人家生活在什麼樣的物價世界。不過，藝術品價格算是我碰過的例外。藝術品與古董的價格在萬曆年間飆高，高到某些藏家會把價格記錄下來，許多觀察家也會留下看法，有時候還會出現財富金字塔頂端用來購買藝術品與其他奢侈品所用的天價。接下來我會對藝術市場稍事探討，以此為萬曆物價體系的爬梳畫上句點。

奢侈經濟中的價格

一六一二年八月十一日這天，李日華人正好在嘉興城的家中（距離陳其德所在的桐鄉縣僅二十五公里）。這天，孫姓古董商的船隻順流而下，停在李家下方的河岸，然後孫賈派僕人傳話，告訴李日華自己人就在門外。當時正好有另一位藏友在李家拜訪，兩人就這麼信步而下，登船一探孫賈有什麼貨，結果一看大喜。孫賈拿出一件又一件的貨，希望能夠做成買賣。他先向兩人展示了二十四件裝飾用的青銅器，據稱來自內府，也就是宮廷，包括知名工匠所鑄造的方圓香爐兩只，以及一只宣德年間（一四二六年至一四三五年）製作的銅鎖耳四腳方鼎。宮廷製品的品質自然不容懷疑。孫賈的貨裡還有一只宣德年間的小香爐，只是無法確定來源。他還向李日華與客人展示了一只古老的犀角杯子、一盞成化年間（一四六五年至一四八七年）官窯燒製的油燈，以及兩把大理石嵌背摺疊椅，說是上世紀兩位收藏家家裡的物事。[102]

孫賈的壓箱寶是一只玉蘭杯，他宣稱是宣德年間官窯燒的。若真是如此，那可是值跟杯子一樣重的銀兩，而李日華也相信是真品。他寫道，這只杯子「古樸有致，內瑩白，外施薄紫，花花交錯為底」。直到孫賈索價四十兩之前，他都覺得這只杯子妙不可言。李日華聽到價格，嚇了一跳。他嘆道，「瓦缶貴溢金玉，至此極矣。」所謂的瓦窯，是品質一般的量產作坊。不過，李日華提到瓦窯，為的不是貶低這只杯子的價值，而是想強調物品價值變化如此劇烈，人工製品的標價因需求而騰高，甚至超過了在公平物價體系中本當有的位置。價格脫離了應有的價值，這只玉蘭杯也從賞玩之物變成拜物商品——正是這一點，讓李日華一下子興味索然。換我們興味盎然。

奢侈經濟並非明代獨有。但明代不同於以往之處，在於人們參與奢侈經濟的廣泛程度。

李日華記錄自己在奢侈品買賣圈的冒險，正是因為圈子很大，需求也大，才會把價格推上天。不光有錢的買家在市場頂端比拚，他們底下還擠進一大群中等買家，對自己還買得起的東西競相喊價。要發展到這種規模，就需要更大的經濟體來支撐奢侈品市場，裡頭要有更多人擁有比以往更多的流動財富，而且他們也要比以往更願意把這種財富投入奢侈品之中：或作為地位象徵，或作為儲存財富的方法。[103]

其中一位關注萬曆年間奢侈品消費提升的文人，是李日華的妹婿沈德符。沈德符在《萬曆野獲編》（一六一七年出版，正是萬曆末年）對這個主題有一番發揮。根據沈德符的說法，到了十六世紀中葉，富人開始積累足夠的財富，甚至僭越應有身分，去修築園林、私組戲班，彷彿這再也不是朝廷中人所享有的特權。更有甚者，新貴「皆世藏珍祕，不假外索」（窮盡幾個世代蒐集古董，不惜四處尋找）。沈德符提到李日華的前輩項元汴（著名收藏家）「不吝重貲收購」，名播江南。因此，另一位觀察家才會說舊藏書畫「輾轉相貿」。[104]

項元汴這等骨灰級收藏家，習慣在相對封閉的圈內買賣藝術品，而藝術市場的波動開始導致他們日漸焦慮。鑑賞家認為藝術品不是投資，而是精緻文化之極致；如今藝術品已經出了行家的圈子，轉而落入比他們更能喊價的富人手中。價格不斷飆升，門檻高到只有付得起上千兩銀的人才能進入市場，這個數字遠遠高過許多（甚至是大部分）縉紳藏家的能耐。縉紳之士的出價贏不過這些新買家，但他們起碼還能鄙視人家，把後者斥為有錢卻沒品味的蠢人。另一位用尖酸刻薄的話評說萬曆文化風貌的人是謝肇淛，不過他是從福建角度出發，而不是長江三角洲。他說，「今之紈褲子弟……彼其金銀堆積，無復用處。聞世間有一種書畫，亦漫收買，列之架上，掛之壁間……如此者十人而九。」[105]沈德符更擔心價格的新高會導致世風日下。[106]李日華跟妹婿有一樣的看法。李日華寫道：「夫書繪本大雅之玩，而溺者至以此傾人之生，諂者至以此媒身之禍，豈清珍之品，本非勢焰利波所得借資者耶？」（書畫本是品味高雅之物，那些投身政治、趨炎附勢而招致災難的人，與這些純潔珍貴的寶物有什麼關係呢？不就是作為攫取財富與權力的資本嗎？）李日華用了「資」這個字，讓現代讀者的眼睛為之一亮，但若把這個字當成資本的意思，那就有點時代錯亂了。不過，但凡想把錢變成可以增值的物品，藝術品確實是個投資的好選擇，就跟今天一樣。

萬曆年間的藝術市場究竟是什麼模樣，或許就連涉足其中的人都說不準。畫家唐志契在晚明時為文，表示藝術市場非常特別，其中的價格並未趨於一致，或是達到特定水準。他說，評估畫工粗細、畫家名聲大小，就可以對明代的作品有公允的估價，但明代以前的畫作太難把握，無法合理定價。對讀者講了幾個荒謬高價的故事後，唐志契的結論是：「諸如此者，不得盡言，請瞽目不得執畫求價也。」（這類故事層出不窮，盲目的人就不要再問價格了。）[107]唐志契之所以對藝術市場沒有清楚的分析，是因為萬曆年間的價格已經遠高於過去水準。十六世紀中葉的人買名家大作時，價格還不至於不合理，但據說進入萬曆年間之後，珍品（例如元代的創作）價格居然漲了十倍。[108]

為了勾勒萬曆年間的藝術市場，我把我找到的一百一十二件藝術品價格分為三等。[109]後三分之一等的中位價格僅有二・五兩，意味著不算富有之人也能進入藝術品的世界。中間三分之一等的價格中位數上升到三十兩，顯然比體面之家一年的生活費還高。前三分之一等的中位數為三百兩，大多數人都買不起。

假如把分析焦點擺在單一藏家的藏品，而不是市場上所有買賣的話，情況會有所不同。我以李日華的前輩項元汴的收藏為例。項元汴是萬曆初年的大收藏家，他很重視自己在什麼東西上花了錢，常常在卷軸外面貼上標籤，寫明所付的價格。有六十九個這種標價留傳至今天。[110]若把項元汴的藏品分成三等，會發現其分布模式與整體藝術市場有著明顯差異。差異最大的是項元汴的第三等藏品。三等藏品的中位價格為二十兩，比整體藝術市場的三等品中位價（二・五兩）高出八倍。這種落差顯示項元汴沒有去買市場中的低檔作品。他留下的紀錄中甚至沒有低於三兩的價格。項元汴的中等價碼中位數為五十兩，顯然高於整體市場中間三分之一的中位價格，也就是三十兩。看來項元汴偏好這一級——既然暴富新貴都會追逐大師傑作，項元汴的策略讓他可以用介於三十兩至一百兩的價格，買到比較低調的佳作。至於項氏藏品的前三分之一，價格介於一百兩到一千兩，中位價為三百兩，恰好與整體藝術品第一等的中位數相同。這個等級的藝術品藏家不多，而且無論是項元汴還是其他買家，要支付的價格都是一樣的。

項元汴在萬曆年間絕對稱不上最富有的人。他出身縉紳之家，醉心於文化，對用錢也很小心——他的哥哥曾經回憶道，項元汴曾經因為覺得自己某一件藝術品買貴了而自責不已。項元汴蒐集出一套重要藏品，影響了未來幾百年中國文化菁英的品味。而他之所以能辦到，是因為他們家有能耐取得足以塑造品味的經典作品，還有文化資本把品位的定義傳遞下去，而且他是在「不入流」的買家進入市場之前就蒐集到了這些藝術品。項元汴在一五九〇年過世時，萬曆年間已過了五分之二，此時買家競逐名作，已經把價格推高到比他這輩子花過最大的一筆還要高了。

藝術品價格雖然不足以描繪明代鉅富之家的日常花費，但確實可以讓人一窺富人所處的物價體系有何不同。拉斯科爾特斯跟這個高不可攀的社交圈毫無接觸，對他們流通寶物的價格也一無所知。陳其德對此同樣沒有概念。他提到一六四一年第一波饑荒期間，「至於美好玩弄之器，莫有過而問者」（饑荒時無人去問藏品價格），可見他曉得地方上有奢侈品市場。說不定他還買過藝術品市場底端價值在二兩半上下的品項，但僅止於此，不會再更高檔。就當時純藝術與高價古物的市場來看，這類物品遠遠超出他的經濟能力，他或許也對此毫無興趣。陳其德很可能會把藝術收藏看成倫理廢弛，而非文化底蘊的實例。總之，一六四一年的陳家沒有購買藝術品。他們手上如果有銀子，也會用來購買食物，不會拿去買奢侈品。

第三章　白銀、物價與海上貿易

許多生活在萬曆年間的人，都認為當時是個富有創造力、充滿新觀念的繁榮時代。部分歷史學家把這一波榮景與知識的復興運動，歸功於新交流網路的出現。這個網路以南中國海為中心，西至印度洋與歐洲，東至南北美洲。愈來愈多外國人前來中國，以購買物美價廉的產品：既比其他地方類似產業的工法更細緻，價格也更便宜，如絲綢、瓷器與傢俱。他們用來自日本、墨西哥與祕魯開採的白銀，來支付這些商品的貨款。不少人主張白銀流入中國後，帶動了經濟成長、物價上漲及社會轉型，新的哲學也獲得青睞。這種主張蘊含著一項假設，也就是等到一六四〇年代，美洲銀產量下跌，日本鎖國，這就導致中國先前因貨幣供給、誘發成長而打造出來的商業結構，開始因為白銀流入量減少而受到約制，最終因此被迫走向經濟危機。[1]

早在十六世紀以前，中國商人就已跟東南亞與印度洋有貿易聯繫，但新來的歐洲商人出現在印度洋與南中國海之後，更是吸引中國人投身於更廣更深也更持久的貿易網路。這項變局無庸置疑。但這種貿易網的連結，又如何影響了陳其德的物價上漲與經濟危機故事呢？陳其德是私塾老師，對中國以外的世界沒有發表過高論，只說過生於中華勝地乃人生十樂之一。[2]雖然有部分中國人處於貿易網的影響範圍，足跡甚至來到海外，但多數明代人卻沒有意識到自己受到對外貿易影響，陳其德也是其中之一。他們在農業經濟中安穩度日，認為對外貿易買賣的盡是些難以企及的奢侈品，只有少數人有機會接觸，大多數人則感到陌生。在陳其德的世界觀看來，所有的日用品，就算是日常生活用品中比較奢華的那些，都不會是進口商品。對外貿易雖然把中國商品帶入外面世界，但除了住在沿海地區，從事海上貿易的人（通常祕而不宣），其餘大多數人都不曉得這件事。[3]

明代國家壟斷了接觸外國與對外貿易的大權，也就是說在政治上刻意不讓百姓從事對外貿易。朝廷透過所謂的「朝貢制度」來掌控對外貿易，在這套制度之下，外國統治者向皇帝進貢以悅龍心，替人在中國境內的貢使爭取有限的貿易權。明代前期，國家始終壟斷對外貿易。情勢到明代中葉出現轉折，蒙古大元國瓦解，對外海道重新恢復商業交通。明代下半葉有愈來愈多私人商船在東南海域活動。利潤雖可觀，但進入的門檻也很高。一六〇〇年前後，在福建打造一艘遠洋船隻的花費超過一千兩。這一千兩還只是初始成本，一旦船隻下水，每年都要再花費五六百兩營運維護，才能再度出航。[4]

談遷是一名生活在十七世紀的明代文人，而他接下來記錄的故事，多少能讓人一窺明代中葉的海上貿易氛圍。一五五五年，皇帝下旨要戶部購買一百斤龍涎香進宮。[5]龍涎香是抹香鯨消化道中產生的蠟狀物質，可作為定香劑。中國人也以「龍涎」之名，把出產這種定香劑的蘇門答臘島嶼稱為「龍涎嶼」。龍涎香所費不貲，談遷說一斤龍涎香值「其國金錢百九十二枚」，他將之換算為「中國銅錢九千文」，大約十二兩銀。戶部報告皇帝，說北京找不到龍涎香，於是朝廷命令沿海地區官員把能夠找到的龍涎香都買下來。對此，廣東官員可謂近水樓臺先得月。一開始，他們只能以每斤一千二百兩的天價買到少許龍涎香，而且往往到貨後才發現是假貨。後來，官員終於從一名叫「馬那別的」（Manabiede）的外國人手裡找到真的龍涎香。當時馬那別的人在獄中，八成是因為把東南亞商品走私到廣東所以被捕。他只有不到一兩三錢的龍涎香，但有比沒有好，所以還是送往北京了。後來，來自「密地山島」的另一位東南亞商人又進了四倍於前的量。密地山商人的龍涎香於次年送入宮。朝廷想要龍涎香的消息傳到蘇門答臘之後，供應問題也迎刃而解，只不過貨物得穿過法律的模糊地帶才能送到買家手中。朝廷不希望多花錢，因此把每斤龍涎香的價格上限定為一百兩。

談遷說龍涎香一事發生在一五五五年，也就是說，此時大明朝廷仍在嚴格執行三十多年前由嘉靖皇帝下達的海禁令。唯一獲准進口的舶來品，只有貢使帶來的商品。談遷的故事，一方面證明海禁令確有執行（馬那別的被關在監獄裡），一方面卻也證明執行不彰（密地山島的商人不是官方貢使，卻未受拘留）。故事還揭露廣東地方官知道該從什麼管道取得需要的東南亞商品。談遷提到「其國金錢白九十二枚」一事，更是令我好奇。據他所說，這價值相當於九貫。中國銅錢在東南亞地區需求孔亟，匯率走強，可能高達六百文兌換一兩銀，談遷說的九千文或可換得多達十五兩銀。將十五兩（五百六十克）銀變成一把九十二枚錢幣的話，每枚重量就是二．九克。事實上，這只比一里亞爾（西班牙錢幣，於祕魯鑄造）的面額稍輕一些。一五七一年，也就是小皇帝萬曆登基前一年，西班牙人在馬尼拉建立殖民地，此後里亞爾便廣泛流通於東南亞。[6] 一五五五年太早，蘇門答臘應該還沒有里亞爾的蹤影，不過葡萄牙人已經在澳門與麻六甲建立貿易據點，或許代表歐洲錢幣已經開始流通於這個區域。

市場上交易龍涎香所需的白銀已經超越大多數人所能想像，籌措就更別提了。到了萬曆年間，白銀的流動方向出現逆轉。從萬曆至崇禎年間，外國商人競相把中國商品運銷至國外，白銀不再因為購買舶來品而流出中國，反而是外國人為了買中國貨，用日本與新大陸開採出來的銀來支付，變成貴金屬流入中國。中國這一方沒有記載白銀的流量，因為政府沒有參與貿易，商人則絕不會讓自己的帳目外流。由於缺乏中文紀錄，史家只能從外國文獻推測。美國漢學家萬志英評估各方的推測，估計在十六世紀的後三十年間，流入中國的白銀每年平均有四萬六千六百公斤，接下來四十年間更是提升到年均十一萬六千公斤。他推測在萬曆年間因為購買中國商品而流入的白銀，有百分之六十來自日本，日本商人再把購得的商品重新出口到南中國海一帶——即便當時中國朝廷仍明文禁止與日本通商。其餘的銀則多半來自西班牙人控制的南美礦脈，主要攜帶者是西班牙商人，運來維持經馬尼拉後回轉美洲的龐大批發貿易。每年飄洋過海渡過太平洋的銀大約有五十公噸，數量確實驚人。只不過若放在同時期的全球脈絡之下，這個重量的銀其實只不過占了祕魯礦山在萬曆年代總產量的百分之七·五。[7]祕魯大部分的銀運往世界各地，其中大部分都留在歐洲，但也有少部分通過其他歐洲中間人而在最後抵達中國。

大明國人口約有一億人，白銀流入這種規模的經濟體，是否推高了貨幣供給，迫使物價上漲？歷年來，許多史家用頗為零碎且不可靠的物價資料作為立論點，斷言白銀流入確實迫使物價上漲，但多數經濟史家如今已經棄守這種假說。我在本章的立場與後者相同，對前者有所質疑，並且提出不同於前者的解釋。首先，我們要改變我們的視角，從英格蘭人的觀點來探討國際貿易中的白銀——晚明時期的英格蘭人想盡辦法，試圖乘著白銀的波濤擠進中國貿易。接下來我們再轉向中國，檢視物價的影響，先看明代前半葉朝貢制度的物價，再看明末之前半世紀間的情況。這段時期的西班牙、英格蘭與荷蘭商人不僅參與商品與白銀貿易，更留下了相當可靠的成本紀錄。本章的最後，我將稍微探討明代人如何看待白銀貿易的益處。

海外貿易

十六世紀以降，白銀成為中國乃至於世界各地的主要交易媒介。物價以銀計價，貨款以銀支付，記帳也都以銀為單位。有人用鑄成錢幣的銀（例如歐洲與美洲），也有人用未經鑄造的銀（例如亞洲）。在這個時代，銀可說是公認的全球貨幣。我不打算重複大家都知道的事情，而是會另闢一條獨特的蹊徑，從歐亞大陸另一端出發，研究英格蘭商人如何用銀跟中國做生意，藉此探討十七世紀全球貿易體系中銀的使用情況。說「獨特」並不只是因為英格蘭不是中國，也是因為英格蘭境內沒有可觀的銀礦（歐洲大部分地區都沒有），卻又是個以銀貿易的國家。英格蘭能否取得白銀，完全取決於該國參與全球貿易網的程度，以及在市場之間轉移商品的能力。我接下來的討論都會建立在一項指導原則之上：我們不該理所當然地把白銀視為全球交易的媒介。水往低處流，但白銀不會自己「流動」。無論是在中國還是在整個貿易體系，白銀之所以會「流動」，是因為控制白銀供應的人有一套策略，希望盡可能憑藉對白銀的運用，將自身的利益最大化。[8]

一六〇〇年的最後一天，英國女王伊莉莎白一世准許英國東印度公司成立，特許公司的共同創辦人獨占對亞洲的貿易。這項措施背後的原因人盡皆知，是因為要跟西班牙、葡萄牙競爭，以求打入亞洲市場。一六二〇年之前，該公司的成長速度緩慢，此時英格蘭經濟也正好陷入衰退。當時一般人認為經濟之所以衰退，是因為貨幣短缺。他們的論點是，買家沒有貨幣就無法購買，物價因此崩潰。考慮到英國東印度公司的政策就是把英格蘭貨幣運出國以購買海外商品，許多人因此把貨幣短缺歸咎於該公司。英國東印度公司確實有輸出貴金屬。彌爾（James Mill）為撰寫《英屬印度史》（*History of British India*，一八一七年發表）而參考該公司的統計資料，顯示一六一〇年代中期的銀條出口量確有成長，從一六一四年的價值一萬三千九百四十二英鎊，增加到一六一六年的五萬兩千零八十七英鎊。[9]英國東印度公司沒法無視輿論與王室的意見，必須有所回應才行。董事成員孟恩（Thomas Mun）於是挺身而出，替公司在這件事情上辯護。一六一五年，孟恩獲命進入英國東印度公司董事會。此時的他已經在義大利的不凍港利弗諾（Livorno）累積相當的外貿經驗，其重商立場（主張國家累積財富最好的方式，就是透過有利可圖的對外貿易）就跟一六二〇年代一樣堅定。面對「英國東印度公司正在耗竭英格蘭白銀」的指控，他以書面方式回應，發表《論英格蘭對東印度貿易》（*A Discourse of Trade, from England unto the EastIndies*）。這本小冊子一經出版（一六二一年）就備受關注，不到一年就出了第二版。四年後，珀切斯（Samuel Purchas）在英格蘭外交與外貿文獻大全，也就是《珀切斯的巡禮》（*Purchas His Pilgrimes*）這本書當中收錄了孟恩的文字，觸及的讀者也就更多了。[10]

孟恩開宗明義地主張：「商品貿易是一個王國繁榮程度的試金石。」這種說法的立論點，在於認為衡量財富的方式並非一國所「持有」的貨幣量，而是其「流通」的貨物與貨幣量。只要進口小於出口，國家花在海外的錢「必然會以財寶的形式回流」，而且利率會高於進出口之間的價差。為了反駁「基督教國度，尤其是本王國的金銀與錢幣已經因為購買不必要的器物而耗竭」這一時下通說，孟恩向讀者提出英國東印度公司在亞洲購買的六種商品——胡椒、丁香、荳蔻皮、荳蔻、靛藍與絲綢的價格資料，見附錄C〈參照表〉中的表3.1。

英格蘭當時最大宗的進口為胡椒，孟恩於是以胡椒貿易的好處來替公司辯護。他說，歐洲每年購買六百萬磅的胡椒。如果從西亞的阿勒坡（Aleppo）以含雜費每磅兩先令的價格批發購入這樣的數量，成本為六十萬英鎊。若是從「東印度」（孟恩用這個模糊的名稱，指稱從印度馬拉巴爾海岸到爪哇之間的區域）購買一樣的份量，由於每磅只需要二．五便士，總價就會是六萬兩千五百英鎊，僅是阿勒坡購入價的十分之一多一點，倫敦的零售價也會因此降低。假如是跟「土耳其」（指奧斯曼帝國）購買胡椒，倫敦的賣價無論如何也無法低過三先令六便士，但如果是從「東印度」進口的話，倫敦的終端售價就會降到一先令八便士，還不到前者的一半（有時候價格甚至會低到一先令四便士）。換言之，英國東印度公司把四十萬磅的胡椒進口到倫敦，但沒有讓消費者付到七萬英鎊，而是只收了三萬三千三百三十三英鎊。孟恩重複一樣的流程，計算另外五種進口商品，讓讀者瞭解在倫敦「以前」跟「現在」售價的差異。[11] 其中一種進口品是絲綢，只可惜產地不是中國，而是波斯，因此跟我們研究的方向不同。至少還要一個世紀，中國才會取代波斯，成為亞洲絲綢輸入歐洲的主要來源。

孟恩的論點簡明扼要。把採購轉移到亞洲，公司就能降低進口價格，以黎凡特（Levant）地區收購價的零頭，買到這些商品。英格蘭消費者得到的好處就是更低的價格，不過孟恩更喜歡強調貿易帶來的其他經濟利益。英國東印度公司雇員能得到收入，人在海外時家人也能獲得援助（按照雇員的服務年資計算），過世後寡婦和孩子還可以領到撫恤金，公司更能為「修復教堂，補助一些年輕學者，每年為傳福音的守貧教士們提供大筆紓困，以及其他各種慈善項目」挹注資金。孟恩有十足的把握，相信公司的貿易在這些方面有助於英格蘭及其人民。「我們的船隻載出去的每一分錢，都能購得更多的前述商品，促進從印度到本地之間的貿易，再一次往外輸出，讓國民擁有更多的工作機會，讓國家擁有更多的財富，包括現金與貨物。」[12]孟恩認為，貴金屬出口非但沒有耗竭英格蘭，反而可以在更接近原產地的地方購買外國商品，進而降低英格蘭消費者支付的價格，同時把利潤留在英格蘭。

孟恩選擇用價格數據來呈現自己觀點的做法令人印象深刻，而他對於「財寶」（treasure）的強調更是不可思議。這個詞在當時指的是貴金屬，主要是金、銀與硬幣。而無論是便士還是先令，英格蘭的錢幣多半是用銀鑄造的。孟恩提供的數字暗示只有百分之二的英格蘭貨幣是由金壓製而成。也就是說，孟恩說的「財寶」是專指白銀，而白銀對斯圖亞特王朝時期的英格蘭來說，就跟明代中國一樣，都是國際性的交易媒介。孟恩的計算顯示，英格蘭商人就跟中國商人一樣重視白銀。英格蘭跟中國都不是主要產銀國，但英格蘭跟中國有一點不同：英格蘭生產的商品，不像在亞洲購買的商品有那麼高的需求量。不過，不產銀對這兩國來說都不要緊，重點在於利用白銀打入全球貿易網的能耐。無論你是英國東印度公司董事還是明代商人，無論你是支付白銀收取進口貨品還是出口貨品收取白銀，你都得確保自己能從白銀帶動的貿易中獲利。明代商人之所以能把貨品銷往國外市場，大量獲利，是因為包括美洲在內有好幾個地點都在大規模開採及提煉白銀。英國東印度公司的商人也是，他們之所以能載貨賺錢，也是因為他們能從另一個方向取得白銀。

全球貿易體系中，白銀與黃金的相對價格並不固定。在明代中國，一兩的金約可換五兩的銀。[13]黃金的價格在其他經濟體則比在中國還高。在歐洲，黃金兌換白銀的比例為一比十二。明末時，日本的金銀兌換比例也跟進，部分是因為日本銀產量提高，但也有部分是其他地方的匯兌壓力使然。結果就如萬志英的研究所說，明代中國吸引了銀，但流失了金。[14]中國製品大受歡迎，價格合理，用銀交易的套利讓外國買家愈來愈樂意購買中國貨，匯率則進一步拉高其熱忱。

接下來，我們要改從中國的觀點出發，從明代朝廷透過朝貢制度控制對外貿易的階段開始談起。朝貢等於是讓內府壟斷對外貿易的利益，而這種策略跟伊莉莎白一世將獨占權授予倫敦商人的做法大不相同。

朝貢與貿易

早在以銀為基礎的海上貿易網出現之前，明朝廷就用所謂的「朝貢制度」來打理對外關係，而「朝貢」一詞無疑有政治涵義。外國統治者派貢使將貢物上貢給皇帝，皇帝則給予適當的褒獎與回贈，朝貢制度把規矩都訂的清清楚楚。按照制度，貢使送給中國皇帝的貢品必須有相當價值，因此所費不貲。明代政府也因為這套制度而承受壓力，因為朝廷必須支應貢使在中國時的花費，還要回贈價值相當的回禮。朝貢是種不平等的儀式性關係，於朝貢國顏面有損，但朝貢國之所以順從，是因為期待貢使從中國帶回的回禮，價值會超過本國給出去的貢品。

禮部負責管理朝貢關係，政策面與實踐面皆然。然而，貢品與進口商品的管理可以帶來收入，結果禮部經常得跟內廷競爭，因為關稅的管理與徵繳在明代初年就已經轉由內廷主掌。內廷管關稅的機構叫市舶司，主事者為太監。使節與商人必須和這個代表國家壟斷的貿易機構打交道，支付規費，才能獲得在中國貿易的特權。明朝最初是在長江口附近的太倉設立市舶司。一三七四年，由於長江口民間商人難以管理，明太祖於是下令罷太倉的市舶司，改在浙江寧波、福建泉州、廣東廣州三處設立市舶司。寧波的市舶司接待日本使臣，泉州的市舶司管理琉球來的代表，而廣州市舶司則處理來自「西洋」，也就是南中國海以西到印度洋之間海域的船隻。一五二三年後，由於日本貿易使團之間的爭端，導致朝廷廢除寧波市舶司，此後一路至明朝滅亡皆禁止對日貿易。泉州市舶司後來在嘉靖海禁期間廢置，只剩廣州市舶司管理來自外國的商人與商品。[15]一九六四年，考古學家發掘了韋眷墓（一四七六年至一四八八年間，韋眷任廣州提舉市舶太監），找到三枚外國銀幣，其中兩枚來自孟加拉，一枚來自威尼斯。這項發現顯示早在十五世紀，外國人就會帶外國貨幣來購買中國商品。[16]

外國使節入中國通常是肩負外交任務，但同時也是為了履行經濟任務而來此地從事買賣。大家都曉得這種雙重的安排，就連不喜歡這麼做的保守派官員也不例外。整體來說，外交需求大於貿易關注。例如一四四七年，朝廷禁止將青花瓷器賣予外國使臣，違者處死，如此才能把珍貴青花瓷作為政治禮物贈與外國人的特權留在朝中。[17]至於中國法律要求貢使帶入境內獻給皇帝的貢品，其實也不是免錢的「禮物」，而是朝廷要求使節團呈上的商品，朝廷會支付時價。《大明會典》零星保存了官方對於來使的紀錄，其中多次提到使臣帶來的貨物「俱給價」。[18]

對買賣雙方來說，如何定出公道價都是一大挑戰，這一點禮部知之甚詳。一五二六年，印度洋港口國家魯迷遣使進貢，想做買賣。根據規定，魯迷使臣必須向皇帝進貢獅子、犀牛，以及當地的名產玉石，使臣確實也照例貢上。但使臣也帶來大量的鐵鍋，而這不在規定的魯迷貢品品項中。這些鐵鍋為禮部帶來一場小危機，因為官員不知道該怎麼替這些東西定價。

偏偏三十年前實施的新條例對貢品是有限制的，限制貢品就能控制朝廷為此支付的錢，而條例也禁止貢使上貢不在清單中的東西（像是鐵鍋）。禮部建議嘉靖皇帝網開一面，收下供品，就當作使臣不熟悉新條例。使臣向皇帝奏陳，表示自己攜帶的貨物總價超過二萬三千兩，還特別說明自己回程得花上七年時間（兩個數字如此誇張，想必是為了拉高朝廷給的貨款），嘉靖皇帝於是就處理方法徵詢禮部意見。禮科給事中及御史不滿表示，魯迷使團來朝顯然不是為了來表示外交歸順，而是「賈人見利之事」（為了利潤的商業業務）。他們雖然話說得直白，但也建議皇帝不如憫其遠來，收下貢物，同時清楚表示以後不要進貢規定以外的東西。嘉靖皇帝按舊例根據貢品價值回賜來使（但鍋子的價格從來沒有前例），並敕諭使臣下一回來朝要遵守新的條例——但魯迷再也沒有來二度朝貢。[19]

總之，價格在朝貢制度內外都很重要，尤其十五、十六世紀期間有愈來愈多使臣帶貨賣給中國商人。明朝政府並不鼓勵這種做法，只是勉強接受。根據《明史》記載，朝廷的方針是「通夷情，抑奸商」，也就是管理外國商人的貿易欲望，壓制腐敗的中國商人。[20] 實施這項方針的方法之一是明訂價格。無論使臣帶來賣的商品是正貢，還是自己帶來的貨品，都應該根據開放市場上的價格「給價」以避免爭端，確保「兩平交易」，維護中國的道德權威。[21] 為減少公平價格的模糊空間，明孝宗曾在十五世紀末令內府制定價目表，「酬其價值」。這份清單收入《大明會典》，其前言就直白寫道，使臣不准販賣私貨，搜出私貨則沒官。但人們往往睜一隻眼閉一隻眼，大開後門，外國商品大鑽漏洞流入中國。[22]

無論買賣雙方對定價多麼傷腦筋，貿易的壓力還是不能不面對。東亞與東南亞鄰國都想購買大明製品，而明代商人也很渴望把商品賣給這些買家。到了十五世紀末，非法貿易量已經超過了「進貢」名義下所允許的合法貿易量。有些官員看不下去。兩廣總督閔珪在一四九三年向明孝宗弘治帝上奏，表示大量夷船未呈報有司便登陸，而且明明時間表規定每兩三年才能一貢，應該要加以嚴懲。閔珪的水師無法掌握湧入的交通量。何況軍事預算有一部分來自關稅，走私猖獗的話，預算也會因此減少。明孝宗將閔珪的奏章下禮部審議。從回應的內容來看，禮部對於朝貢的規定簡直毫無熱情，差點到了乾脆提議廢止的程度。禮部認為，鬆散的邊境政策原則上不是好事，只會鼓勵更多外國船隻駛入大明水域。但反過來說，對外貿易政策如果過度嚴格，將阻礙流通，導致兩廣經濟蒙受嚴重損失。禮部提醒聖上既要「柔遠」（「容忍夷人並保持距離」的委婉說法），又要「足國」（滿足國家的必須）。也就是說，皇帝與其壓抑貿易，不如繼續貿易。由於徵收關稅太過困難，最好的辦法就是什麼都不做。就此而言，放任的做法既可以讓沿岸地區的百姓從貿易中獲得一些利益，又不會嚴重影響政府預算或國防。明孝宗對禮部的回應感到滿意，從善如流。[23] 閔珪想必氣到不行。

有人為了想控制貿易而加以限制，有人希望從貿易帶來的利潤中抽稅，讓財富及於更多人。到了十六世紀，這兩派人的對立更加嚴重。兩者的分歧與其說是對貿易有偏見，不如說是因為對國防的認知不同。外國船隻來到廣東海岸，造成的壓力愈來愈大（葡萄牙人也是其中一員），在一五一四年引發朝中另一輪激辯。廣東布政司參議陳伯獻率先出擊，試圖彈劾頂頭上司的做法太過縱容。他援引明孝宗曾經允許放行的非正式交易品說：「嶺南諸貨，出於滿剌加、暹羅、爪哇諸夷，計其產，不過胡椒、蘇木、象牙、玳瑁之類，非若布、帛、菽、粟，民生一日不可缺者。」這種對於非必需品的抨擊頗有儒家色彩，陳伯獻用這種方式來掩飾真正令人擔心的原因：問題不是中國人的消費習慣，而是國防威脅，「遂使奸民數千，駕造巨舶，私置兵器，縱橫海上，勾引諸夷，為地方害。」[24]雖然政策辯論從一五一四年開始，但地方官員認為葡萄牙人在中國南海岸行為蠻橫，辯論的熱度也因此下降。等到明孝宗在一五二一年駕崩，朝廷中反對擴大貿易的聲音占了上風。寧波市舶司於一五二三年廢置。三年後（一五二五年），嘉靖皇帝下令禁止二桅以上船隻出海。終嘉靖之世（至一五六七年），海禁都沒有解除。後來，來自福建南海岸的開港壓力愈來愈大，尤其是泉州府與漳州府。有跡象顯示這股壓力產生了一定影響：晚明時期，南中國海貿易重鎮漳州月港，在一五六七年一月十七日升格，建海澄縣。嘉靖皇帝駕崩後六天，海禁令才終於解除。

二三十年過去，愈來愈多的白銀因為海上貿易網而流動。散文家沈德符從萬曆年間回首過去，主張禁止對外貿易是一項錯誤的政策。這麼做不僅讓政府喪失寶貴的關稅收入，剝奪沿海居民賺錢的機會，還讓有錢家族與走私者勾結。即便有這些問題，福建仕紳對此仍意見不一。福建南海岸的泉州與漳州位置優越，可以從海上貿易中受惠，仕紳因此積極主張開放沿岸；北部的福州府與興化府仕紳，則是對湧入南方的私人財富並不信任，希望維持禁海令。沈德符支持南方一派，認為重開貿易可以讓法律跟現況趨於一致。[25]朝廷對此猶豫不定，有時候允許沿岸在監督下進行貿易，有時候則加以禁止。即便如此，中國與外國商人還是能找到辦法規避限制與禁令。今日在福建一帶經常有西屬美洲披索（pesos，即「八分幣」）在考古發掘中出土，透露出對外貿易在嘉靖去世後規模擴大的事實。[26]

貿易禁令雖然有所放寬，但明朝人仍需官方許可才能出境。由於獲得許可的人很少，所以出境者幾乎都是非法出境。離境等於是放棄效忠大明國。外國商人同樣不准踏上中國土地經商。因此，晚明的所有國際貿易都得到海外進行，像是九州的長崎與平戶，呂宋的馬尼拉，馬來半島的北大年與麻六甲，以及爪哇的萬丹與雅加達（荷蘭人稱為巴達維亞），都是東海與南海活絡的貿易轉口港。澳門是離岸貿易模式中唯一的例外：一五五七年，當局允許葡萄牙人登上這處位於珠江口的小半島，以便修補船隻，補給物資。葡萄牙人在澳門建立了一個小港口，跟當地供應商發展關係，在新興全球經濟體中建立起一個關鍵節點。

貿易往來在萬曆年間激增，輿論隨之轉向，海禁於是在一五六七年部分解除。張瀚是這個時間點後第一個擔任兩廣總督的人，他親眼見識了貿易的力量。張瀚在長文〈商賈紀〉（可能寫於一五八〇年代）提供了一種屬於萬曆年間的中國經濟地理觀點。他在文章倒數第二段談到東南沿海貿易，不時夾幾句跟立場相異者的想像辯論。[27]

> 若夫東南諸夷，利我中國之貨，猶中國利彼夷之貨，以所有易所無，即中國交易之意也。且緣入貢為名，則中國之體愈尊，而四夷之情愈順。即厚往薄來，所費不足當互市之萬一。（在東南地區，外國人購買中國商品，中國也從外國商品中獲利，雙方互通有無，這是中國貿易的初衷。我國最初稱為朝貢，是為了彰顯中國之尊貴及外國之順從。但中國實際上的支出卻比收入更多，貢金還不及貿易額的萬分之一。）

張瀚這話說的誇張，但他意在強調私人貿易遠比朝貢貿易規模更大，對經濟的重要性也更高，而且勢不可擋。「況其心利交易，不利頒賜，雖貢厚賚薄，彼亦甘心。」（外國人希望透過貿易而不是皇室贈禮來獲利。）接著張瀚提到「藏富於民」這句成語，意思是把貿易帶來的財富留在商人手中，而不是讓政府壟斷貿易。他也主張，只要開放貿易，沿海治安就會改善。「豈知夷人不可無中國之利，猶中國不可無夷人之利，禁之使不得通，安能免其不為寇哉？」也就是說，接受現況就是唯一合理的政策。張瀚斷言，「海市一通，則鯨鯢自息。」（只要海上貿易開通，外國侵略就會止息。）

在張瀚眼中，朝貢制度是前海洋時代留下來的老骨董。萬曆年間的現況就是私人貿易規模超越了朝貢。中國商品流向國外，外國白銀流入中國。張瀚主張通海，讓百姓享有對外貿易的好處。

南海區域物價

歐洲人橫渡印度洋來到南中國海貿易，而澳門就是歐洲人跟中國接觸的第一個節點。一五七一年，西班牙人占領菲律賓馬尼拉港，將之建為殖民地，創造第二個對外貿易樞紐，直接將中國與墨西哥、祕魯的市場與白銀連結在一起。澳門、馬尼拉加上福建漳州的月港，三個港口形成三角網路，既銜接彼此，也銜接東南西北的其他港口，讓中國至少在理論上可以跟全球的海洋國家交流。

一五六五年，西班牙船隻首度駛入菲律賓水域，此時中國討海人前往馬尼拉做生意早已有數十年歷史。西班牙人一到馬尼拉，中國人立刻就判斷出他們想買什麼商品。西班牙人在設定價格的過程中，會仔細瞭解自己出口的商品（像是提煉白銀所需的水銀）在美洲的新西班牙殖民地能賣什麼價格，務求不要賣太便宜。到了一五七二年，戎克船從漳州月港出發，載滿各種中國貨來到馬尼拉。一兩年之內，月港與馬尼拉的貿易就已十分活絡鼎盛。[28]不難想像，貿易初期會碰到說話不算話或拖欠款項的情事，倒楣的中國商人只得向馬尼拉的西班牙當局投訴。他們是很倒楣，但我們卻很幸運：西班牙港都塞維利亞（Seville）的檔案館因此保存了一份一五七五年左右的文件，羅列了中國商人交貨卻沒收到貨款的商品價格。文件提到的價格雖有模糊之處，但還是可以讓我們稍微瞭解馬尼拉的物價體系。[29]

表3.2列出二十五樣商品的價格，是西班牙買家未能支付中國供應商的欠款項目，見附錄C〈參照表〉。我找出了勉強可以互相比較的中國國內價格。糖跟水牛（馬尼拉本地都有）都比中國便宜。[30]兩地的麵粉、胡椒、水牛犢與鞋子價格相當。麵粉是馬尼拉當地磨的，小牛是當地養的，而鞋子在兩個經濟體中都不難生產，因此價格都差不多。馬尼拉與漳州的胡椒價格大致相同，主因是這種香料都是從菲律賓南方的香料群島運到港口，因此胡椒貿易對這兩個港口都沒有比較利益。[31]此外的其他商品，馬尼拉價格都比中國國內更高。絲綢與瓷器在馬尼拉的價格翻了倍，不過最便宜的瓷器價差倒沒有這麼大。馬尼拉的傢俱價格也貴，不過價差不到一倍，大概就是多上五六成，也許是因為西班牙人初來乍到，馬尼拉的建築與裝潢大興，一五七〇年代中期就有中國傢俱製造商受到吸引來到馬尼拉經營。早在一五七五年，兩個經濟體的物價就開始趨於一致，雙方生產的日用品達到一定的平價。價格對齊之後，中國商人就曉得要從本國把哪些增值商品跨海運往馬尼拉，讓西班牙商人以稍高於中國市價，但又不至於過於昂貴的價格取得商品。這樣的物價體系，讓西班牙商人得以將增值商

品轉售美洲或西班牙，盼望有利可圖。

還有第二批文件讓我們得以對南海區域的多個港口進行同樣研究，這一回的文件來自英國東印度公司。十七世紀初，第一艘英國東印度公司船隻抵達南中國海之後，便以決定商品價格與匯率為公司的首要之務，以求瞭解應經手哪些商品，還有在哪裡出售更為有利。船隊指揮官奉命彙整資訊，帶回倫敦。薩里斯（John Saris）是其中一位指揮官。薩里斯出身平凡，從公司基層做起，闖出自己的一片天。英格蘭人選擇以爪哇萬丹做為區域營運基地。一六〇四年至一六〇八年，薩里斯在爪哇萬丹做事，最後升遷到萬丹營運長的位置。萬丹城統治者為穆斯林，但商業活動掌握在中國人手中，其中多數人來自福建。四年的萬丹經驗，讓薩里斯對於在這個經濟體做貿易的條件有深入認識。一六〇九年，薩里斯返回倫敦，途中整理出商品價格報告，並針對在爪哇萬丹與婆羅洲蘇卡達納（Sukadana）的貿易提出建議。他之所以撰寫這份報告，多少是希望能晉升並再度獲派南海。這招成功讓他在一六一一年得到拔擢，成為公司第八次出航的指揮官，並於一六一三年出航，最遠抵達日本。一六一四年返國後，他彙整了第二份關於商品與物價的報告，這一回的重點擺在對日貿易。其中紡織品為大宗（顯示紡織品是推動中國出口成長的絕對主力），瓷器居次。貿易品項當中，香料與香木也有一席之地。把薩里斯的兩份報告整合起來，幾乎就能勾勒出東亞市場首要商品的全貌。[32]

表3.3是二十件商品在萬丹、蘇卡達納與日本九州平戶這三個港口的價格，選自薩里斯的

物價整理，參見附錄C〈參照表〉。我把能找到的十七項商品在中國的價格也一併加上去。首先，這些數據顯示與馬尼拉物價一樣的情況，也就是出口商品在國內的價格低於海上貿易的價格。不過，這張表有幾個奇特的例外。檀香木（香木的一種）、牛黃（牛的膽結石，可入藥）與胡椒這三種商品都得從東南亞進口，因此中國本地市場價格完全沒有比較利益。不過，檀香木與牛黃在中國以外的市場價格保持低檔，胡椒價格則各不相同。漳州是胡椒進入中國的入口之一，當地每斤售價為〇．〇六五兩。胡椒在萬丹每斤賣〇．〇三七至〇．〇三八兩，在平戶則高達〇．一兩——但薩里斯特別說明，平戶的胡椒只有在「貨不多」的時候才會賣這麼貴。第四個例外是水銀，平戶和廣州的水銀價格一模一樣。水銀是提煉白銀的必要材料，因此在這個以銀為基礎的交易網路中有很高的需求。兩地的價格都是每斤〇．四兩，顯示水銀的需求是國際性的，因此整個區域的價格才會一致。[33]還有一個例外是鐵，萬丹與平戶交易商支付的價格，比沈榜在北京付得少。這種偏差實屬異常，紀錄中的價格可能跟這種金屬的品質有關。說不定沈榜任職的官署買的鐵鍋是用比較好的鐵，而薩里斯買到的鐵也許品質比較差，所以價格較低。

表3.3帶來的第二個收獲是，不只中國跟整體南海經濟體有價差，南海各地本身也有價差。大致上，薩里斯記錄的物價在蘇卡達納最低，因為當地的貿易商數量比另外兩地少。平戶物價最高，距離整個南中國海網路也最遠，因此整合程度比另外兩地低。價格居中的萬丹

則是許多商業社群的大本營，也是南海與印度洋銜接的端點。生絲是個例外，日本的生絲價格比婆羅洲與爪哇低四分之一，想必是因為日本有龐大的絲綢產業。相比之下，另外兩個港口的生絲價格一模一樣，或許佐證了這個國際貿易網路中的物價整合。

比較中國國內價格與薩里斯記錄的價格，就能看出中國有哪些物產賣到國外可以賺錢。糖、蜜、銅等價值比較便宜的商品在國外賣價比較高，但國內外的價差不到一倍。真正鶴立雞群的商品是紡織品一類。紗布價格是國內的兩倍，綾是三倍，緞則是五到十倍。這才是歐洲商人特別想買的商品。

只要再回溯一個世紀，去看葡萄牙商人剛進入印度洋時面對的價格，就能把薩里斯的價差研究放在更長的時段來看。一四九九年，航海家達伽馬（Vasco da Gama）船隊中的一名成員，可能是維羅（Álvaro Velho），在達伽馬首度出航印度洋成功後編纂了一份印度「各王國」的紀錄，附錄就有一部分的物價紀錄。報告宣稱這些數據是來自一位在印度經商三十年的亞歷山大港商人。[34]維羅爬梳了十六種商品，在地中海東端（開羅與亞歷山大港）到印度洋，以及印度洋到東南亞（暹羅的阿育他亞與馬來半島東岸的北大年）之間的獲利率，而這個貿易網的中心節點則是馬拉巴爾海岸的卡利卡特（Calicut）。維羅一獲知價格就會記錄下來，但比起價格，報告中更常出現價差。比方說，緬甸丹那沙林（Tenassarim）的蘇木賣到亞歷山大港，價差是十七比一；麻六甲的丁香為二十比一；勃固（Pegu）產的安息香價差為二十一比一；北大年的蟲膠則是三十一比一。從卡東加盧（Kadungallur，同樣在馬拉巴爾海岸）運往亞歷山大港的胡椒價差相對小，為四比一。但胡椒在歐洲市場很大，只要運量夠大，還是有利可圖。

等到英格蘭人在一個世紀後進入印度洋與南中國海時，這等巨大價差已經消失了。南中國海與印度洋經濟體之間的貿易成長十分驚人，運量與產量也隨之增加。維羅的麻六甲胡椒價格為每擔（quintal）三・六十字幣（cruzado），相當於每斤一・二兩，但薩里斯在萬丹付的只有這個價格的百分之三（每斤〇・〇三七至〇・〇三八兩）。另一方面，胡椒在日本的價格可高達十分之一兩，只要能大量購買及轉運胡椒，價差仍然可以利用。[35]

葡萄牙商人是第一批進入印度洋海上貿易體系的歐洲人，也是最早進入南中國海經濟體，在中國沿海取得貿易據點的歐洲人。這樣的地理位置讓他們與購買商品的產地極為接近，也讓他們獲得價格資訊，可以預測其他地方的價差，藉此獲利。因此，競爭對手會密切觀察葡萄牙人，其中又以西班牙人為甚。一五八〇年至一六四〇年間，西班牙與葡萄牙兩國王室曾短暫合而為一，但澳門與馬尼拉仍然分屬兩個不同經濟體。不少西班牙人敦促王室改變現狀，整合兩國經濟。馬德里商人巴耶薩（Pedro de Baeza）就是其中一名倡議者。他在麻六甲、馬尼拉、長崎等地為西班牙磋商商業協議已經有二十幾年的經驗。巴耶薩在一六〇八年提醒國王，來自歐洲北方的新競爭者進入南海區域之後，葡萄牙和西班牙（表面上是殖民地澳門與馬尼拉）就不能沒有溝通與合作。[36]澳門的葡萄牙人應該與馬尼拉的西班牙人分享他們的優勢，尤其是取得中國商品的管道與蒐集到的商業情報，價格就是其一。

西班牙塞維利亞的檔案館藏有一份未署名的西語備忘錄，羅列葡萄牙商人從澳門出口到日本及印度果阿的商品及其價格。歷史學家博克瑟（Charles Boxer）推測其作者可能就是巴耶薩。文件中的品項有提供採購價（地點為廣州或澳門）與銷售價，先列者為東向銷往長崎，後列者為西向銷往果阿。[37]資料顯示投資報酬率介於百分之四十至百分之三百，中位數約為百分之百。黃金的投報率最低，在長崎為百分之四十，在果阿為百分之八十至九十。絲織品在這兩個市場都有百分之七十至八十的投報率，絲棉混紡在長崎的投報率甚至達到百分之百，因為當地的需求比果阿更為強勁。至於瓷器，兩個市場的投報率都是百分之一百至兩百。整體而言，葡萄牙從澳門輸出的大部分商品，透過南中國海和印度洋貿易體系運往遠方港口時，價格都翻了倍。葡萄牙人供應商的貨源來自廣州，他們在購買商品時也付了附加費，但相較於在廣州的買價並不算多，而且從報酬來看可以接受。難怪西班牙商人會遊說國王去消除澳門和馬尼拉之間的溝通障礙。然而因為政治因素使然，兩地之間的障礙並沒有消失。巴耶薩一語中的，隨著其他歐洲國家的商人愈來愈多，削弱了葡萄牙人先入場的優勢。外國需求走揚，短期內推升了價格，但長期下來卻是刺激產量，導致單位價格下跌。

值得注意的是，同一時間的中國顯然也在上演同樣的價格走揚與下跌。人在北京的利瑪竇注意到這個現象——他生活在北京的時間，與薩里斯人在萬丹的時間相仿。他注意到外國商品的價格正在下降。「胡椒、果實（指豆蔻）、沉香等從摩鹿加群島或鄰國進口的農產熱度正在下降，價格也隨著供應量增加額下降。」需求刺激供給，拉低了底端市場的價格。不過，對於銷往外國奢侈品市場的本國商品來說，物價並沒有受到影響。利瑪竇提到，在中國每斤賣一到三兩的高級茶葉，到了日本仍然可以賣到十至十二兩。大黃在歐洲是一種「利潤之高令人難以置信」的神藥，在中國「只賣十分銀，在歐洲卻得花六七倍重的黃金來買」。[38]就利瑪竇來看，依靠國內價格在對外貿易市場頂端取得的獲利並未減少。

瓷器貿易的價格

有一項商品是我們可以透過荷蘭的檔案密切追蹤的，那就是瓷器。數百年來，瓷器一直是中國出口商品的大宗，甚至許多語言乾脆用「china」來稱呼瓷器（例如阿拉伯語就用*sīnī*稱呼瓷器）。中國的製造生產與歐洲的需求因貿易而結合，對於瓷器的需求在整個明代保持穩定增加。耶穌會傳教士畢方濟（Francesco Sambiasi）曾經跟中國友人說，這是因為「中國之絲與磁器，萬國所無也」。[39]早期運回歐洲的船貨中，以香料和絲綢為大宗。十七世紀初，歐洲北部對於明瓷器的興趣大為提升，貿易商於是增加船艙中瓷器的數量。[40] 隨著荷蘭東印度公司提升對中國瓷器的採購量，萬丹的中國商人便與荷蘭夥伴合作，研究最適合歐洲市場的瓷器應該是哪種風格、品質等級，以及要購買多少數量。由於反應太過迅速，市場一下子供應過剩，甚至多到一六一六年萬丹的瓷器價格就比一年前砍了一半。荷蘭東印度公司最後經手的件數是以百萬計，銷往的也不只是歐洲市場。一六〇八年至一六五七年間，這家公司往歐洲運了超過三百萬件瓷器，但這個數字只占荷蘭東印度公司在巴達維亞購買的一千二百萬件瓷器中的一部分，其餘都轉賣到其他東南亞港口。[41]

荷蘭瓷器貿易留下了一望無際的紀錄，荷蘭史學家伏爾克（Tys Volker）可謂瓷器貿易研究之先驅，但他說這些數據「對現代統計學家來說簡直是夢魘」。這邊是批發價對零售價，那邊是單件價對多件折扣價，價格又分不同貨幣，運費跟裝卸費更是撲朔迷離，總之複雜無比。即便如此，伏爾克還是能確定樣式簡單的小商品價格，像茶杯、淺碟等一件成本約為一分，碗兩分，比較大的瓷器則可以到三四分。比較精緻的瓷器，像是壺，售價則介於二十五至三十五分。特殊商品如波斯風格的細頸瓶或薑罐，可能要賣整整一兩銀子以上，好比荷蘭東印度公司在一六三九年所購買的一百七十八件薑罐，單價就要二兩多。荷蘭東印度公司支付的價格略高於中國國內價格，不過高出來的附加費，大部分（甚至全部）都是運費。一五八六年，第一位進入中國的耶穌會士羅明堅（Michele Ruggieri）造訪瓷器生產重鎮景德鎮，發現產地價格比廣州還低。這點並不令人意外。[42]瓷器運到廣州後價格會變貴，運出國就要再加碼，但增加的費用不至於把荷蘭東印度公司購買的價格推升到跟國內價有明顯落差的程度。荷蘭人購買淺碟，每件為〇・七分，正好跟沈榜在北京的買價相同。我們無法確定雙方購買的碟子品質是否相同。茶杯的價格也差不多。荷蘭東印度公司購買的普通泉州茶杯批價為〇・八分，最貴則是二・七分，沈榜買一盞茶杯的價格為一・二分，介於兩者之間。沈榜買的酒杯價格為半分，比較接近泉州的茶杯。雖然前面的比較實在太過模糊，但還是能約略說明中國出口商跟荷蘭人所收的價格，不會比國內價高出太多。荷蘭東印度公司檔案中找到的物價之低，著實讓伏爾克相當驚訝。

如果把視角拉得遠一點，就可以看出荷蘭人雖然花了不少白銀在購買中國瓷器，但這些白銀的數量還不到特別大。貿易市場彼端價格好的時候，荷蘭買家傾向於經營底端市場，提高利潤。其他歐洲國家的商人反而喜歡經營市場頂層。一五九八年，佛羅倫斯商人卡爾萊蒂（Francesco Carletti）在環遊世界途中來到澳門，大手筆花了二十兩銀買六百五十件品質上等的碗盤。海瑞曾經估計一兩銀子可以買一百二十件日用瓷器，卡爾萊蒂付的錢幾乎是海瑞的四倍。這種價格說明的也許是菜鳥外國買家被人誆騙上當，但更可能是他買的瓷器品質比海瑞買來給地方官員寓所用的便宜餐具好得多。卡爾萊蒂還用十四兩購買了五只青花瓷瓶，價格遠超當時荷蘭東印度公司紀錄中幾乎所有瓷器的買價，唯二的例外是荷蘭東印度公司分別在一六一二年於萬丹及一六三六年於臺灣（荷蘭人在當地有貿易殖民地）購買的幾件大件瓷器。卡爾萊蒂的收購，或許也證明荷蘭人固然會大宗收購日常器物，賣到南中國海以外的地方謀求利益，但他們也會經營高檔市場。[43]

中國瓷器不見得都是走水路運出國。萬曆年間，沈德符的祖父與父親都在北京任職，他也在北京度過孩提兒時。他回憶道，以前曾經看過商隊準備啟程前往亞洲內陸。沈德符提到，無論是韃靼、女真還是天方諸國，使臣挑選帶回本國的東西都是同一種。「他物不論，即瓷器一項」，沈德符如是說。有些使團是拉著數十輛車離開北京。沈德符回憶自己在京師北館看館夫把一大堆瓷器裝上車，數量之多，甚至堆高到三丈有餘。最讓他感到不可思議的，是館夫在裝車之前先在瓷器裡塞滿土、豆麥，把數十件瓷器堆起來綁好，接著灑水讓豆麥發芽膨脹，把空隙擠滿，緊實到就算把整堆推到地上，也不會摔破。沈德符補了一句，「其價比常加十倍。」[44]雖然使節花了大錢購買，但回到本國之後可以把標價定得更高，想回本並不困難，這點跟荷蘭人倒是所見略同。

對外貿易對物價的影響

市場上一旦銷售具有價格競爭力的中國商品，會造成什麼影響？西班牙帝國的歷史經驗提供我們一些有趣的證據。西班牙希望從亞洲的菲律賓與美洲的新西班牙這兩個殖民地獲得財政利益，卻由於殖民地之間發展出跨太平洋的經濟關係，讓母國難以得償所願。西班牙試圖區隔美洲與菲律賓，確保從一邊獲得的利潤不會橫向漏去另一邊，而是回流帝國首都馬德里。然而，跨太平洋的價差——也就是中國製品向東移動、美洲白銀往西流淌——遠比跨大西洋的價差更大。西班牙王室希望美洲的白銀流向西班牙，以滿足西班牙的消費需求，而不是往西流到馬尼拉，交換亞洲商品供美洲消費。西班牙政府認為，美洲的消費不僅對西班牙毫無貢獻，甚至還會阻礙西班牙對美洲出口，減少本該回流殖民母國的財富。

一六〇二年，西班牙在南美殖民地普拉塔河的主教羅耀拉（Martin Ignacio de Loyola）走訪西班牙，其間寫了一份備忘錄，回應西班牙國王腓力二世對他意見的詢問。羅耀拉在備忘錄中主張，當務之急是維持印度地方「依賴及服從於西班牙」。所謂的「印度地方」（Indies），指的是西班牙印度議會（Council of the Indies）管轄的領土，意即新西班牙，也就是中南美洲的墨西哥與祕魯。那麼，如何確保這些地區對西班牙保持依賴呢？施加政治與宗教上的強制力是一條路，但羅耀拉也體認到，想要維持這種依賴，西班牙與新西班牙之間就不能沒有活絡的商業關係。「沒有生意就沒有交流，沒有交流的話，幾輩人之後那兒就沒有基督徒了。」然而，商業交流卻會讓帝國資源流向更有利可圖的管道。「對這種生意與交流傷害最大的就是商業轉移……轉向其他王國。」[45]羅耀拉提到生意，心裡想的是西班牙布疋在美洲的銷路，被來自馬尼拉的中國布料給搶走。據他估計，為了購買那些布料，每年有兩百萬披索的白銀從美洲流向菲律賓。[46]跨太平洋貿易影響所及，讓「這麼多財富都流入中國人手中，而不是帶回西班牙，進而讓王室收到的關稅大打折扣，也傷害了菲律賓的居民。日子一久，最沉重的損失將會反彈回來，受傷最深的將會是印度（美洲）本身」。羅耀拉希望國王限制每一個買家在馬尼拉購買商品的數量，還呼籲完全禁止向亞洲出口白銀，以遏制大量白銀在馬尼拉引發的物價通脹，對此當地的西班牙商人早已叫苦連天。他寫道：「中國絲綢與商品的價格上漲到什麼程度？過去二十年，原本只有菲律賓群島居民獲准從事貿易時，他們往往有百分之一千的收益，如今卻不到百分之百。」[47]減少白銀跨越太平洋流向西方，就可以減少美洲的買家，保護菲律賓的買家，恢復菲律賓商人的生計，同時降低馬尼拉的物價。這種改革也會導致中國布料在墨西哥價格上揚，西班牙布料出口就會更有競爭力。

羅耀拉的備忘錄還附有兩封新西班牙總督阿瑟維多（Gaspar de Zúñiga y Acevedo）的信件摘錄，時間分別是一六〇二年五月十五日與二十五日。阿瑟維多在第一封信裡，記錄了祕魯利馬商人全面反對限制新西班牙與馬尼拉之間貿易。「他們認為這樣的貿易必不可少，假如終止貿易，就等於毀掉一切。」商人認為自己面對的問題，並非「從中國運往祕魯王國的商品」，而是西班牙無法在商人面對英格蘭海盜行為時保護他們的貨運；他們也抱怨進口稅太高，花在通關的時間太久。另一個問題是，從白銀離開利馬到商品回到利馬的循環有可能長達三年，而商品上市前恐怕還得花一年半才能通關。「結果」，阿瑟維多總結道，「這筆錢要四年才能獲利，而以往用同樣的時間卻能完成兩次循環」，導致「本來非常富有且信譽良好的利馬商人，現在卻成了債務人」，他們欠的債則反過來拉低西班牙塞維利亞商人的利潤。塞維利亞商人「齊聲反對中國商品，以為是中國貨導致他們的損失」。[48]利馬商人承認，有部分人北遷至墨西哥，以積極投入大帆船貿易，而不是把投資導回西班牙，但他們這麼做是因為西班牙無法提供保障海上貿易所需的基礎建設。在地商人更堅信跨太平洋貿易的影響太過誇大，畢竟在美洲地區，西班牙產的布料仍舊多於中國產的布料。就算他們進出口的是中國而非西班牙布料，那也是因為跟西班牙叫貨的投資循環周期太長，進而導致對西班牙貿易的利潤遠低於對中國貿易。

利馬商人還用另外兩種方式替自己辯護，解釋他們從事中國商品貿易有其道理。第一點是中國布料與西班牙布料不存在競爭關係，「只有赤貧的人、黑人、穆拉托人（歐洲人與黑人的後代）、三巴伊戈（中國人跟祕魯原住民的後代）、印度人（指祕魯原住民）與混血兒（歐洲人與原住民的後代）才會穿，而且這些人數量龐大。」中國布料（想必是亞麻或棉布）讓窮人可以用比較便宜的成本取得衣物。換句話說，當地有兩種市場，一種是有錢人、歐洲人的市場，另一種是窮人、奴隸與原住民的市場，兩者幾乎沒有交集。這些商人還指出，「印度的教堂也使用不少中國絲綢，把教堂裝飾得更為體面，以前因為買不起西班牙的絲綢，整個教堂空空蕩蕩」，藉此為自己的貿易辯護。貿易對大家都有好處，「只要貨源不虞匱乏，祕魯王國就不會那麼焦慮，商品價格也會更便宜。只要進口稅、關稅隨商品增加的比例而增加，王室財庫收入也會增加。」基於這些理由，商人要求「應該開放對中國的貿易，並允許他們每年派兩艘船運送一百萬（達卡，與中國的兩相當）出去，而這一百萬會把商品帶回到利馬卡瑤（Callao）的港口。這批貨可以賣得六百萬，為國王創造百分之十的關稅收入。商人們稍做讓步，表示若國王態度堅決，那他們也可以接受把上限從一百萬達卡降到五十萬達卡，而總督也支持這項提案。在地商人的核心訴求是：「中國商品決不會傷害西班牙的生意，而且祕魯無疑會從中獲益，尤其是為數眾多的窮人與普通人，大家都想讓印度的教堂更漂亮，因此應該要放行來自中國的商品。」[49]

總督阿瑟維多的第二封信談到貨幣供應問題。他提到祕魯「貨幣短缺嚴重」，也同意短缺「部分是因為每年往中國輸出大量金額」，但他斷定問題根源還是王室對於鑄幣的限制。假如西班牙希望白銀回流母國，就必須允許祕魯鑄造更多銀幣。阿瑟維多提到菲律賓總督曾寫信告訴他，馬尼拉「因為大量金錢湧入，導致當地商品極為昂貴」。[50]後來有一份文件顯示，當時馬尼拉的物價漲了百分之五十。因此，雖然總督同情羅耀拉的沮喪，同意「這麼多錢都進了異教徒手中，再也不會回來，進而不利於本地（祕魯）與彼方（西班牙），大大削弱這兩個地方的商業」，但考慮到買不起西班牙布料的人，他還是不支持限制中國布料進口。

姑且不論貨幣供給量年度波動的影響，[51]西班牙行政部門的這場討論顯示中國商人賣到馬尼拉的多半不是高檔奢侈品，而是尋常可見的商品，像是素絲布與棉布。又因為這些商品價格夠低，足以在外國市場與歐洲產品競爭。競爭有多成功，可以從墨西哥北部一處銀礦區的小商店店主阿古多（Juan Agudo）與蒙沙維（Domingo de Monsalve）庫存清單中所列的中國商品看出。這份清單是在一六四一年兩人過世後整理出來。清單上說，阿古多的庫存中有三碼的塔夫塔綢（*tabi de China*），以及二碼的白披巾（*chaúl*）與兩條藍塔夫塔綢襪帶。蒙沙維手中則有五盎司的散絲與一磅的撚絲。[52]白銀往西流向中國，把價格可以負擔的中國商品往東帶到美洲。明朝滅亡之前，廉價中國紡織品已經成為墨西哥的常見商品了。

種種跡象皆顯示，中國國內的物價與其他地方的價格相比已足夠低，因此大明國的商品才能出口到世界各地做買賣。只要銀的供應足夠，足夠把大明經濟體的一部分與世界經濟體的一部分搓合起來進行交易，就能讓中國的製造商與出口商，以及其他地方的進口商與零售商獲益。

為貿易請命

利馬的商人堅持認為自己從馬尼拉進口中國商品，有助於「雨露均霑」，「提升王室財政收益」。孟恩對此想必很有共鳴。孟恩在國際貿易經驗老到，業績卓著。他很清楚，只要把白銀運往能以最優惠條件購買所需商品的市場，再將這些商品運往需求市場銷售，藉此賺取比白銀原有成本更高的利潤，這就是貿易的價值所在。重商主義者的夢想，就是利用商品交換作為增加財富的機制。對孟恩來說，增加的可不只公司的利潤。他堅信貿易可以讓更多人獲得生活所需，國家也能受益於增加的稅收。

同一時期的中國文獻中找不到這種支持貿易的論點，但不是因為中國人不知道重商觀念，而是因為沒有公共領域讓支持貿易的人可以發聲，進而獲得正當性。中國商人沒有平臺可以說服大眾，而是會把自己的觀點與帳本守好，交易一完成後就把紀錄完全銷毀，免得留下白紙黑字讓競爭對手或查稅人找到把柄。孟恩很有信心，認為私利與公益將匯聚一氣。而他的信心必須要有一套既接受公私有別而又尊重這兩者的公共論述支持，才能成立。明朝官員沒有這種餘裕，因為在任何可以表述的場域，公益之善總是壓倒了私利之惡。這種對善惡的區分在實施海禁期間明顯惡化。雖然海禁在一五六七年曾部分解禁，但萬曆與天啟年間又修正實施了好幾次。一六二〇年代中葉，一艘中國船隻違反海禁，從福建開往廣東，結果遭到扣押。船上載有胡椒、蘇木、輪環藤（*cyclea racemosa*，一種藥用生物鹼）的根等東南亞商品，價值將近一萬兩。這種做法絕對是走私，也就是私利凌駕了公益。負責記錄此案的廣州府推官顏俊彥發現部分貨物已經腐敗，但他不願意替違禁品價值打折扣，以免減輕走私的罪刑，畢竟此案並無其他足以減輕犯行的情節。[53]不過，晚明也有其他人把目光投向對外貿易，認為貿易確實讓大家都有錢賺，等於對公益有所裨益，應該要據此重新審視儒家深信的義利之辨：也就是認定私利會與公益競爭，進而威脅公益的想法。

一六三九年四月，傅元初向崇禎皇帝上疏，要求解除一六三八年又重新實施的海禁。[54]此時完全沒有人能想到五年後明朝就將滅亡。對於傅元初，除去方志〈循績〉中的簡短傳記外，我們所知不多。傅元初出身泉州縉紳之家，而臨海的泉州港正是宋明之際福建對外貿易的重要吞吐口。他們家擁有大量的奇珍古玩，顯見其財富與地位。傅元初也有儒者聲譽。他在一六二八年中舉，在北京任工科給事中期間因考選問題得罪聖上，於一六三八年二月遭革任閒住。方志上說他「卒於官」，可見他後來有復職。要是沒有，他不可能在十四個月後向皇帝上疏。[55]

傅元初這份奏疏提供了大量的資訊，他很清楚海盜問題，也瞭解以海禁手段遏止海盜有其吸引力。但他隨後指出，只要皇帝允許中國人與外國人貿易，大明就會得到加倍奉還的好處，並以這個論點削弱海禁令的分量。西邊的東南亞人提供蘇木、胡椒、象牙等奢侈品以滿足中國的需求，而在東邊菲律賓的歐洲人則有銀子。東、西方這兩群人都想用手中既有之物來交換自己無法生產的東西——張瀚在五十年前就講過了，只是萬曆朝中對此充耳不聞。傅元初說，外國買家特別想購買湖州的絲織品與景德鎮的瓷器。他認為，允許他們購買這些製造品，大明國也不會有任何損失。由於對東、西兩方做生意的利潤驚人，禁海令只會造成貿易犯罪化，把利潤交到走私者手中。傅元初的主要訴求是，開洋禁將能產生關稅收入，以前朝廷不拿這筆錢，實在是不拿白不拿。除去《大明律》明言禁止出口的武器與彈藥以外，不妨看中國哪種商品能在外銷售，就讓泉州商人盡可能地賣，如此一來江南絲織業與江西陶瓷業皆可獲益。

傅元初在上疏的末尾，列舉了解除禁令的三大利多。首先，大明需要收入以餉北方邊境的國防（也就是滿人後來在一六四四年一口氣衝破的防線），而對外貿易可以帶來關稅收入。其次，沿海土地稀缺，百姓只能靠貿易來擺脫貧困，跟外國人做生意可以帶來收入，減輕貧困。再者，只要沿海將領有經費做好海防，就不至於受誘惑與走私者勾結，貪贓枉法。

傅元初所陳並非空中樓閣。他在奏章中精準反擊那些斥對外貿易會滋長非法財富、助長犯罪、縱容奸細的人。這令我們想到孟恩，想到他為文替英國東印度公司的亞洲貿易辯解，駁斥那些反對外貿、認為貿易會讓英格蘭盡失其白銀的人，表示貿易的受益者絕不只是奢靡的消費者。傅元初這篇疏文與孟恩一文在實質內容上其實沒什麼不同，但兩人所處情況還是不大一樣。傅元初反對的主要是保守官僚，他們認為對外貿易是削弱中國的破口；孟恩則是要翻案，改變國人根深蒂固的想法，告訴人們對外貿易並非犧牲民眾以謀求公司利益。孟恩與輿論正面交鋒，傅元初則深信自己發聲的內容。他在奏章結尾表示，「此非臣一人之言，實閩省之公言也」，[56]宣稱自己已廣為徵詢泉漳士民之意見，大家跟他看法相同。

孟恩跟傅元初還有另一個共同點，那就是他們的論點都提到了銀。傅元初在疏中提到四次。第一次是提醒皇帝，一五六七年開放漳州月港對外貿易，每年帶來二萬兩以上的稅收，這是以前沒有的收入。第二次提到銀，是講到一百斤湖州絲綢在當地賣一百兩，到了菲律賓可以賣兩百兩。他堅信景德鎮瓷器與福建糧果一樣可以獲利。傅元初第三次提到銀，是損失的銀，而不是利潤。他特別提到福建人跟荷蘭人在臺灣進行境外交易，宣稱這種非法貿易等於是讓朝廷每年損失二萬兩銀。他第四次提到銀，是重申前一次的說法：只要恢復對外貿易，就能恢復那二萬兩，拿來當作兵餉。雖然傅元初與孟恩採取的是不同寫作策略與前提，但他們都主張對外貿易不會減損國家與人民的財富，而是帶來財富。傅元初向皇帝表達訴求，強調對國家的好處：開洋能杜絕走私，補充軍事預算。孟恩則是對英格蘭公眾發表意見，強調國際貿易可以在不拔民眾一毛的情況下創造財富。至於他們的主張是否正確，則是另一回事。

這兩種意見的共通點，就是發表於承受物價壓力的時代。一六二一年，英格蘭陷入經濟衰退。一六三九年，大明陷入困境：從十年前開始，大明疆域各地的氣溫開始下降。當中國大部分地區在一六三七年遭遇旱災時，天氣已經冷了八年，而這種又冷又乾的要命組合，還會一直持續到一六四四年。傅元初的家鄉福建省在一六三九年遭遇饑荒，接著又在一六四〇年爆發疫情。接二連三的災害，導致官員不確定該採取哪種政策，才能處理隨之而來的財政與生計危機。有人覺得鎖國是合理的回應，但傅元初主張在面對日益嚴峻的局面時，當局最不應該做的就是關上大門。他指出福建百姓普遍貧困，省府的稅基也已耗盡，無法支應北疆軍費開支。國家需要資金，人民需要收入，貿易為兩者開了大門。

在英格蘭，孟恩的觀點之所以漸占上風，多半是因為王室與獲得王室授權的公司利益一致。在中國，傅元初的觀點並不受青睞，但這並不代表孟恩的立場足夠穩固，也不代表傅元初千夫所指。只要英格蘭錢幣成色夠純，英國東印度公司就得不斷向民眾保證把銀帶出國不會損及國家經濟。[57] 後人如今記得孟恩的文章，但傅元初的上疏卻從歷史記憶中消失了。傅文之所以傳世，全虧顧炎武鑽研經世致用之學，在新興的清朝統治下還特意把這篇疏文收錄進海匯國計民生的《天下郡國利病書》。英國政府對東印度公司洗耳恭聽，但學者以外的人只會把顧炎武當作耳邊風（他的巨著直到一八一一年才終於付梓）。這兩個政權因此走上了不同道路。

麥哲倫大交換？

部分經濟史家主張，明末物價之所以暴漲，是因為貨幣供給波動使然——先是外國白銀在萬曆年間湧入，後是外來銀流在崇禎年間遭到中斷。糧價確實取決於糧食供給與貨幣供給之間的平衡。無論是需求上漲，還是經濟體中的貨幣量增加，糧價都會跟著上漲。縮減貨幣供應，對供給端與接受端都會有影響，所以英國東印度公司把白銀帶出國、購買亞洲進口商品的舉動才會遭人撻伐，孟恩也才會為文辯護。至於接受端，有人主張從太平洋方向（包括日本與美洲）新輸入的白銀，其規模之大，讓中國的貨幣存量比一六〇〇年以前國內供應量還高了八倍，而且很可能在十七世紀的頭幾十年間達到二十倍，導致中國物價飆升。[58]

過去人們曾有一種觀念，認為中國以外的世界影響不了中國，而前述的白銀輸入說確實對此有重要的匡正作用。然而，白銀對貨幣供應的影響，究竟有沒有導致物價變化呢？先前提到在萬曆年間，羅耀拉認為從祕魯湧入馬尼拉市場的白銀，讓中國商人拉高了從中國帶來販賣的商品價格。因為這種衝擊，他主張應該停止向馬尼拉運銀，物價才有可能恢復到過往水準。至於美洲白銀從馬尼拉繼續流入中國，是否導致中國國內物價提升，羅耀拉並未表示意見。不過，自從中國史研究在一九九〇年代出現全球史轉向以來，一直有部分史家堅持認為這種影響確實存在。明末的物價是否能證明這種影響呢？

回答這個問題之前，我們不妨對推動這種詮釋的史學論述進行一番反思。這套說法的理論基礎，是所謂的「哥倫布大交換」——熱那亞航海家哥倫布幾度出航之後，大西洋兩岸出現了生物等物質交流，環境史家克羅斯比（Alfred Crosby）於是創造出「哥倫布大交換」一詞來描述這種現象。[59] 一九二九年，經濟學家漢彌爾敦主張貴金屬（尤其是銀）流入歐洲的規模大到足以擾動物價，動搖西班牙經濟，並推動他輩中人所謂的「十六世紀歐洲物價革命」這一論述。[60] 早在一五六〇年代，政治哲學家博丹（Jean Bodin）便曾提出這種論點，可謂今日「貨幣數量說」之先聲。[61] 漢彌爾敦與克羅斯比皆正確描述了哥倫布大交換對大西洋兩岸的深遠影響，但漢彌爾敦討論美洲白銀導致歐洲物價暴漲的論文，如今早已遭到多方挑戰。

經濟學家門羅（John Munro）簡單交代了這些挑戰。他研究歐洲三個區域的貨幣、物價與薪資在所謂「物價革命」期間的關係，得出白銀跨越大西洋流入歐洲的頭一百三十年間所導致的年通貨膨脹率，約略介於百分之一至一・五之間。然而，通膨老早就是進行式。哥倫布大交換是原因之一，但也只是眾多原因之一。白銀流入對西班牙通貨膨脹的影響，已經被證明比過往認為的還要小。門羅提醒大家，物價革命「基本上是一種貨幣現象，但這種現象有國家或區域性的差異，而造成差異的主因是當地貨幣成色不足，次因則是局部經濟體內特定力量的行為」。[62]

無論如何，哥倫布大交換確實形塑了或許可以稱為「麥哲倫大交換」的現象。這個名稱的由來，是一五二〇年至一五二一年，葡萄牙航海家麥哲倫奉西班牙王室之名橫渡太平洋一事。支持麥哲倫大交換的人認為，大量白銀從墨西哥的阿卡普科（Acapulco）運往馬尼拉，以換取中國製造品，再從馬尼拉前進漳州，從漳州滲入明代經濟體系。但事實證明，哥倫布大交換並沒有歷史學家以往認為的那麼可靠，麥哲倫大交換就更站不住腳。首先，從亞洲產地（尤其是日本）流入中國的白銀，比來自美洲的還要多——這不是理論，而是事實。其二，往返於太平洋貿易航路的馬尼拉大帆船確實打通了中國商品與美洲白銀交易的重要管道，但抵達明代中國的貴金屬也很有可能來自另一個方向，也就是從美洲跨越大西洋到歐洲，再透過東印度公司等中介，重重轉運來到亞洲。最後，明代經濟體的大小約略等於整個歐洲經濟體，規模夠大，不至於因為白銀增加而出現失衡，而是可以把到來的白銀吸收進國內的商業交流體系之中。

我的意思不是說，明代經濟完全不受每年超過十萬公斤的白銀到來所影響，而是其效應尚未得到實際驗證。我唯一發現受大量白銀推升價格的產業，是前一章結尾所提到的奢侈品市場。萬曆年間切身觀察該市場的人認為，書畫價格的天價漲幅是大量新買家突然進入有限市場所導致。問題不在於這些新貴來自何方，而是這一人數漸增的群體哪來大量的銀能涉足奢侈品市場。我還沒有找到一錘定音的證據，能證明藝術品價格上漲是因為外國白銀大量流入中國。要想找到鐵證，就得對晚明藝術市場做一番新研究。眼下我只能憑藉邏輯，做出最有可能的推論：文化菁英覺得自己逐漸無法獨占象徵地位的物品，於是對「不入流」的買家嗤之以鼻，而這些買家的「新」財富則是來自擴大的商業經濟——暴富者不會只把財富投入土地這種惰性資產，而是會投入轉換為有形的白銀，同時也更樂於拿白銀這種經濟資本去交換備受重視的文化資本，反正若有需要，文化資本也很容易變現。海上貿易於一五六七年合法化後不過數十年，高檔奢侈消費便大幅增加，想必會引發批評。我想，這樣的假設起碼有一點道理。

但本書的主題不是藝術品價格，而是糧食價格。是以我們現在要從奢侈經濟轉往饑荒時的經濟，以瞭解明末推升糧價的因素為何。我在接下來兩章要提出的論點，會是比「輸入白銀是推升明末物價的主因」更加強力的解釋。這個論點是：拉高明代糧食價格，使得糧價高到無法負荷程度的，並非全球貿易，而是全球氣候。

第四章　災荒糧價

說了這麼多，我們終於要講到本書的核心現象，也就是饑荒時上漲的糧價。一四五〇年以前，明代文獻沒有持續記錄災荒價格，但此後的兩世紀間卻開始累積，構成十八世紀前中國最長的糧價序列。災荒價與平常的價格不同，災荒價是例外現象。這些價格指出人們是在何時何地留下紀錄，指出特別罕見的情況。但這些價格也有其共通之處——這些數字構成了連貫的資料，記錄了人們對於糧食的期望價格，與他們實際得付出的價格之間有多大的差距，而明代的觀察家都知道該如何理解這種差距。我們可以用這些偏離常態的價格為材料，寫出明代的物價史，畢竟只要把這些數字編織成一長條數據鏈，就能比其他的明代文獻指標更清楚呈現當時人承受什麼樣的壓力，呈現出十五世紀中葉至十七世紀中葉的平民百姓，如何因為氣候條件嚴重惡化而困苦不已。此外，這些價格讓我們幾乎能直接觸及布勞岱爾所謂的「可能性的限度」。一旦糧價高過大多數人所能負擔，這些價格就成了「可能」與「不可能」

之間的清楚分界——任誰都不想站在錯的一邊。擾動這條界線的並非貨幣供應，而是農業生產的自然條件，在我們所謂的小冰期嚴峻階段受到侵蝕。

如果要衡量小冰期加劇時的農業繁榮程度、人類生存的難易度，乃至於政局的穩定度，最可靠的指標就是糧食價格。一四二〇年，永樂皇帝接見帖木兒帝國統治者沙哈魯（Shahrukh Mirza）的使節團。作為開場白，他問起波斯的情況，想知道彼國糧價是高昂還是平價。使節跟他掛保證說很便宜，永樂帝則大方表示這證明沙哈魯備受上天青睞。[1] 糧價低代表收成好，而豐收則是受命於天的明確標誌——對於篡位者永樂來說，這是個極為敏感的神學問題。[2] 來使謁見皇帝時，大明國的糧價也很低。除去一四〇六年曾因過去幾年降雨太多而導致的嚴重饑荒，以及一四一五年與一四五六年的洪患，中國的氣溫保持在正常範圍，降雨豐沛，豐收可期。[3] 農業繁榮，讓永樂帝得以展開所費不貲的多項建設，像是重修大運河，將首都從他父親治國的南京遷到北京，並向印度洋派出一連串的外交艦隊。一四二四年永樂帝駕崩，十幾年後明朝的昌隆國運也開始走下坡。但永樂治世期間的糧價是便宜的，證明了他是天選之人。

明代的人民跟皇帝都相信，只要糧價保持公平穩定，天下就會太平。陳其德讚嘆萬曆年間糧價豐亨殷阜的時候，其實他是在替眾人代言，因為大家都認為這是世界該有的樣子。任誰都覺得價格會有季節波動，像是收成後降到低點，或者所謂「青黃不接」——孟夏時舊黃的存糧要吃完了，但新綠的莊稼還沒收成時，價格會達到最高點。[4]不過，人們很有信心，只要有了下一批收成，價格就會恢復正常。按理說應該如此。然而從十五世紀中葉開始，每幾十年就會來一次歉收，動搖物價的穩定性（至少短期如此）讓百姓期盼落空。日子一久，物價終於在明末時破滅崩潰。

糧價

一三六八年（洪武元年），明太祖朱元璋一稱帝，就下令編纂一份估價單，讓官員得以評估如何求刑，因為刑度是按照遭竊物品的價值來判斷。清單上包括五種糧食的價格。最貴的是粳糯米，每斗三．一二五分（相當於三十一．二五文）。其次是小麥，每斗二．五分（相當於二十五文）。排第三的是粟米，每斗二．二五分（二十二．五文），而豆類也是這個價格。清單上最便宜的穀類是每斗一．五分（十五文）的蕎秫（高粱）與每斗一．二五錢（十二．五文）的大麥，但當時人們不把這當成人吃的東西。[5]目前沒有其他證據可以證實或否認這些價格。考慮到新政權必須在民眾心中確立正統性，其估價自然得讓所有人認為正確公平，所以我才會一再以這些數字做為明代初年糧價價格的合理近似值。

明代文獻鮮少提及糧價，因此洪武元年後就再也沒有一整套清楚的價格。後來出現的多半是零星的紀錄，我們也因此得知前述價格多少仍然維持到明末。比方說，前一章提到馬德里商人巴耶薩的廣州物價報告，記錄了當地米價介於三．五分至四分。[6]他提出的價格範圍，下限居然只比兩個半世紀前的估計高〇．二五分。陳其德同樣表示自己小時候的萬曆年間，「斗米不過三四分。」巴耶薩報告範圍的上限（四分）也許比較接近十六世紀的米價，不過兩位觀察家的說法也都證實這個價格就是上限。一五六六年，官員萬士和向嘉靖皇帝（萬曆的祖父）上疏，提到米賤時價格不到四錢，米貴時則值銀六錢。[7]然而，另一位官員趙用賢在一五八〇年代上疏萬曆皇帝，提到「江南米價不過三錢」，相當於每斗三分。趙用賢同意其他地方的糧價也許略高，但他堅持認為「江南米價至賤」。[8]過幾年，趙用賢向內閣首輔上書，提到「若至秋成後，米價最高，亦不能過五六錢」，這是一石的價格，也就是說一斗約五六分。乍看之下稻米價格簡直三級跳，但其實不然，因為趙用賢上書的時候，正好是萬曆年間第一次大饑荒（一五八七年）過後，江南米價已經要開始回落。他提到，去年饑荒時，稻米價格一度被推高至每石一兩六錢的異常高價。[9]陳其德說當年斗米不過三四分的說法並不算錯。

糧價不見得總能維持在這個範圍內。詩人任源祥記得「昔在萬曆，米四五錢（等於每斗四五分），百貨皆賤」。[10]同時期其他文人提到的每斗五分算是標準價格。例如在一五三〇年代，唐順之觀察到蘇州地區的標準米價為每斗五分。[11]明亡之後，陸文衡回想自己小時候，蘇州一石米價格「止銀五六錢」，也就是每斗五六分。[12]另一位蘇州文人劉本沛也在清初回首當年，說他記得萬曆末年每斗米五分，價格直到一六二一年才開始上漲。[13]一六二四年，上海外圍的嘉定縣曾經發生饑荒，當時的紀錄提到「豐年」時每斗五分是正常價格。[14]文人提到這些數字，通常是在回首過去時提及，旨在讓人遙想明末糧價騰貴以前的往日生活，但他們的證言仍有其參考價值。

根據這些散見於文獻中的數據，我們可以判斷明初以每斗三分多起跳的糧價，大約維持了一個多世紀。十六世紀晚期，文獻中提到的米價範圍往往以三分為底，四分為頂。在這個時候偶爾也會有人提到五分，但這種價格一直要到一六二〇年代才開始頻繁出現——本章後段會提到，此時的大明百姓已經領教過萬曆年間的兩波生存危機，此前眾人期盼糧價會恢復常態，此後卻不再期待。[15]

地方志裡的災荒糧價

我在這本書裡援引的災荒糧價，主要來源是一種半官方的地方歷史與地理文類，稱「地方志」。地方志頗有份量，通常會分成許多卷，記錄局部地區的歷史、統計資料、公共事務與人物及其關係。地方志最常見的範圍大小是一個縣，也就是明代行政體系中最基層的問責單位，人口以萬計。地方志會改版，改版時往往會大幅修訂，而理想的改版週期為六十年一循環。地方志這種體裁並沒有規定要記錄物價，多少讓人有點失望，但它確實致力於替地方事件提供完整而永久的紀錄，包括異常現象、災難、成就與榮譽。[16]因此，每當地方上的價格過於偏離常態，地方志就會記錄下來，認為這種異常有在史書上添一筆的價值。這種處理方式下，一旦提到糧價就是為了保存證據，顯示糧價跟原本應有的價格究竟出現多少偏離。

饑荒並非唯一促使地方志編纂者記錄糧價的情況。產量過剩也會把價格拉到極低的水準。在明代的頭兩個世紀，紀錄中米價崩跌時的最低價格保持在每斗兩分，大概是一般行情的一半到三分之二，算是相當穩定。日子一久，崩跌價不斷往上提。到了一五七〇年左右，以正常價格達到四分以上的地方來說，崩跌價出現三分的頻率，已經跟以往出現二分的頻率不相上下。[17]小米的崩跌價比米還低，除了少數例外，價格都不超過二分。[18]如果是崩跌價以銅計價的情況（大多如此），明初的崩跌價從七至十文起跳，後來到十六世紀時上漲到二十至三十文。以銅計算的價格比以銀計算的價格漲幅更高，反應的或許是零售價（以銅計算）與批發價（以銀計算）之間的差異。小麥的崩跌價與米相仿，在一四九〇年代上漲到十文，隨著米的腳步在十六世紀繼續上漲，但漲幅落後於米，直到十七世紀才達到三十文。[19]

價格觸底對消費者來說固然是好事，但對於出售部分收成以維生的生產者來說可就是災難一樁。反過來說，災荒價對消費者而言是災難，對生產者卻是天上掉下來的禮物。明代關於極端價格的史料，都沒有提到價格扭曲對於消費者與生產者造成的不同影響。也就是說，有史可稽的這些災荒與崩跌物價，都是從買方而非賣方的角度來記錄。對買家來說，崩跌價就是糧食買起來很便宜，消費者買得開心，而災荒價則代表要花大錢購買。至於糧食生產者對物價扭曲有什麼感受，我們完全沒有線索。話雖如此，買賣雙方的觀點還是會在嚴重饑荒時趨於一致：每當氣候條件嚴峻，沒有收成，農人也會跟買方落入一樣的境地。到了那時，也就是值得替饑荒記上一筆的那一刻，生產者與消費者皆面臨令人無法承受的價格。

饑荒的陰影襲罩著每一個前現代農業經濟體。相較於當時世界上其他經濟體，大明國百姓有個優勢，也就是行政體制相對積極捍衛公共利益、維持存糧平準制度的正常運轉。窮人深受災荒糧價之苦，明太祖對此有過切身之痛。根據《明史．太祖本紀》，「至正四年，旱蝗，大饑疫。太祖時年十七，父母兄相繼歿，貧不克葬。」[20]朱元璋在二十四年後於一三六八年建立明朝時，決心要讓糧價保持低廉而穩定。他深信中國過往的盛世，糧價一定都處於穩定狀態。「唐之有天下，時和歲豐」，他在命李翀擔任翰林侍講學士的詔書中如是說。「斗米三錢，家給人足。朕聞之，心踴躍而欲肩之。」[21]他希望自己的朝代，可以比肩大唐盛世。

其實，朱元璋絕對不可能把糧價壓到每斗三文那麼低。他最多只能期待相較於其他商品，糧價可以保持在老百姓的購買能力所及。他把唐代的繁榮與好天氣掛鉤在一起，顯見他相信和暢的天氣必然隨善政而來，畢竟只要統治者為民盡心盡力，就會得到上天庇佑。但他也明白，做皇帝的他得建造並填滿穀倉，才能在天候不佳時抵銷負面影響。洪武三年，明太祖下令各縣置四座永久性的預備倉。[22]朱元璋也許無法把價格壓到三文，畢竟壓到這麼低，那些需要以市價售糧糊口的農民就會陷入貧困。但他可以責成行政部門，務求絕不能讓百姓負擔不起糧食。因此，《光州志》明言知縣的任務之一，就是「平物價」。[23]

知縣跟百姓一樣擔心糧價上漲。縣老爺不會挨餓，但百姓要是沒東西吃，就會有人鋌而走險，引發騷亂，奪取富人的存糧，形同替無能維持地方秩序的地方官立旗，他的仕途大概就要畫下句點了。對於失序的恐懼絕非無的放矢。十六世紀初，一位京官在針對救荒事宜上疏時就提到，饑荒時糧價上漲有多快，對於秩序瓦解的憂心就有多高。[24]對縣官來說，一旦發生饑荒，穩定糧價最直接的機制就是釋出縣裡預備倉的糧食——前提是裡頭還有存糧。明朝滅亡的一個多世紀之後，山東《平原縣志》提到明末的糧價之所以高到買不起，就是因為官倉裡早已沒有東西能賑濟災民。[25]理論上官倉裡要有糧，實際上大部分的糧倉在明亡之前就已經空了。穩定糧價的另一條路是求助於地方富有人家，呼籲他們捐出存糧，或是將存糧降價出售。一六三〇年饑荒期間，松江知府就是這麼呼籲，並獲得良好的迴響。「諸好義如約者，各以平糶之數登簿，不下萬石，是歲米價不踊。」[26]

這幾種因應措施的組合，通常足以拉低價格，但無法因應最糟糕的危機。[27]一旦缺少因應措施，或措施無效，就會發生饑民流竄、打家劫舍，甚至人吃人的情況——這是明代人所能想像，也確實資料中的最糟情況。一旦情況糟到這種地步，就會冒出各種極端的價格數字。其中一種是父母販賣子女的價格，這種價格會瘋狂下跌。用糧食換算，一童的價格可能會從二斗降到只剩三升。[28]另一種極端，則是糧價飆升到吃不起，只好吃人的地步。[29]能夠觸發吃人行為的價格，因地點、時間與情勢而有不同。一五八八年，河南原武縣在糧價達到每斗二百文時，開始出現人吃人的情況。同一個縣在一六四〇年，饑民直到小米價格達到每斗一千五百文時才開始人吃人。[30]河南省另一個地方前一年發生蝗災時，人吃人的導火線則是每斗一．四兩銀。[31]山東《夏津縣志》提到一六四〇年觸發人吃人的糧價是每斗二兩銀子。[32]

這類慘絕人寰的事情就記在地方志裡。例如河南《固始縣志》提到一六三九年「奇荒」，編者在結尾處用大小降半格的字（相當於中式註腳）列出以下糧價：「斗米價三千五百文，小麥每斗二千五百文，大麥每斗二千文。」[33]再舉一例：兩年後，《山西通志》的編者提到饑荒的影響時，用銀來計價（也是降半格小字），「斗米麥自八錢至一兩五六錢。」同一部方志也記錄了植物油與豬肉價格上漲的情況（是很罕見的紀錄），每擔高達八九分。

災變時的價格是例外狀況，地方志編輯之所以將它們記錄下來，是為了銘記創傷，而不是記錄景氣，因此一定是非常特殊的價格，他們才會覺得值得一提。編輯覺得這種價格不是好事，往往把這些價格藏在天、地、人、獸相關的異象紀錄之中，像是三連體嬰、雙頭牛出生，然後全部歸入「祥瑞」或「災祥」類別，擺到書的後半部。[34]地方志體裁的強項，在於編輯習慣把吉凶事件的時間點記錄下來，有時甚至細至月日。如果對事件有更詳盡的說明，則可以附在條目的後面，通常是以降半格的字體來印製。陳其德對於一六四一年與一六四二年的災荒回憶，就是這麼流傳至今，為歷史學家所知。

地方志中提到的糧價，等於把饑荒的嚴重程度加以量化，因此具有特別的史料價值。編輯地方志的人鮮少提到其他一望便知的定量方式，也就是死亡人數，原因或許是不容易統計。因此，糧價成了唯一能標定災害規模的指標。我要事先說明，記錄災荒價格並非饑荒報告的標準流程。方志編輯也許會提到價格「騰貴」或「飛漲」，但記錄價格漲到多少並非他的工作範圍。假如編輯手邊有價格紀錄，而他選擇提供這個數字，其實是一種標舉災難嚴重程度的手法。雖然災荒價格紀錄的情況很少，但它們仍然提供了數值，可以與其他數值並陳、相互驗證，多少還是可以進行統計分析。這類極端價格往往會加上小註，說明物價高漲的原因，最常見的有「洪」或「旱」，有時候則是直接寫「無有」（沒來由）。[35]

我用一六三三年《海澄縣誌》中對於饑荒的報告，來說明地方志可能保存的價格資訊種類。一五六七年，嘉靖皇帝駕崩前，海澄縣以福建南部的月港為中心置縣，後來隆慶皇帝也同意開港開海。一六三三年的《海澄縣誌》提到，海澄在一六一五年春天突然缺米。價格在六月初飆升至每斗二十分，令人瞠目結舌。知縣陶鎔開縣倉賑災。這些糧食可以讓縣內百姓吃上一星期，足以爭取時間讓浙江南下的糧船抵達，供應當地市場。陶鎔算是幸運，不用長期仰賴本地糧倉，畢竟倉裡的存糧只夠支應一星期的量；後來當地市場信心恢復，糧商也還能把用於販售的糧食運進當地。糧貨到達海澄後「價乃平」。還好陶鎔有餘糧備用，不過在這段時期，賑饑的主要措施還是靠市場力量撐起政府的賑災行動，加上政府有意願激勵商人，容許在批發價上添加合法的附加費，免得推不動商人協助。[36] 一六三〇年，海澄再度遭遇饑荒，結果這次當地的供應不足以平緩激增的需求，而且也沒有其他地方的補給來到海澄。據方志記載，「斗米索直二錢，饑民載道，至食木葉，可一歲乃平。」[37]

我從明代、清代與民國時期修纂的三千餘部地方志，找到散布各處的七百七十七起災荒糧價報告，構築成這一章的史料基礎。不過，這些糧價紀錄的箇中奧妙，往往不是一看就能知道。比方說，當某個價格出現時，是因為真有人按照這種價碼給錢，或者只是用來表示大部分人無力購買的價位在哪？我所讀過的地方志當中，沒有哪一部的編輯談到災荒價格的性質，也沒人提到自己是如何獲得這些數字。價格出現在地方志裡頭，彷彿這是當地的歷史事實，無須進一步解釋。不過，儘管有仍待商榷之處，這些價格還是具有特異性和一致性，匯集起來就是一套無與倫比的明史資料集。[38]

災荒糧價分布

地方志報告的災荒糧價，可以按照糧食種類、計價貨幣、地點、年份來分類。糧食種類以粟與米為主，有部分是小麥。偶爾我們還會看到蕎麥、大麥和燕麥等廉價穀類的災荒價格，但因為實在太過罕見，我還是把它們排除在數據之外。本章追蹤的穀物以稻米為大宗。米價與粟價提及的次數大約是七比二，米價與小麥價則是九比一。地方志條目往往不會明說是哪一種穀類，只用一個意思很廣的「米」字來表示。翻找地方志的其他部分，有時候可以瞭解縣內最可能栽種哪種穀類；假如此法不通，我就根據慣例，以中國農業八百毫米等雨量線（也就是把年雨量相同的地點連成一線，大致與山東省南界貼齊）來區分南北，北邊為粟，南邊是米。[39]最後，雖然極端價格的計價有銀有銅，但以銀計價的次數占優，與銅的比例為七比四。

明代地方志中的饑荒價格報告，多半來自大明疆域的東部和北部。南直隸（以位於長江三角洲的南京為中心）地區的方志占其中百分之二十，北直隸（以華北平原的北京為中心）占百分之十五，浙江占百分之十一，河南占百分之九。西南各省消息最少，雲南只有七起報告，廣西六起，貴州四起，四川只有三起。西北、西部、東南各省方志中的物價紀錄，則介於這兩極之間。按照這種分布，確實不能直接斷定明代氣候對中國各地有一致的影響，但我覺得還不至於削弱本書的整體論點。

這種分布究竟是資料本身所造成，還是區域氣候變異的關係？有一種驗證的方法，是把糧價報告的省分分布，與現有地方志的省分分布相互比較。[40]對比的結果顯示，南直隸和北直隸的占比分別為百分之十四與百分之十，顯示這些省分的災荒糧價報告數量高過地方志數量的份額將近百分之五十。浙江和河南的報告也是如此，這兩個省分的災荒糧價報告數量也較地方志占比多了大約百分之二十五。也就是說，地方志的地理分布稍微掩蓋了災荒物價數據的地理分布。這種扭曲多少反映了人口的分布。數據多寡的兩端都可以用人口分布來解釋。南直隸占明代人口比例最高，可能達到百分之十七，而廣西、雲南和貴州則是人口最少的三個省。但在另一方面，兩端之間的各省人口比例與災荒物價數據多寡幾乎沒有相關性。北直隸僅占明代總人口百分之七，卻有第二多的災荒物價報告，原因可能是首都就在這裡，朝局穩定與否備受重視，所以會有這麼多紀錄。[41]當然，影響物價資料分布最主要的因素，仍然是饑荒的發生率。人口密集的東部各省與環境脆弱的北部各省發生饑荒的機率可能更高，不過這一點仍有待研究。

對於本書的分析來說，災荒糧價的時間分布遠比地理分布更重要。這些糧價固然是以空間為舞臺，但資料鋪陳的頻率則是由時間所決定。資料序列始於一三七三年的一起價格報告，也是十四世紀唯一的災荒報告，而後終於一六四七年的十一起報告——這個時間點雖然是明亡後三年，但仍然屬於明末價格波動的一環。另外七百六十五起極端價格報告，則散布在兩百四十四年當中的一百四十二個年頭，從一四〇三年到一六四六年。紀年的細節很無聊，但證據就在細節裡——細節愈密集，我們就能把明代生活艱辛的故事講得愈仔細。

第一起報告出現在一三七三年，接著是一四〇三年、一四〇四年與一四二八年的個案。這四起糧價報告構成了明代頭七十年間的所有災荒物價報告。明初的報告很少，這多少是因為保存紀錄、出版地方志的慣例做法得花數十年才能建立。不過提到價格波動的次數少，倒也顯示明初是物價穩定的時代。直到一四四〇年代初，我們才遇到第一個（小）群集，是一四四〇年至一四四二年間的四起災荒糧價紀錄。第一個大的聚集在接下來十年內出現——一四五〇年至一四五六年之間，有至少二十起極端糧價報告，遠遠超過前八十年的報告次數。此時每年三起天災糧價紀錄的比率，遠遠還比不上之後十六與十七世紀的情況。但若回到十五世紀中葉的脈絡，也就是異常糧價才剛開始有紀錄，這顯示出這個時代（正好與景泰皇帝的治世重疊）是糧食嚴重短缺的時期。明代人雖然沒有提出這種看法，但我認為一四五〇年代的物價危機，是地方志習慣性記錄異常糧價之濫觴。

景泰時代結束後，災荒物價報告頻率開始變得不規則起來。一四六四年至一四六七年間有五起，一四七一年至七二年有另外五起，還有四起是一四七八年至一四七九年間。下一波浪潮出現在一四八〇年代。我在一四八一年至一四八九年這九年間，找到了三十九起災荒價格報告。經過一年空窗期，到了一四九一年與一四九二年又有六起報告。一四九二年之後的數十年間，極端價格報告的分布並不規則，在一五〇七年至一五一〇年，以及一五一二年至一五一六年有出現小的群集。下一波的高峰持續了四分之一個世紀：一五二〇年至一五二六年間有三十四起報告，一五二八年至一五三二年間有二十四起，一五三四年至一五四一年有二十起，最後在一五四四年、一五四五年與一五四六年這三個年頭冒出前所未有的四十三起。一五五〇年只有一起報告，一五五二年至一五五四年間有另一個十七起報告構成的群集，經過三年間隔後，從一五五八年至一五六二年這五年間有二十起。接下來二十二年間有幾起零星報告，然後在一五八〇年代後半又出現新的高峰，六年內就有七十四起報告。這道大浪之後，一五九六年至一六二五年這三十年之內又有五道小一點的波峰。

崇禎皇帝於一六二七年登基，接著連續二十一年，年年都有大量的極端糧價報告，共三百一十六起，直到一六四四年崇禎自縊，明朝滅亡。我在這些數據裡另外加入十八起來自明亡之後三年間的報告，雖然它們不在明末範圍，仍可視為崇禎年間危機的遺緒。一六二七年至一六四七年間有一段高峰期，是一六三九年至一六四二年這四年，年均災荒價格報告遽增到五十六起。明代沒有其他時期遭遇如此規模的災難，說不定中國史上的其他時期也沒有。這樣看來，陳其德二度動筆為文實不足奇。我把這份時間表的數據總結為表4.1。表中只有納入年分上有連續的價格報告，而不是整個資料集中的七百七十七起報告。我用表上的方式加以分類，是為了突顯農業危機與價格上揚的主要時期。

現在來談報告中的價格。明代大部分時間裡，以銅計價的平時米價為每斗二十五到三十文。直到十六世紀末為止，報告中最常出現的銅計災荒米價為一百文，是正常價格的三四倍。這大概可以說是當時的「標準」災荒糧價。十五世紀有少數報告提到兩百文的價格。（雖然極為罕見，但也有一千文的記錄，不過這可能是因為誤把每石的價格誤植為每斗的關係。）到了一五四〇年代，兩百文繼一百文之後，變成第二個「標準」饑荒價格。十七世紀之後，最常出現的數字變成了一千文。一六三〇年代後半經常出現好幾千文的價格。我發現一六四〇年以銅計價的災荒糧價最多，有三十六起，大部分落在一千至兩千文之間，但也有高達一萬文的。一六四一年的二十四個價格也維持在這個水準，大多數介於一千至五千文。一六四二年的價格紀錄數量下降，價格本身也下降，多半介於六百至七百文。然而到了一六四三年，災荒糧價再度回升至數千文。我在一六四三年只找到一個以銅計的價格，為四千文錢。接下來一六四四年，也就是明亡的那一年，極端糧價再次飆升到數千文錢，平均每斗超過兩千文。圖4.1的上圖呈現了這兩世紀間的價格。

現在來看以銀計算的糧價，明代大部分時間一斗米正常價格為三至四分，萬曆年間開始上漲到四至五分。然而，銀計糧價不像銅計糧價，沒有出現任何「標準」的災荒糧價。一五四〇年代之前，銀計糧價在十至二十分之間起落，平均為十五分，是正常價格的三倍。

表 4.1 災荒糧價記錄年分群集，1440 年至 1647 年

年號	統治	冷年	乾年	官方記錄荒年	災荒價連續出現年度	災荒價報告數
正統	1436-1449	1439-1440	1437-1449	1438-1445	1440-1442	4
景泰	1450-1456	1450-1455	1450-1452	1450-1457	1450-1456	20
成化	1456-1487	1481-1483			1482-1489	39
弘治	1488-1505		1482-1503		1491-1491	6
正德	1506-1521	1504-1509		1507-1514	1507-1510	7
嘉靖	1522-1566	1523		1524	1520-1526	34
		1529		1529-1531	1528-1532	24
		1543		1538	1534-1541	20
		1545	1544-1546	1545	1544-1546	43
				1553	1552-1554	17
			1558-1562		1558-1562	20
萬曆	1573-1620	1587	1585-1589	1587-1588	1585-1590	74
		1595-1598	1598-1601	1598-1601	1596-1602	23
		1605	1609		1606-1609	14
		1616-1620	1614-1619	1615-1617	1614-1620	23
天啟	1621-1627				1622-1625	10
崇禎	1628-1644	1629-1643	1637-1643	1632-1641	1627-1647	334
				本表總計	94	712
				全體總計	144	777

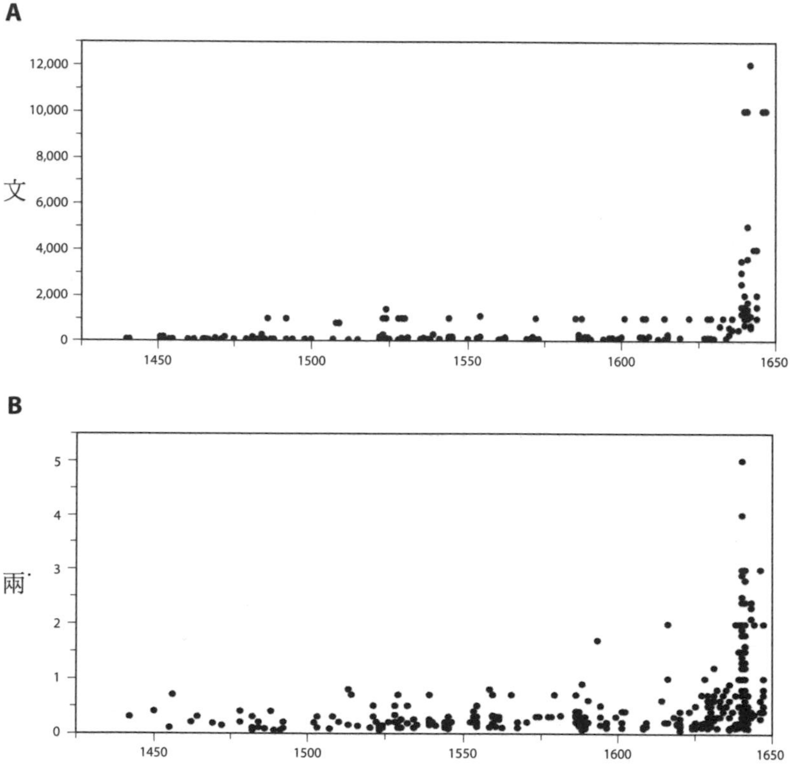

圖 4.1 以銅、銀計價的災荒糧價，1440 年至 1647 年：(A) 按年以銅計價的雙變量；(B) 按年以銀計價的雙變量

一五四五年開始出現三十分的報告，後來一直到一五八〇年代，價格範圍則介於十六至三十分。一五八〇年代後期的災荒價格漲得更高。之後稍微下降，一六一〇年代之前都沒有漲回三十分。到了一六二〇年代，災荒價格跌至不到十五分。然而到一六三〇年，價格已經上漲到五十分（半兩）以上。一六三九年是

第一次有糧價達到一斗一兩甚至以上的年份。有些地方的災荒米價維持在半兩以下，但有些地方卻超過二兩。一六四〇年，極端糧價報告數量達到高點，多達八十三起，價格介於〇．五至四兩之間。一六四一年以降的四十四起價格範圍稍低，介於〇．三至三兩。一六四二年的十五起價格保持在前述範圍的底端，為〇．三兩，最高也不超過〇．五兩。陳其德在一六四〇年代初期兩度提到的糧價，跟前述的側寫可以無縫接軌：一六四〇年是〇．二兩出頭，一六四一年為〇．四兩。陳其德沒有給出一六四二年的價格，因為那年桐鄉無米可買。一六四三年的七起價格當中（五個是米，一個是粟，一個是小麥），價格上限提高到二．四兩，平均則是一．六兩。一六四四年我只找到兩起以銀計算的價格，兩者都是米，平均為一．二兩。圖4.1的下圖是一四四〇年代至一六四〇年代間，以銀計價的災荒米價與粟價變動。

現在我們已經有了數據，是時候做出解釋了。

上天、氣候與饑荒

穀物要拿來換錢才會有價格。影響前述交易的主要因素有三，分別是可販售糧食的供應量、求購的人數，以及可用於購買所需的貨幣供應。需求增加會推升價格，貨幣供給激增也會，但短期內影響不會太大。短期內推升糧食價格的原因是供給下降。前一章談過，目前沒有充分證據能顯示流入的白銀對晚明糧價有所衝擊。本章的分析，將聚焦於氣候波動對糧食供應的衝擊。我的做法是呼應歷史學家戴爾（Christopher Dyer）的觀點——他研究中世紀英格蘭經濟史，斷定「糧價反映出貨幣供給等若干因素的影響，但收成好壞才是糧價激增的主因」。[42]主導收成好壞的關鍵，顯然是溫度與降水量，而這兩者都是氣候造成。我接下來要做的，就是把明代糧價的重大波動跟氣候變化擺在一起。為此，我要先稍微談談明代的氣候。

中國歷朝歷代統治者都很關心環境受到的擾動，只不過他們的措辭與今天大不相同。我們認為饑荒是氣候變化影響的結果，但就他們的認知來看，饑荒是老天爺不高興的表現。由於只有皇帝夠格跟上天溝通，解釋上天的行為，因此官修史書有義務記錄上天對皇帝及其子民降下的動盪，持續書寫上天的施為，證明人禍會引發上天干預。前朝滅亡後，新政權會修纂官方版的前朝史，而每個朝代留下的紀錄，都會總結在這些官史之中。中國歷史學界從一九三〇年代開始探討氣候問題，此後鑽研氣候史的第一步都是歷代史書。[43]

官史著重朝代興亡敘事，起點都是開國皇帝得能臣輔佐而龍興，結尾都是亂雲籠罩了遇事不決的統治者與無能的官僚。用不了多少剪裁，就能讓明朝穿上這一套敘事結構：明朝在精力充沛的明太祖領導下崛起，在皇帝誤判、官僚內鬥與民亂構成的多重災難下滅亡。

每一則朝代故事背後，都有一段跟天、地、人有關的動盪紀錄，作為興亡的標誌。明初，修纂《元史》的人在〈五行志〉開篇便寫道：「人與天地，參為三極，災祥之興，各以類至」，讓氣候（這是現代講法）在興亡敘事中軋上一角。[44]太平時，上天會確保風調雨順；動盪時，上天會降下風雨和駭人的天象，用恐懼來點醒世人。記錄氣候異常的價值就在這裡，足以在斷代史中特別給予篇幅。上天判斷某個朝代不再稱職之後，便引發溫度波動、暴雨侵襲、閃電打雷，還派龍來降災。儒家宇宙觀裡，災難不盡然來自於天。大地也會在天意之下帶來災禍：地會引發地震、洪水與蝗災。剩下的部分就靠人的弒逆與征戰殺伐來完成。這一切都是宇宙秩序大亂的跡象與施為者，大亂之後再由新的政權來接手治理天下。

官修史書的修纂者在記錄這些災難時，不是把它們當成氣候指標，而是國家體質與天子國運的指標。[45]他們保存下來供後人參考的事件，包括洪水、酷寒、霜雪、冰雹、閃電、蝗災、龍現、瘟疫、天鳴、積水、河道改道、黑瘴、缺少降雪、城鎮火災、天火、暴雨、鼠患、暴雪、乾旱、白瘴、龍捲風、暴風、地震、山崩與饑荒。這些都是氣候史學者要找的對象，也都跟溫度與水分等農業關鍵指標關係密切。個別條目雖然很簡短，只有時間、地點與事件，很少超過一行，但編輯把這些事件加以分類，按照時間排列，因此也成為相當方便的資料集，可以用於重建整體環境趨勢。有些條目看起來很隨機，沒有獲得充分證實，但事件的嚴重程度必然高過某種沒有明說、但當時人都知道的門檻，才有資格寫在正史書中。也就是說，這些數據因為編輯的過程而有了一定程度的連貫性，提高了它們在本書分析中的價值。

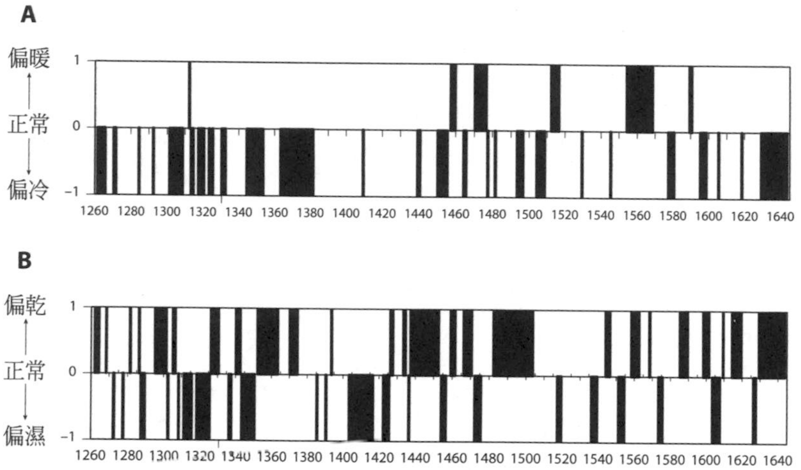

圖 4.2 中國氣溫與降水偏差年分，1260 年至 1644 年：(A) 溫暖與寒冷年分；(B) 乾燥與潮濕年分

前面的研究裡，我大量使用正史中的天災紀錄，加上十四部省與府級地方志中的災異時間表，來重建元明兩代四個世紀的氣候變化與環境壓力模式。[46]圖4.2呈現的是我在文獻中找到的溫度與降水偏差年分，起於一二六〇年大元國建立，終於一六四四年明亡。（部分資訊已插入表4.1的第三至第五欄，幫助讀者建立極端糧價群集與氣候擾動的關聯。）研究指出，中國在這個時代經歷的異常氣候情勢，就跟歐洲的歷史學家所說的小冰期相當類似。[47]中國在元明兩代大部分時間裡都是個寒冷的國度。根據文獻，一二五〇年至一四五〇年間，中國只有一年出現異常溫暖的紀錄（一三二一年）。剩餘兩百個年頭裡，卻有多達六十年被記錄下異常寒冷。

氣溫在一四五〇年，也就是景泰元年時驟降，直到一四五六年景泰遭廢黜為止都維持在異常低的水準。這個時間點與其他地方蒐集到的實體氣候指標驚人地一致。一九七六年，天文學家艾迪（John Eddy）以年輪資料為證據，主張太陽活動減少導致地球溫度在一四五〇年至一五五〇年間進入寒冷階段。他以十九世紀研究太陽黑子的天文學家史波勒之名，將這個時期命名為「史波勒極小期」。從中國在十五世紀下半葉經歷的寒冷來看，史波勒極小期對中國與北半球其餘地區同樣適用。一四五〇年代，太平洋西南區發生大範圍的火山爆發，從紐西蘭到俾斯麥群島與爪哇，一路到呂宋與日本，都讓低溫更形惡化。[48]太陽輻射遭到局部阻擋，影響相當明顯，長江三角洲的運河甚至在一四五四年的夏天冰封。同年入冬後港口結冰，運河船隻無法移動，動物也在深達一公尺的積雪環境中喪生。[49]寒冷天際斷斷續續困擾中國，直到一五五〇年代中葉，此時明朝經歷連續十五年的溫暖天氣（一五五四年至一五六八年），是三個世紀以來最長的異常溫暖期。接著氣候再度轉寒。從一五六九年至一六四四年，只有三年的氣溫升高到正常水準以上。一五七七年的天氣極為冷冽，連長江三角洲的湖泊都結了冰，風颳起的冰雪甚至堆成高十公尺的冰丘。

二十年後，也就是萬曆治世中期，耶穌會傳教士利瑪竇在一五九七年冬天從北京出發，沿大運河南下。他記錄旅途時，對冬季氣溫之低印象深刻。他提到，「入冬後，中國北方河流全都冰封，凍得嚴實，不只無法行船，甚至拉貨車在上面跑都沒問題。」利瑪竇大惑不解：

「為何中國北方的大河與湖泊在冬天可以結冰到如此厚實？」他推測也許是因為這些水體「靠近韃靼利亞冰雪覆蓋的山脈」，彷彿這種冷冽不是某種異常現象，而是一種需要特別說明的長期區域性條件——用中國式的宇宙觀來說，出手的是「地」，不是「天」。[50]利瑪竇是在一五七七年離開歐洲，當時北半球整體溫度下降還沒有發生。假如他晚一點離開，或許就會意識到中國的寒冷根本無須局部性解釋。兩個地方的冬天一樣寒冷，也一樣出人意料：即便冰封的年份不一定完全重合，但英格蘭的泰晤士河結了冰，中國的大運河也結了冰。[51]明代最後的半世紀，只有一年（一六〇二年）在紀錄中顯示為異常溫暖，但異常寒冷的年份卻有二十三年。一六二九年，氣溫進一步下降，到一六四四年明亡之後都還保持在異常低點。[52]

有明一代的降水量波動比氣溫起伏稍微小一點，但整體雨量還是偏低。雖然還是有濕潤的年份，但紀錄還是以乾旱為主。[53]從十四世紀中葉起，氣候保持正常偏乾，直到十五世紀初永樂年間才變得潮濕。[54]明代前半有四十六個乾燥年分，二十八個潮濕年分。降水情況直到一五〇四年才恢復正常。接下來在一五一七年至一五一九年，以及一五三六年至一五三九年間兩度出現降水豐沛的多雨期。然而，中國在一五四四年遭遇連續三年的大旱。浙江《紹興府志》提到「湖盡涸為赤地」。糧價一飛衝天，《紹興府志》甚至說就算幸運能帶一升米，也有可能在回家路上遭人劫殺。[55]從一五四四年到明朝滅亡的這一個世紀裡，中國經歷了三十一個年頭的嚴重乾旱，而潮濕的天氣只有十四個年頭。最嚴重的乾旱發生在一五八五年至一五八九年，以及一六一四年至一六一九年間。《明史》記載，一六一五年乾旱的程度，簡直是千里如焚。[56]但旱災還沒有達到谷底。明代的最後七年才是谷底，此時中國經歷了數世紀以來，乃至於整個千年期中最長的極端乾旱期。[57]

文獻中的指標顯示，中國在一四五〇年代至一六四〇年代的天氣比以往更冷，而且不時更為乾燥。對糧食農業來說，冷加乾是致命一擊。人為因素（像是擾動商業循環）可能導致饑荒，但這兩世紀間的中國社會不僅勞力充沛、存糧充足、市場運作良好，而且大規模動亂也只有最後讓明朝滅亡的民亂與外患入侵。從災荒糧價看出的災難規模與演變速度來看，這一切必然發生在極端氣候事件的脈絡下。

六段泥淖期

為了降低氣候擾動紀錄中的雜訊，並突顯出這些氣候變化對人類的影響，我要在明代特別圈出六段橫跨多年的時段。這些時段有著嚴重的氣溫或降雨異常，或者兩者皆有，而且情況跟文獻中提到的環境危機、饑荒與社會壓力同時發生。我用「泥淖期」（slough）來稱呼這幾個條件嚴酷的時段。每一個泥淖期，我都冠上了當時統治者的年號，另外把萬曆年間的兩個泥淖期分為「萬曆一號」與「萬曆二號」。

「永樂泥淖期」（一四〇三年至一四〇六年）幾乎沒有災荒糧價紀錄，因此我們將從下一個泥淖期，也就是「景泰泥淖期」（一四五〇年至一四五六年）開始講起。先前提到，直到一四五〇年，也就是景泰元年之後，災荒價格才開始出現在方志紀錄裡。一四四九年，蒙古軍隊把明英宗正統皇帝擄走，他的異母兄弟才獲擁立為景泰帝取而代之。明英宗獲釋返京後遭到幽禁，直到其派系在一四五六年從景泰帝手中奪回寶座——前一年正是一四五五年的大饑荒。景泰皇帝統治的這五六年，時機上可謂糟糕透頂，難怪擁立他的派系這麼容易就失勢。氣候當然不會自己出手廢黜皇帝，但我們在看這場政變的時候，絕不能以為這跟他在位期間的環境壓力毫無瓜葛。

直到十五世紀末，天氣都保持乾冷，此時正是史波勒極小期。乾冷的情況在一四八〇年代初期與一五一〇年代末期更形嚴峻，但沒有引發像景泰皇帝所遭遇的那種危機。下一次重大危機一直要到一五四四年的乾旱才會發生。該年乾旱造成的壓力，又在來年因寒流而加劇，造成一連串環境危機，我稱之為「嘉靖泥淖期」（一五四四年至一五四五年）。雖然嚴重的乾旱在一五五〇年代末期捲土重來，但溫度仍維持在正常以上，危機也隨之緩解。

一五八〇年代，也就是萬曆治世十五年之後，寒冷天氣再次襲擊中國。這個時段正好與全球小冰期加劇相吻合，導致萬曆治世的第二個十年發生了十六世紀最嚴重的饑荒，我稱之為「萬曆一號泥淖期」（一五八六年至一五八九年）。[58]這次的危機範圍非常廣大，一五八六年從北方開始，冷冽的天氣逐漸在一五八七年蔓延到南直隸與浙江，造成饑荒、洪水、蝗災與大疫。到了一五八八年，中國大部分地區已不堪重負。遠在廣西省的官員報告稱，「人民相食，枕籍死亡，滿城滿野，有鄭俠不能繪者。」[59]同時期的歐洲也經歷嚴重的饑荒危機，我們因此得知這段泥淖期的規模是全球性的。[60]氣溫雖然在一五八九年升高，但旱象還要再過一年才會解除。我們已經從萬曆皇帝與鄭妃的對話中得知，河南在一五九四年春天曾遭遇饑荒威脅。人們擔心再度受災，不過直到隔年低溫才會再度降臨，而乾旱還要再過三年才會發生，而且程度沒有像萬曆一號泥淖期的危機那麼嚴重。

天氣在一六一〇年代再度變得乾冷，中國也進入「萬曆二號泥淖期」（一六一五年至一六二〇年）。一六一四年，部分地區受到乾旱影響，部分地區則遭遇水災。[61]到了一六一五年秋天，各地希望朝廷賑濟的請願如潮水般湧來。十一月二十五日，兩位大學士向萬曆皇帝奏言，「事雖不同，總以地方災沴，百姓流離，劫掠橫行，餓莩載道，據實上聞，無非仰體欽恤之德，以徼曠蕩之恩。」一六一六年，山東省來了另一份奏摺，描述饑荒的情形，估計有九十萬人即將餓死。上奏的官員稱當地的賑災物資已經見底，治安崩潰，但這次卻沒有像一五九四年的預防性饑民圖那樣，引發萬曆個人的回應。[62]這一年，饑荒蔓延至長江流域，次年蔓延至廣東省，再過一年蔓延至西北和西南地區。

明朝文人吳應箕對萬曆二號泥淖期有清晰的觀察。吳應箕住在長江小城鎮貴池，貴池在南京上游方向約兩百公里。一六一五年起，他八度乘船順流而下，前往南都參加省試，直到滿人在一六四四年攻陷北京為止。他每一回都名落孫山。吳應箕固然時運不濟，但他把自己在南京的見聞記錄下來，提到災荒糧價，結果反而讓歷史學家走了運。吳應箕曉得糧價先前的扭曲，他把自己遭遇的災荒擺在同一個脈絡之內。「國朝以來，南京米貴」，他記錄道，「僅嘉靖、萬曆時一再見而貴至二兩」，這是每石的價格。他說的是嘉靖與萬曆一號泥淖期。吳應箕提到，在萬曆一號泥淖期的一五八八年，雖然糧價曾高達一．六兩，但為時「不過一兩月耳」。吳應箕說，自己是從南京著名文章家顧起元處得知這些事情，兩人是在萬曆第二泥淖期於南京結識。顧起元告訴他，公倉出米價格是一．六兩，但即便政府如此出手干預，市場上的粳米價格仍然漲到二兩。「父老言，二百年來南都穀貴自未有至此者。」顧起元告訴吳應箕的話確實不假，南都穀價從來沒有這麼昂貴。幸好這種局面沒有繼續下去，萬曆二號泥淖期也告一段落。

一六二〇年，萬曆皇帝駕崩，此時乾冷的浪潮也開始消退。天啟皇帝治世的七年磕磕絆絆，是公認明代朝局最糟糕的時期之一，不過此時天氣反而重回正常。天啟皇帝於一六二七年過世，他十六歲的弟弟繼位為崇禎皇帝，此時氣候正要開始惡化。從這一年開始，紀錄中的每一個糧價高峰，都會被下一個高峰所超越。在萬曆二號泥淖期，顧起元與吳應箕還可以自我安慰，認為糧價會恢復正常。吳應箕寫下自己對於崇禎年間災難的記憶，稱萬曆二號泥淖期的糧價與後來的價格相比已是小巫見大巫。吳應箕寫道，「崇禎庚辰（一六四〇年）、辛巳（一六四一年）、壬午（一六四二年）至三兩六錢，且有加不已，然各都縣尤甚。」吳應箕從「崇禎泥淖期」（一六三八年至一六四四年）回首過往，認為萬曆二號泥淖期還算無傷大雅，即便當時百姓深受高糧價所苦，但還是能期待價格在適當時降回正常水準。據他觀察，當時「南京二十餘年居民，往時不知蕎麥、大麥為何物，至是亦五千一石，較之山東、河南斗粟十千者」，讀者須注意，他此處所說的是「每斗」，不是「每石」，等於比首都的糧價高了十二倍。然而，無論南京的糧價有多恐怖，吳應箕仍斷言住在首都「此猶樂國」。[63] 畢竟比上不足，比下有餘。

假如吳應箕在一六四四年最後一趟南都巡禮、參加科考有順利通過的話，那他就有資格為一個再也不存在的政權出仕了。他自然無從得知，自己見證明代物價體系崩潰的同時，其實也見證了政治體制的崩潰。一六四四年四月，北京先是遭農民起義軍攻陷，後遭清軍占領。南京多堅持了一年，但面對南下鞏固對中國軍事占領的清軍，最後還是不得不開城投降。

推升物價

任一個年份的糧價，皆取決於穀類生長的環境條件。對前工業經濟體來說，主導這些條件的因素就是氣候。經濟史家包恩凡特與沃伊特克研究小冰期氣候對日耳曼地區物價的影響，他們發現承受氣候壓力時，糧價的波動幅度是其他商品的兩倍。糧食畢竟是日常飲食乃至於整體經濟的關鍵，會有這種結果也不意外。難怪兩位學者也斷定氣候對價格的影響，在氣候惡化時會比氣候輕微偏差時來得大。[64]我並不打算用氣候來推導中國的糧價，而是反過來用災荒價格來找尋氣候變化，然後分析對於經濟與社會生活的影響。畢竟糧食有買有賣，人們在過程中為自己與家人提供（或者無法提供）所需，因此價格不只是影響糧食生產與消費的經濟指標，也是足以證明人與環境之間，乃至於人與人關係的社會因素。氣候波動時，社會關係深受異常糧價影響，而氣候所引發的各種擾動如洪水、蝗災到流行病，也都會加劇影響程度。最後我也得指出：以氣候為因，以價格為果，兩者之間的因果關係絕不是一成不變，畢竟氣候往往是區域性的，而價格往往是地方性的。另一方面，糧食買賣固然能減緩價格波動，但嚴重的氣候擾動足以全面破壞一期的收成，導致地區資源無法彌補局部缺口。[65]

明代的最後半個世紀，也就是萬曆一二號泥淖期到崇禎泥淖期之間，氣候對價格的影響力是再明顯不過了。萬曆一號泥淖期不僅突如其來，而且情況嚴重，把價格推向明朝百姓此前從未經歷過的水準。但這段泥淖期為時很短，因此憑藉嘉靖治世後半段數十年溫和氣候所攢積的糧食與財富，便足以讓社會迅速復甦。此外，一號泥淖期也有良性影響，亦即帶動政府上下的警覺，所以萬曆皇帝與鄭妃在一五九四年才會帶頭賑災。相較於萬曆一號泥淖期有七十八個價格指標，萬曆二號泥淖期只有二十個。飆漲最明顯的是以銀計價的米價與粟價，尤其是一六一六年。然而，其他指標則暗示這段泥淖期至少持續到一六一九年，甚至是一六二〇年，因為我在那一年還能找到九起以銀計價的糧價報告。

萬曆二號泥淖期造成的嚴重影響，恐怕不只是中國的災荒糧價，連女真人在長城以北的崛起可能也與此有關係。統一女真諸部的努爾哈赤直到一六一六年還在向明朝入貢，但乾旱與寒冷令他一改戰術，升級跟明朝的對抗，尤其是為了在東北的遼東種植糧食。努爾哈赤在乾冷的一六一八年於遼東東部發動攻擊，完全控制該地區。隔年春天明朝反攻，卻在一六一九年四月十四日的薩爾滸戰役中潰敗。不過，還要再過二十五年，滿人才會趁機入侵、征服中國。

緊跟著是下一個泥淖期。天啟末年有幾陣天寒地凍。一六二七年，也就是天啟治世最後一年，雪花飄落在長江三角洲，積雪近兩公尺。《松江府志》提到「竹木折，鳥獸多死」。隔年的崇禎元年就發生旱災。[66]全國各地氣溫在接下來的一年裡急遽下降。松江府第一次嚴重歉收發生在一六三二年，當時「米騰貴」，百姓挨餓。氣候條件在一六三四年至一六三五年稍有改善，但氣溫卻在一六三七年再度下降。那年一月，天氣變得「極寒，黃浦、泖湖皆冰」。隨之而來的崇禎泥淖期（一六三八年至一六四四年），是明代乃至於整個千年期間最慘痛的七年。[67]華北地區首先遭受打擊。急轉直下的局面直到一六四〇年才發生在長江三角洲，當地先是遭遇蝗災，然後是嚴重乾旱。由於缺水，田裡的早收稻都枯萎了。農民在六月種植豆類作物，卻在七月時被大水沖走。農民接著種下第三輪作物，但接下來到年底卻一滴雨都沒有，莊稼全都枯死。同年冬天，陳其德描述的那場饑荒就此展開。《松江府志》中，一六四一年的條目下記錄了沙塵暴、蝗災、嚴重乾旱和物價上漲。「米粟踴貴，餓殍載道。」蝗蟲在一六四二年春捲土重來。一六四三年整個夏天一滴雨都沒落。[68]我們手上的災荒糧價樣本，證實了天災的強度。數據集中的七百七十七個價格中，有百分之三十二落在一六三八年至一六四四年這七年間（見圖4.3）。即便天氣在一六四四年恢復到接近正常，但饑荒所激起的叛軍卻出了西北，攻陷北京，迫使皇帝自縊。緊接著滿人入關，把中國納入大清國版圖。[69]天氣不穩讓政局更加動盪，明亡後一連三年仍不斷有糧價波動的紀錄。

崇禎泥淖期的災荒糧價報告並非均勻分布在整個中國，而價格也會隨地區而有不同。真要替這十年間以銀計價的糧價做出高低之分的話，糧價高的這邊會是嚴寒的北方，低的則是農業蓬勃發展的長江流域與南方。一六三八年，南方的糧價沒有升到十八分以上，但北方的糧價卻是從七十分起跳。一六三九年南北糧價差距縮小，南方的價格天花板提高到二十分，

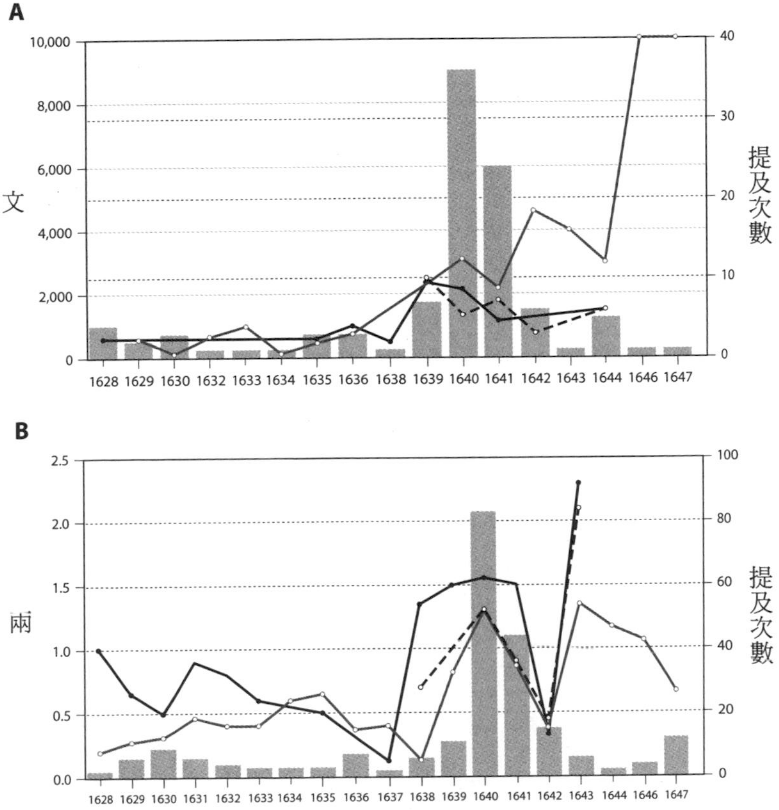

圖 4.3 以 (A) 銅計與 (B) 銀計的米、粟、麥荒年糧價報告，1628 年至 1647 年

而北方則下降到五十分。一六四〇年，南北災荒糧價價差為五十分，南低北高。一六四一年至一六四二年，南方糧價頂點保持在五十分，但北方則是從八十分開始上漲。一六四三年至一六四四年，北方與南方的差距進一步擴大：南方災荒糧價保持在四十分以下，而紀錄上北方的最低災荒糧

價則是二兩。

以銅計價的糧價則沒有那麼清楚的地理分界，這或許是因為銅計糧價呈現的是特定地點而非整個區域的缺糧，而銀計糧價比較接近區域的批發價。接下來，我會引一段《內邱縣志》的時間表，用華北平原南端一隅的情況，作為崇禎泥淖期北方銅計糧價走勢的總結：[70]

崇禎元年二年（一六二八年至一六二九年）連旱，斗米一百六十錢。

崇禎八年（一六三五年）饑，斗米二百錢。

崇禎十一年（一六三八年）夏無麥，秋無禾，斗米五百錢。

崇禎十三年（一六四〇年）春旱，百室皆空，人掘草根剝樹皮殆盡。夏無麥，斗米七百二十錢。八月九月（陽曆九月至十月）無雨，不布麥。至（崇禎）十四年（一六四一年）六月（陽曆七月）猶不雨，斗米千二百錢，市有一合二合之量。民無所逃徙，少男少女相遇不相滛而相食。甚有母子相食，夫婦相食者。餓死、瘟死、兵死、刑死，無虛日。嗚呼，人性滅矣，變至此極矣。至六月二十九日（陽曆八月五日）始雨。七月（陽曆八月）蕎麥種，踊貴，每斗二千六百錢，後至三千六百錢。冬十月（陽曆十一月），民食百草，每子一斗……昔未嘗有也。

全球史家帕克研究十七世紀的全球危機，發現早在一六四〇年代，東歐亞大陸北半球就受到與西歐亞大陸大致相同的極端氣候影響，經歷了一樣的社會與政治動盪。[71] 崇禎泥淖期間的內邱縣及其周邊的情況，也屬於這場全球現象的一環，只是可能比其他地方或比此前的時代更嚴重，因為當時環太平洋火山帶正好出現大量活動，從東南的智利到日本、菲律賓以及西南的爪哇都是。中國幾乎沒有火山，但中國正好位於東部外海各島嶼一系列火山的下風處。數十座火山在崇禎泥淖期爆發，將大量火山物質噴入大氣。火山爆發浪潮始於一六三七年的日本九州與伊豆群島，接著在一六三八年由北海道有珠山與爪哇拉翁山（Mount Raung）接力噴發。亞洲在一六三九年沒有火山爆發（那年只有義大利與維德角群島有噴發），但一六四〇年又開始出現火山噴發，例如北海道的駒岳，民答那峨的帕克山（Mount Parker），以及蘇拉威西桑格島的阿武山（Mount Awu），還有夏威夷的茂納羅亞火山（Mauna Loa）。一六四一年，爪哇、呂宋和民答那峨（仍然是帕克山）皆有火山猛烈噴發，日本也有火山爆發，此外南極的欺騙島（Deception Island）也有一次噴發。九州櫻島火山和伊豆三宅島在一六四二年接連爆發，一六四三年巴布亞新幾內亞海岸外的卡爾卡爾島（Karkar，原名丹比爾島〔Dampier Island〕）和馬納姆島（Manam，原名漢薩島〔Hansa Island〕）也有大規模火山爆發，而一六四四年則有日本本州的淺間山爆發。[72] 這一波火山活動不僅阻擋了太陽能抵達地表，更在一六三八年至一六三九年，以及一六四一年至一六四二年間觸發了稱為「聖嬰—

南方震盪」的氣候擾動，導致季風風向翻轉。通常情況下會降在中國與東南亞的季風雨被掃到東邊，變成在太平洋彼端落雨，造成美洲大規模洪水及中國大規模乾旱。

農民需要足夠的溫度與降水才能生產糧食，但這些氣候扭曲奪走了這兩者，把大明的老百姓逼到可能性的限度之外。歉收意味著幾年下來的存糧（假如有的話）售價飛漲，高到讓人買不下手。乾旱不只讓田地如焚，更讓運河無水，糧商與政府都無法用船把糧食運往災區。氣候不只迫使糧價上漲，更改變了整套糧食產銷體系。

明代災荒糧價的歷史，等於是一組有明確時間的指標，不僅能反映氣候的變化，也反映了氣候變異與人類處境間的互動。明朝情勢最壞的那最後十年間，環境危機引發了經濟崩潰、民變與外敵入侵，而極端糧價正是環境危機的一環。明朝的滅亡固然不能推給災荒糧價，但講述崇禎末年重大危機時若不把氣候因素納入考慮，簡直就像莎士比亞所言，宛如「癡人說夢，充滿著喧譁與騷動，卻沒有任何意義」。更有甚者，糧價指出了明朝滅亡的根本原因。中國陷入的危機並非道德淪喪，而是氣候衰頹。氣候惡化的規模，讓明朝面臨無法逆轉的衰亡，就跟道德訓誡故事裡說得一樣無力回天。陳其德認為是上天降災，我們則認為是氣候變化。不過，無論我們採用哪一種分析框架，幕後黑手都是大自然。也許有別的領袖或政府能想到辦法緩解危機，但只要田裡種不出東西，終究是螳臂擋車。政權崩潰，物價體系亦崩潰，兩者皆一去不復返。

第五章 崇禎年間的物價飆漲

我在第一章時曾經跟讀者打趣說，陳其德記錄了一六四〇年至一六四二年的災荒，而本書就像是這些災荒紀錄的長篇註解。我這話不盡然是開玩笑，因為我的研究或多或少就是這樣。陳其德的紀錄之所以需要註解，是因為他預設的讀者不是我們。手上捧著這本書的你，並不是明代的中國人。你我散居在世界各地，而陳其德從來沒有打算去想像那樣的一個世界。我們所生活的地球，是明代結束後四個世紀的地球。陳其德提筆為文時，氣候變化是超乎當時人所能理解的範疇。就算你是中文讀者，對於四個世紀之前陳其德所生活的世界來說，你也是外國人。陳其德是為了當時人而寫。他希望能用自己的文字銘記苦難，不讓這等痛苦在下一代桐鄉人的集體記憶中淡去。陳其德非常確定，假如災荒記憶淡去，對後人來說結果不堪設想。

對於陳其德設定的目標讀者來說，他寫的內容應該一讀就能理解。他們活在同一種物價體系內，知道東西該賣多少錢，或者至少記得自己以前花多少錢買，對於陳其德記錄的物價有多麼嚇人，也有出自肺腑的體會。陳其德的紀錄之所以讓我們有直覺上的理解，是因為我們如今曉得他提到的事件發生在什麼樣的整體氣候脈絡。明代的人對於天譴有他們的體會，我們對於小冰期的天災也有自己的概念，而兩者之間其實有著不小的差距。前幾章的目的在於建立中國的脈絡，看其中的物價，也看家家戶戶如何設法糊口，以及氣候轉惡、破壞收成、迫使糧價上升時是什麼狀況。在這最後一章裡，我不只要把陳其德的體驗跟明朝滅亡連結，更要將其置於中國歷史的長河。除了留心物價對於動搖政權的作用，我們歷史學家還可以怎麼樣處理物價紀錄？我們要如何替發生的事情建構模型？崇禎泥淖期那七年，難道只是為期短短七年且只有短暫影響力的異常事件嗎？除了分析主要政治事件之外，它對於分析中國在十七世紀乃至於其後所經歷的長期變化趨勢來說，會不會也有一席之地？

還記得嗎？我們曾在第三章提到一種說法，認為歐洲在十六與十七世紀時經歷過所謂的「物價革命」。根據這套模型，大量白銀渡過大西洋流入歐洲，貨幣供給增加，而增加的速率是歐洲經濟體所無法吸收的，因此推升了物價。更高的價格改變了商品交易的條件、勞動的報酬與資本形成的方式，引發大範圍的災難。西班牙以為自己在新世界發現了「黃金國」，無邊的財富將隨之而來，誰知道最終到來的卻是違反直覺的經濟混亂。歷史學家如今並不否認十七世紀歐洲物價上漲，而是質疑前述理論核心的貨幣論點。史家爭論的是，歐洲物價上漲趨勢究竟是因為西屬美洲殖民地的白銀流入，還是有其他原因。我要再次借重經濟史家門羅的批判論點：歐洲現代早期的通貨膨脹，除了貨幣供應之外還有許多因素，像是鑄幣、人口成長、國家財政措施等，而這每一項因素在局部經濟體中運作，都會有不同程度的影響。白銀流入不必然會推升每一個經濟體的物價，各種物價的上漲率也不會一樣。[1]只要深入踏查歐洲實際發生的情形，物價革命論的空中樓閣就會瓦解。

歷史學家費雪（David H. Fischer）提出一項比較接地的理論，稱之為「價格波浪」。我雖然不是經濟學家，但我認為財經環境形塑了研究對象的生活，而我們必須去評估這種環境。在這一考量下，費雪的模型對我這類研究歷史的人來說頗有影響。根據費雪的論點，價格會在他稱之為「價格波浪」的長期過程裡大幅上漲，他把這道波浪分成五個階段。出於「物質進步、文化信心與對未來的樂觀」，經濟開始長期暢旺，人口也跟著成長，物價隨之緩升，而這就是浪頭。費雪說，進入第二階段，受野心驅使而發動的戰爭，或是王朝的繼承鬥爭，往往造成物價不穩與政局動盪，物價也在這一脈絡下突破「過往的均勢邊界」。到了第三階段，為了因應物價上漲，國家與個人皆會設法擴大貨幣供給——這項論點顛覆了過往那種「貨幣供給增加導致物價上漲」的因果關係。一旦擴大貨幣供給的做法遭遇到必然的限制，第四階段的價格混亂、市場動盪、實際工資下降與財政危機也就隨之而來。第五階段則是波浪的破碎，包括政權瓦解、人口衰退與價格下跌，新的均勢終將形成。[2]

門羅等人批評波浪模型，認為它忽略了價格膨脹無論如何發生、在哪發生皆有其特殊之處，也批評費雪獨尊人口變化為主要因素，忽略了「貨幣變數」(monetary variables)與國際貿易的影響，以及財政制度的重要性。門羅也不覺得通貨膨脹波浪之前或之後的時期可以稱之為均勢。[3] 儘管有這些侷限，我還是認為值得探究這套價格波浪理論，跟崇禎泥淖期之前與之後的物價漲跌之間，形式上有沒有相似性。我之所以這麼問，目的不在於為波浪模型背書，也不是為了讓中國與物價革命典範吻合。我純粹只是想把目前所知加以整理，並探究十七世紀的價格曲線。試舉幾項要討論的問題：糧價在一六三〇年代與一六四〇年代激增之前，是否有過溫和的上漲？崇禎年間迅速飛漲的物價，是否就此突破了既有的物價體系？這些上漲的物價是否又發出第三階段的貨幣供給擴大？這幾個階段是否造成無可避免的價格混亂與政治崩潰？最後則是崇禎治世後的物價下跌，是否形成新的穩定均勢？

光是條列這幾項問題，便足以顯示費雪的階段論跟中國的物價紀錄不盡然符合。錯位最嚴重的是他所說的第三階段，也就是物價飛漲將會讓人們努力擴大貨幣供應的這項假說。問題在於物價飛漲之前，貴金屬便已經開始流入中國，而且沒有證據顯示崇禎泥淖期的糧價影響了貴金屬的流動。政權確實如費雪模型第四階段所預料的垮臺，但少了第三階段的貨幣供應不穩定擴張，前後的因果關係形同瓦解。不過，如果把模型中的這兩個階段拿掉，尋找波浪模型所預測的前兩個階段是否存在，再跳到第五階段，看物價是否在後明代時期達到均勢，這樣一來，我們或許從中也能學到一點東西。

從費雪模型的第一階段開始：明代經濟是否表現出長時間的物價溫和上漲？為驗證這項假設，我會使用一三六八年至一五九〇年之間的四組物價紀錄，來估計明代頭兩個世紀的長期通膨率。對於第二階段的假設，我會檢視來自萬曆年間的一組物價紀錄，時間點大約是十六及十七世紀交界，看能否在崇禎年間的物價混亂之前，察覺到較快的物價變動率。這幾步應該有助於判斷在波峰到達之前，國內物價膨脹的過程是否已是現在進行式，進而判斷崇禎年間的物價飛漲是否應被視為前述過程的結果。

快轉到明朝滅亡之後，我們再來研究這套模型是否有助於我們掌握崇禎年間糧價飆漲之後發生的事情。崇禎年間的糧價飛漲是短期偏差嗎？這種飛漲是否有如波浪模型所預期，達到以崇禎年間物價為基礎的新物價體系？長期的再穩定是否出現？陳其德擔心物價的失序畫下句點後，倖存者只會慶幸彼此度過危機，「一保煖便生縱愆，縱愆則惡心生」（將注意力轉向娛樂及享受），好像風過水無痕，那下一回危機來臨時就將手足無措。但陳其德確實也期盼價格的混亂只是暫時現象。為了把崇禎年間的事件放在時間更長的脈絡中，我們要參考一六三〇年代至一六九〇年代間，由生活在長江三角洲的另一位文人葉夢珠蒐集的物價數據。

我之所以這麼做，重點不在於把物價當成經濟史中的獨立變數，而是用它們來衡量氣候對經濟與社會的衝擊。如果只用氣候來解釋崇禎治世期間的重大滅國危機，那就是失之於簡，但如果不考慮氣候，那也是忽略了不可或缺的脈絡。把氣候變遷擺在故事中心的價值，在於讓人注意這些變化對黎民百姓的生活有多麼大的衝擊。葉夢珠記錄一六四〇年代的物價災難時，以「而民已困憊矣」這句話總結。科學家以物質指標為研究材料來追溯氣候的波動，讓透過文獻指標進行研究的我們省了不少工夫，但光靠氣候模擬並無法推斷「困憊矣」的精確時間點為何。[4]

這就是為什麼，要談明代氣候史就不能忽略物價史，要講明代物價史也離不開氣候史。氣候史與物價史相輔相成，提醒我們不能忘記前工業社會深受氣候擺布：太陽能傳到地表的能量有什麼變化，都會立刻影響前工業社會，畢竟農民是靠天吃飯，種出社會延續所不可或缺的糧食。從物價通膨率下手，有助於破譯物價變化在「長期氣候變遷」與「短期氣候擾動」這兩種脈絡中的重要性，畢竟長期與短期也是相輔相成的。

明代的長期物價變化

為了驗證「氣候變化會推升物價」的假設是否成立，我們就必須考量背景裡是不是還有其他通膨或通縮因素在起作用。我打算用一三六八年、一四五一年、一五六二年與一五九〇年這四組時間點各異的數據，做出三個比較，來觀察通膨率。

第一組數據是明代最早的物價紀錄，也是三組比較的基準線：判官在量刑的時候，要考慮贓物或財損的價值，因此才會有這份估價表，供判決前作參考。這份〈計贓時估〉頒布於明朝建立的那一年，並收錄於《大明會典》。〈計贓時估〉條列了兩百六十四件物品的價格，但這並非實際交易的價格紀錄，而是把政府規定的價值集結在一起。雖然〈計贓時估〉類似於法律條文，但我們不妨有信心一點，相信這些價格反映百姓實際支付的價格。畢竟〈計贓時估〉之所以頒布，是新政權爭取正統與建立法律威信的一環，因此內容必須符合民眾期待，設定的價格必須近似於物品實際的花費。以〈計贓時估〉為資料來源還有另一項挑戰，也就是裡面羅列的價格是以寶鈔這種紙幣的面額來計價。問題在於，寶鈔這種仿照蒙古統治時期的金融工具，其價值在明太祖治世期間便已迅速貶值。不過，〈計贓時估〉當中亦有條目提到八十貫鈔等於一兩，因此我們可以把這個價格大致兌換成銀的一兩。

第二組數據是另一份由官方於一四五一年頒布的稅表，羅列進入北京城的商品應徵收稅額。這份〈收稅則例〉明確列出兩百二十六種商品的商品稅。標準的商品稅是商品價值的百分之三。北京收的稅等於是加倍收到百分之六——一四四九年，明朝對蒙古人的戰爭吃了大敗仗，景泰新政府為了不讓朝廷搖搖欲墜的財政就此崩潰，於是提高稅率。由於關稅是百分之六，我們只要把稅額乘以十六．七，就能推出一四五一年的物價。〈收稅則例〉羅列的稅額跟一三六八年的〈計贓時估〉都是用寶鈔來計價的，而寶鈔在一四五一年的時候基本上已形同廢紙，只剩會計作用。這兩份清單用的是一樣的貨幣單位，假設官定的名義價值沒有變化，那就可以直接比較這兩份文件中提到的價格。[5] 我從一四五一年的兩百二十六件商品中，找出十七項跟一三六八年清單上的品項足夠相似者，據此來做比較。表5.1是這十七項商品的價格，見附錄C〈參照表〉。

這麼做能帶來一些簡單卻有用的觀察。其一，一三六八年至一四五一年間，物價並未朝同一個方向移動，而是有漲有跌。其二，特定類型商品價格變動的速度因物品而異。比方說同樣是金屬，鉛的價格下跌了百分之四十四，而銅的價格上漲了百分之一百八十。這樣的價差也許反映金屬取得的困難度，但也有可能是能源成本增加。鉛的熔點低，加工成本比更硬的金屬如銅來得低，畢竟煉銅需要更多能源。無獨有偶，紡織品價格的變化也不一致。綾下降了百分之三十，而更精細的紗與三梭布則分別上漲了百分之三十九與百分之六十七。價格的分期也許反映了生產成本的差異，畢竟紗與三梭布需要比綾更多的勞力才能生產。其三，價格上漲者與下跌者的比例是十二比五。將這八十三年間的情況加以平均，則價格大致增加百分之五十。年增率百分之〇・四九，算是商業經濟中溫和通膨範圍的底端。

第三組物價則是從兩份一五六二年前後的史料綜合而來：一是海瑞在浙江擔任地方官，制定支出準則時所規定的價格；二是江西省收官清冊中所寫的價格——這一年，年高八十二的權臣嚴嵩倒臺，原因是有人誣告其子南通倭寇。三年後，嚴嵩家產的抄沒清冊出爐，但在當年沒有公開流通，直到後人以《天水冰山錄》為題，將私鈔本付梓。[6]我從海瑞的數據與嚴嵩的財產清單中，挑出十四項可以跟一三六八年〈計贓時估〉中的項目相比較的物品，見附錄C〈參照表〉表5.2。海瑞提到的交椅、鐵鍋、小刀這三樣東西，在一五六二年的價格與一三六八年相同。這種尚未按照通膨調整的「名義價格」，在這段期間內缺乏變化，或許意味著一般製造品價格並沒有隨溫和通膨上升，也就是說在一三六八年至一五六二年間，其實際價值相較於其他商品來說是下降的。第二個觀察點是，雖然有些價格下跌，但上漲者比下跌者更多。綜合表中所有項目，一三六八年代至一五六〇年代這兩個世紀多的時間裡，物價增加了百分之三十一，年通膨率為百分之〇．一四。即便我們把樣本縮小到價格上漲的物品，物價在這兩世紀的增幅為百分之七十九，年通膨率也只有百分之〇．三，小到幾乎可以忽略不計。

把這幾張表的結果綜合起來，可以看出明代的第一個百年期間，也就是新政權積極重建經濟時，物價每年上漲約〇．五個百分點。用頭兩個世紀來計算的話，年增率則會下降到百分之〇．三。這些發現似乎表示實際價格在明朝的第一個世紀上漲，但隨著私人商業經濟伴隨國家經濟成長、成本降低、商品流通加速、零售業興起、薪資停滯等因素使然，第二個世紀的實際價格則是下降的。[7]然而，這個假設恐怕只適用於製造品與加工材料，畢竟沒有證據顯示實際糧價在明代的第二個世紀有下降。

接下來看第四組數據，也就是萬曆中期沈榜在北京記錄的物價，時間大約是一五九〇年前後。跟一三六八年的物價比較，就可以得出第三種結果。沈榜的紀錄十分詳實，可以進行更多項目的比較，這一回有七十二種品項。為了消除名義價格在這兩世紀中微幅上升的影響，我把名義價格轉換為實際價格，以斗米價格作為基準，求出各項商品的物價指數。一三六八年的米價為三．二五分，一五九〇年則沒有單一固定的價格。沈榜支付過好幾個價格，但為了比較方便，我把價格定在五分。附錄C中的表5.3是比較的結果。這張表的中間帶是沈榜的官署所購買的兩種主要糧食，也就是米與小麥。兩組物價顯示，米與麥這兩種糧食的名義價格比一三六八年高了百分之六十。中間帶以上列了三十一項名義價格成長率低於糧價成長率的商品，也就是說相較之下，這些商品的實際價值是下跌的。中間帶以下則有三十九項，是名義價格成長率高於糧價成長率的商品。在這三十九項當中，有十五項的實際價格增加了百分之二十五至百分之八十八，九項的實際價格翻倍，還有十五項達到兩倍以上。

根據這些發現，我們觀察到大多數日常飲食（水果與糖等奢侈品例外）的漲價幅度並沒有糧價高，相較之下其實還變得更便宜。價格翻倍的則是茶、酒與醋。紡織品當中，除去名貴的織物不論，整體趨勢一如我們所預料，也是變得更便宜，畢竟紡織業生產在十六世紀集約化程度愈來愈高。日用製造品的實際價格也往下走。跌價最多的是胡椒。不過，胡椒是明代消費中的異數。一三六八年明朝建立時，胡椒本來不是明人飲食中的一環，後來卻逐漸打進中式料理。東南亞貢使奉旨進貢這種異國奇珍，皇帝乾脆把胡椒拿來做為「折色俸」（一種將米折算為其他實務的薪資支付方式）。後來在十五世紀，胡椒這項明初趨之若鶩的舶來品卻在市場上供應過剩，最後終於在十六世紀時因進口替代而跌落神壇，從所費不貲的奢侈品變成便宜的日用香料。

我們再來看實際價格上漲幅度高於米麥的其他商品，其中木頭與灰炭特別值得注意。明代疆域有大片地區出現活躍的伐木活動，尤其是萬曆初年，進而造成能源價格上漲，燃料價格也可能受到影響。此外，幾乎每一種紙的價格都漲價了。官方文書、印刷書與書信量愈來愈多，對紙張的需求無疑也隨之提升。其中，高級紙張的供應速度顯然追不上需求。海瑞在一五六〇年代留下的淳安縣政事紀錄，證明官署近期用紙量大增，對此他相當反對。

若上司加意節省，如無甚干係冊籍、文票、比較簿，損之。申文只用古干，不必厚美。供招近又添一書冊，申文可併入一封。又以房科不同各為一封，似皆可損。縣去府不遠，只用單紙為封不裱褙。依准等狀附比較文簿內，既省紙又易編閱稽查，無不可者。毫釐皆民脂膏，損之毫釐，莫不有益。[8]

海瑞有個壞習慣，就是把原本合理的想法擴大解釋成萬靈丹——就像前述這一番慷慨陳詞一樣，實際情況並沒有他想的那麼嚴重。不過，他坦率表示官府用紙過多，而這或許多少能解釋紙價為何上漲，尤其是在北京，畢竟北京的政府機構用紙遠遠超過其他地方的官署。

回來談表格的中段，因為米與小麥居中，我斗膽用它們的名義價格漲幅（兩百二十二年間增加百分之六十）作為計算明朝頭兩個世紀間通膨複利的基礎——得出的數值為每年百分之〇·二一。所有前工業化農業經濟體都會出現這種增幅（低到可以忽略不計）。根據這四套商品價格基準點來做比較，這第三組算是證實了陳其德對於萬曆初年的美好回憶——就算是窮苦人家，如果沒有人要買他們的豆麥，他們自己也不會拿來吃，而是乾脆拿去餵豬。嚴重的通膨並沒有讓糧食價格變得高不可攀。

萬曆年間當然不可能「比戶具足」（每戶家庭應有盡有），但從前述幾組比較得出的微小通貨膨脹率來看，陳其德對於萬曆年間大部分人都能負擔日常所需的記憶實屬合理。危機雖有可能出現，像是一五八〇年代末期：先是淫雨淋漓，然後赤地千里，米價漲到一斗十六分這種無法承受的高價。但危機只是短期影響，一旦危機過去，人們支付的價格還是會回到饑荒以前的標準。只有像陳其德這種經歷過崇禎年間的人，才會被迫瞭解好運終會到頭。

萬曆年間的短期物價波動

前面的物價比較，時間的跨度長達幾個世紀。不過，有一份傳世的物價文獻，讓我們能探討短期的價格波動——這裡說的短期，是指萬曆中期的十多年。《程氏染店查算帳簿》是一份相當了不起的文件，因為這是我找到的唯一一份明代商號帳簿，保存在一套徽州歷史文獻中，而徽州最出名的就是富甲天下的徽商。[9]因為染店是徽州人合夥開設，所以帳簿才會出現在徽州，但染店店址顯然是在上海周邊的布料生產重鎮松江府。[10]這本帳簿是把四十二張紙的版心向外折，變成八十四頁後線裝而成，內容記錄了染店資產、利潤的年度總結。

帳簿的第一份文件，時間為萬曆十九年五月初一（一五九一年六月二十一日）。文件上列出程本修和吳元吉兩人最初出資設染店的本錢，金額為兩千四百一十七．四一二兩。下一份文件的日期，則是兩年後的七月初一（一五九三年七月二十八日），是帳本中的第一份年度報表。一五九三年的年度報表最為簡略，而一五九五年與一五九六年的報表則亡佚不存。一五九七年，會計年度終日從五月初一挪到三月十六，但後來又恢復到五月。報表格式每年稍有變化，一六〇一年與一六〇二年的字跡也有所不同。除此之外，帳簿的呈現方式與資訊組成大抵相當一致。帳簿最後一份文件是附加在一六〇四年年度帳後的協議，由程觀如與吳霞江（吳元吉的弟弟）簽署，內容是如何處分前一年秋天去世的吳元吉的股份。

帳簿留存的目的是按年度記錄染店的資產。每一年的年報都會列出庫存，數量是上欄，總價值是下欄。物品項目順序每年稍有變化，大致上是加工材料在前，原物料在後。帳上的價值是估計值，而非市價，但我們可以假設估計值必然接近市價，不然股東不會同意。令人訝異的是，各個項目的單價幾乎年年都會改變——佐證了其估價接近市價的假設。附錄C表5.4列出的物價，是一五九四年至一六〇四年間至少有出現三次估價的項目：靛藍、布料、酒糟（購入酒糟是為了其中的鉀，鉀是布料漂白、強化染色所不可或缺的材料）、灰（氫氧化鈣，用於定色）、柴、米與蒲包（用來包裹染好的布疋），另外還有兩種我無法理解用意的東西：「布頭」與「希皮」。

我們來研究各大類的價格變動，從靛開始。帳簿中出現過八種靛，其中有三種在年度總帳中至少出現過三次，我列進表5.4。土靛在一五九四年與一五九七年都是每斤一分，在一五九八年降至每斤〇．七二分。日張靛（日張可能是商號名）在一五九七年價格每斤一．五三分。園靛的價格在一六〇〇年最高，每斤一．三分，後來在一六〇一年與一六〇三年下跌到一．一分。從這些少量數據，只能看出靛的價格在一六〇〇年至一六〇一年間略有下滑。

布的資料更為豐富。青布（即染色過的布）價格在一五九七年與一六〇四年最高，但這項觀察仍有值得商議之處，因為一五九七年的染布價格有兩條，一是達到歷年最高價的每疋二十二．九分，另一項則是歷年最低價的十九．六分，而年報沒有說明為何會有兩種價格。

同樣是一五九七年，白布（未染色的布）價格下跌到最低的每疋十四・四分，高點則出現在一六〇二年的十八分，跟其他年份相去甚遠。缸上白布（再次假設「缸上」是跟染店做生意的商號名稱）在一五九九年跌至十四・七分，一六〇四年漲到十六分。葛布表現出的波動較少，一六〇三年最低價為十四・九分，隔年漲到最高價十六・四分。客染布比其他類型的布料便宜得多，高點是一六〇〇年的六・五分，低點是一六〇三年的四・九分。在布類中，我也把帳簿中提到的私染書布加進來，以顯示有些價格是不會變動的。私染書布只有出現在一六〇〇年與一六〇一年，價格穩定保持在每疋二十分。退一步看這些數據，也看不出布料價格波動有整體性的波動。每一個品項的價格變化都獨立於其他品項。

來看原材料，酒糟在一五九四年達到歷年高點，每埕十二・五分，低點則是一六〇一年的九・五分。柴從一六〇〇年的最低價每斤一・一分，上漲到隔年的歷史最高價一・五分，兩年後又下跌到一・一分。灰只有兩種價格，分別為一五九八年、一六〇一年與一六〇三年的每房三兩，以及一五九九年、一六〇〇年與一六〇二年的三・三三兩。從我在其他文獻中找到的資料來看，帳簿上提到的米價高得異常，一五九三年至一五九九年間從每石〇・六兩漲到〇・七兩，一六〇一年降到〇・五五兩，又在一六〇二至一六〇三年漲到〇・七五兩。蒲包從一六〇〇年的〇・二五分降到一六〇四年的〇・二三分。「布頭」在一六〇〇年稍微下降到每斤〇・〇九七分，然後在一六〇四年上漲到十一・〇九分。「希皮」在一六〇一年掉到最低價〇．一四三分，最高價則是一六〇三年的〇．一七分。整體來看，這些價格變動無法彙整成整體性的價格趨勢，就連類似品項之間也沒有任何一致性。一六〇四年的價格比過往十年都高出一點點，但差距甚微，幾乎可以忽略不計。

萬曆中期的短期價格波動能告訴我們什麼呢？首先，以年來看，漲價的幅度通常非常小。第二，價格的變動並不一致，這表示價格的波動跟商品在該經濟體內部的特定定價條件有關，而不是受到更大的經濟力所推動，不然價格就會出現整體性變動。這兩項觀察顯示，萬曆中期並沒有足以觀察到的整體物價波動。以表5.4各類商品最早與最晚的價格為例，靛與糟、柴、蒲包的價格都下跌了，灰的價格保持不變，書布也是；其他各類布料價格則大約上升百分之六。價格明顯波動的例子是米，大漲百分之二十五，但就像我先前所說，我不確定該怎麼解釋這些米價，畢竟一六〇三年與一六〇四年不只天氣溫暖，降雨也十分充沛。

我只能說，無論我們認為有什麼因素造成物價變化，整體來看染店記錄的物價，實在沒有短期物價變化的跡象。根據費雪的波浪模型，物價會在第二階段長期緩漲，為接下來第三階段的物價陡升累積能量。但從前述帳本的發現來看，我們卻找不到能支持這第二階段的任何明證。萬曆中期看不出任何波浪，也沒有替崇禎年間飛漲的物價積累能量的跡象。我們只能據此得出以下結論：無論是從明初以降，或是從數十年前起算，崇禎泥淖期都不是明代經濟的大勢所趨。因此我們沒有理由認為，崇禎時期的物價混亂是源自於成明代經濟體內部的通貨膨脹壓力。崇禎年間的物價激增是獨立現象，背後有其他事情正在醞釀。

崇禎之後的物價恢復穩定

清代物價史本身就是個值得探討的主題，只是這超越了筆者的研究範疇。不過，我還是會透過一位人在長江三角洲，親身經歷過崇禎泥淖期的觀察家，藉由他的雙眼，看一遍新王朝頭半個世紀間物價變動的證據。

葉夢珠出生在上海西南方的尋常鄉紳家庭。葉家在松江府城有房子，但老家則是在松江與上海之間的鄉下。葉夢珠在回憶錄《閱世編》裡，從一六九〇年代回顧過去，重建當地歷史。該書始於崇禎年間葉夢珠孩提之時，結束在一六九三年，也是書中的最後日期。[11] 這本書架構仔細，記錄詳實，讀起來簡直就像是長江三角洲在滿清統治下頭五十年的民族誌。

葉夢珠跟當時人一樣對物價的變動感興趣，並在回憶錄中用了一整卷的篇幅（卷七）來討論。這一卷的標題叫〈食貨〉，是在模仿官修正史記載人口、生產與稅收等財政的段落。葉夢珠並不關心人口或稅收，他只關心物價。他用一段概述作為〈食貨〉的開篇：「物價之不齊也，自古而然。不意三十餘年來，一物而價或至於倍蓗什百，且自貴而賤，自賤而貴，輾轉不測，不知何時而始。」[12] 葉夢珠跟陳啟德一樣從童年經歷開始講物價，以自己在祖父膝下的時代作為參照點，來理解後來所經歷的物價混亂。接下來我們會看到，陳其德回憶中萬曆初年的豐亨，已不復見於葉夢珠孩提時的崇禎年間。

葉夢珠的悲慘故事是從一六三〇年講起的：「年荒穀貴，民多菜色，郡縣施粥賑饑。」葉夢珠自承「予時尚幼，未知物價」，而他提到的第一個價格可以回溯到一六三二年，「壬申夏，白米每斗價錢一百二十文，值銀一錢，民間便苦其貴，則庚午（一六三〇年）之米價，概可知已。迨秋成，早米每石價錢止六百五、六十文耳。」我們在上一章談到，十六世紀大部分時候的標準災荒價就是這樣，每斗一百文。到了一六三二年，本來的稻米災荒價已經變成日常的正常價格。葉夢珠把米價的不規則變動，歸咎於銅銀兌換率的混亂波動，因為造假幣的人會把銅幣鎔掉，重鑄為成色差的銅幣。[13] 有學者主張銅銀兌換率之所以受到擾動，不是因為銅的價值下跌，而是因為一六四〇年代時美洲白銀進口量減少，導致銀價上漲。不過葉夢珠沒有提到任何近似於這項爭論的內容。[14] 比較符合歷史的思路，是把鑄造偽幣視為地方經濟貨幣供給不足時，去提升更多可用貨幣的做法——尤其當時手上有白銀的人為了因應不確定的未來，而把白銀從流通貨幣中抽走。

葉夢珠和陳其德很像，都會從自己經歷過的苦日子裡推敲教訓，只不過他的經驗談沒有那麼泛道德。「災祥之告，無代無之」（每個世代的人都會收到吉祥或災禍的警告），這是〈災祥〉一章的起頭。「史冊所載，不可枚舉。以予所見災害之甚者，莫如崇禎十四年辛巳之旱。」這一年不只是葉夢珠的多事之秋，也是陳其德的災荒之年。先是夏季乾旱打頭陣，緊接著是蝗災，最後以大規模饑荒結尾。官員接觸縉紳富室，捐米煮粥，但許多災民甚至還沒走到粥廠便倒地身亡。葉夢珠接著談價格。「是時，白米石價五兩，豆麥稍差，糟糠秕稈，價亦驟貴。窶客過從，餉之一飯，便同盛筵；雇募工作，惟求一飽，不問牟麥，世風為之一變。」松江大半居民靠織造為生，一旦買家不上門，他們就只能「易子而食，析骸而炊」（為求一餐飯而把孩子賣掉，或將屠宰屍體烤來吃）。朝廷為了在北境與滿人對抗而徵用米糧，導致松江當地米價一石超過五兩。松江城縉紳說服政府改以小麥的折銀率來算，降到每石一．五兩，他們才比較能接受。夏麥幸運長到可以收成，讓部分人可以負擔稅賦。隨後「而疾疫大作，幾於比戶死亡相繼。此予有生以來所見第一凶歲也」。[15]

葉夢珠繼續講一六四四年夏天。一場為時六個月的乾旱，讓當地人發想出兩句新話。其一是「米價貴，水價倍貴」，其二是「饑欲死，渴更欲死」。一六四四年的旱災，導致松江城經濟全面崩潰。葉夢珠寫道：「商旅不行，物價騰湧。」危機終於在年底緩解，但復甦並非一蹴可及。「至十二月（一六四五年一月），始得一雨連日，方快霑足，而民已困憊矣。」[16]

葉夢珠接著講述明朝滅亡後至一六九〇年間的物價波動歷程。因為物價波動並不一致，簡直像坐雲霄飛車，他只好一次講一種品項，分好幾種講完。他記錄了三十多種品項，為了簡便，我接下來只談其中八種，第一個先講米。

米價在一六四二年攀升到每斗半兩，一六五〇年代降到介於〇．二五至〇．四兩，然後在一六七〇年代滑落到〇．二兩，最後在一六八〇年代降到八九分。小麥在一六四二年大漲，每斗就要〇．二五兩。到了一六七〇年代，麥價介於十二至十三分。接下來小麥在一六八〇年代下跌到跟米價差不多的八九分。豆價從一六四〇年的五分漲到一六六一年的三十五分，但到一六八二年時降到六七分。豬肉跟糧食一樣，都是中國市場上可以顯示未來走勢的商品。從明初以來，松江的豬肉價一直都是每斤二分。一六四五年，豬價曾飆漲到十二分，後來在一六八〇年代恢復穩定，維持在五分。糖價在一六二〇年代曾經有三四分，但在一六四〇年漲了十倍，變成四十分。糖價在一六八一年下降到二三分，最後在一六九〇年回穩，落在五六分。一六二〇年，薪柴每捆售六至十分。價格在一六四六年漲到五六十分，但最後在一六八八年回穩，定在十二至十四分。紡織品是唯一一種價格回復到一六二〇年水準的商品，不過棉花原料卻是從一條很不尋常的路線來的。棉百斤價格在一六二〇年是一．六兩，在一六二八年飛漲到四五兩，趨緩後又在一六四九年再次走揚，不過只到三．五兩。到了一六八四年，棉價已降到一．三兩。棉花布每疋價格在一六二八年為十五至二十分，一六五四年漲到五十分，一六九〇年恢復到二十分。[17]

葉夢珠提到的幾種物價漲跌互不相符，但他的紀錄確實讓人有一種整體印象，感覺松江的物價在一六二〇年普遍已高於正常水準，然後在接下來二十五年間再度飆升，達到一六二〇年代的二至十倍。一六四〇年代中葉後，每一種商品的漲勢都有趨緩。少數商品如棉花布，價格已經回到一六二〇年的水準。其餘大多數商品價格沒有回落到以往的水準，而是停留在新的水準，也就是大約崇禎年間兩倍的價格。葉夢珠等於佐證了一六九〇年代的物價其實並沒有重回一六二〇年代的物價。除此之外，這些物價怎麼說都稱不上是平衡或均勢。大部分物品的價格都翻了倍，而且未來也不排除繼續上漲的可能。

崇禎年間的物價飆漲

葉夢珠的證言，可以怎麼樣幫助我們分析崇禎泥淖期的物價變化呢？要探討這個問題，我們得先回頭看一下整個明代的災荒糧價紀錄。我之所以又談起已經談過的事情，是為了幫助大家瞭解我們所謂的崇禎物價飆升究竟是在哪種脈絡之中。從十四世紀到十七世紀，除了日常糧價緩步上升，災荒糧價也會往上升。明朝統治的頭兩個世紀，每斗百文錢算是相當標準的災荒價。災荒價會在危急時刻突破這個價格天花板，但每一回糧價都會回到本來的水準，整體糧價體系沒有受到影響。圖5.1可以看出一六三〇年代，銅計災荒糧價是如何從一百文的底價飆到一千文。銀計糧價也有上漲，只是模式沒那麼清晰。一四二八年，每斗十分就能算是災荒價。到了一四八〇年代，災荒價已經提高到十五分，並在十六世紀進一步攀升。從日常價的地板往上發展的災荒價撞到一個天花板，大致反映了正常糧價的溫和通膨率，以每年百分之〇．二的通膨率進入十六世紀中葉。

到了萬曆年間，萬曆一號與二號泥淖期的規模與強度皆遠甚於過往的泥淖期，災荒糧價因此出現更多嚴重擾動。遲至一六一〇年代，部分地區提到的災荒糧價仍然是古早的一百文，但這個上限最終在萬曆二號泥淖期失守，而且對大部分地區都不再適用。不過，這些高價並未對明代糧價體系造成嚴重擾動。雖然壓力愈來愈

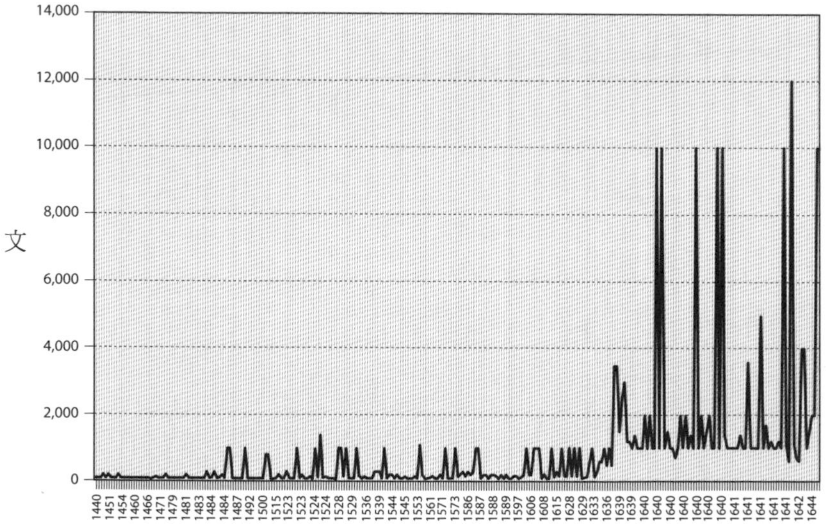

圖 5.1 各年以銅計價的災荒糧價，1440 年至 1647 年

大，但糧價在危機過後多半都回到常軌。直到一六三〇年代與一六四〇年代的狂飆動盪，當時情況已經惡化到，農民就算使出渾身解數，也無法種出足夠餵飽每一個人的糧食，此時災荒價才會踏入全新領域。綜觀一整個萬曆年間，賑災政策的根本邏輯就是期待物價終將恢復正常，因此政府的角色就是把價格變化曲線推回饑荒前的樣子。賑災宗旨是幫助百姓度過難關，直到農業復甦，糧食生產恢復，價格回到從前。然而，過往的糧價水準在崇禎末年徹底崩潰。每一個仰之彌高的超高價，都會被下一個價格比下去。人們開始不再認為眼前的價格就是高點，也不再相信情況一定會好轉。當災荒價直上九霄，證明了荒年糧價沒有上限，也無法可治。

回顧葉夢珠在《閱世編》的物價紀錄，就能看出明代物價故事並未隨著明朝滅亡而結束。明末的物價混亂並未止步於一六四四年——此時中國進入蒙德極小期，農業承受進一步的壓力，迫使物價在清初數十年間仍持續上揚。等到糧價進入成熟期，局部穩定下來之後，價格已經來到每石二三兩，這種價格在以前根本是超乎想像。直到又經過了數十年，價格才終於下降，但趨於穩定時的水準卻是崇禎初年的價格——遠高於萬曆物價體系中的糧價常態。[18]

我們把價格的低點定在哪個高度，會影響我們對於價格波動情況與幅度的詮釋。葉夢珠提到物價衰退，有些史家就把他的說法視為所謂「康熙蕭條期」的證據。許多質性證據都能佐證當時確實不好過，其他學者也證明了這一點。[19]不過，這種分析是從清代的角度出發，把崇禎年間記錄到的物價當成十七世紀物價變動的基準。但從明代的觀點來看，崇禎年間的價格並非重建長期變化的合理基準，因為崇禎年間的物價並非長期波浪的加速階段（費雪理論的第四階段），而是短期氣候條件造成中國經濟大亂，持續到崇禎治世之末——至少我是這樣解釋。如果像清代物價史家那樣，把葉夢珠所說的崇禎初年糧價（一六三一年每斗十分）當成正常價，那等於是對荒年以外的糧價多半保持在五分以下的事實視而不見。把崇禎年間當成起點，而不是從更早之前的幾十年開始計算，就會忽略崇禎年間的物價實屬特例。[20]

如果採納明代而非清代的觀點，則葉夢珠記錄的價格就代表著物價在十七世紀末逐漸恢復穩定，回到崇禎初年的糧價——但我們不該把這個數字解釋成糧價比起十七世紀末降低了一半（如果我們把一六四〇年代的價格當成基準的話就會誤以為如此），而是變成了明代原本糧價的兩倍。並非所有商品價格都像糧價一樣變化，尤其是棉花等原物料，因為這類商品的交易仰賴運輸工具與長距離商業網路，同時還會受到勞動成本的制約。[21]就算葉夢珠的價格數據暗示整個十七世紀的價格走勢是一道長期的波浪，但這道波浪消退之後，價格水準還是遠高於原本的水位。葉夢珠的回憶錄顯示，崇禎年間的災荒價非但不是一道波浪，而是一次噴發，既沒有緩和，也沒有回歸熟悉的平衡或均勢。十七世紀末的物價並非回到「正常」，而是一種新的常態。這種新常態物價改變了成本，侵蝕了人們的生活水準，讓家庭經濟承受嚴重壓力，害得經歷康熙蕭條期的老百姓就算是賺到錢後也幾乎無法滿足新的物價所需。如此說來，康熙初年的人確實經歷了一次蕭條，但這次蕭條卻是崇禎泥淖期的影響所致。這種新常態與其說是均勢，不如說是稍微喘息，因為以後物價還會繼續上漲，大致上是隨人口增加而上漲，整個十八世紀都未曾停歇。

災荒價與氣候如何影響明朝滅亡

如果要用水的形狀來描述崇禎泥淖期以來的災荒價，那應該比較接近於海嘯，而不是潮來潮去的小波浪。價格在短時間內推到那麼高，這種潮湧一定是強大的外部力量所導致：不是固有通膨或貨幣供應量改變的這種緩慢影響，而是無遠弗屆的氣候擾動衝擊波。

我們現在曉得，晚明的危機是全球危機的一環。[22]不過，歐亞大陸兩端的情況並不相同，如果不只是把這兩端當成氣候區，而是從人類社會的角度出發來比較，會更有助於釐清小冰期對中國農業造成的特殊壓力。法國歷史學家勒華拉杜里（Emmanuel Le Roy Ladurie）對歐洲氣候史進行大範圍的研究後總結：「整體來說，直至目前為止，對我們這種位處地中海以北西歐地區的溫帶氣候帶來說，過度降水是最主要的危險。」他把「濕」與「乾」看成氣候變異的關鍵，「濕」的那一端威脅更大，甚至認為「乾比濕好得多，只要沒有伴隨不規則的熱或乾過頭就好。至於冷，尤其是冬天，影響還是有限。是好是壞，還是取決於寒冷的模式（例如有沒有下雪）」。[23]

明代中國的情況則略有不同。葉夢珠和陳其德等身歷其境的觀察家，都認為乾旱是糧食生產的最大威脅。他們深信糧價之所以高到無法承受，原因都是乾旱，因此唯一能使糧價下跌的因素就是降雨。然而，從這段時期的氣候變化實體指標來看，比起乾旱，寒化（小冰期的氣候特徵）才是造成崇禎時期氣候危機惡化的主因。[24]我這一回做研究，仰仗了不少物價紀錄，但這一點從這些紀錄中卻不容易看出來。地方志編輯有時會簡短說明價格飆升的原因，但他們幾乎從來不會把災荒糧價歸咎於氣溫下降，除非他們有看到運河冰封、田裡降了不合時令的霜雪等實體證據。這種遺漏有一部分是因為缺乏衡量溫度的標準單位，一部分則是因為寒冷對作物的影響不容易立刻看到，得等到一段時間後才能看出端倪。乾旱提供的殘酷證據，似乎已能滿足大家需要的解釋。

歐洲濕冷，中國乾冷，這兩種情況的差異也值得深究。之所以如此，是因為歐洲與中國的農業體系演變的方式，會隨著因應降水壓力的能耐而有不同。勒華拉杜里觀察到，如果天氣冷，降雨又太多，那歐洲糧食就會歉收，但只要降雨不至於過多，那歐洲的糧產算是相對耐寒。這種韌性一方面是因為畜牧業在歐洲飲食中居重要地位，一方面則是栽種耐旱穀物。至於中國，一旦寒潮侵襲，冷加乾的組合就是比濕冷的強降雨來得危險。小麥和稻米吃水都是出了名的兇，但稻米需要的水更多，大概要兩千五百公升水才能產出一公斤的米，而同等重量的小麥則需要約一千五百公升的水。通常灌溉稻米時，預料會有五分之二的水量被稻米吸收。因此，稻種不僅用水多，甚至會造成水資源短缺。假如面臨的挑戰是降雨過多，那種稻就是個不錯的選擇，畢竟水田就是設計成可以排水，比旱田更能排掉積水。但如果遇上旱災，尤其是突如其來又一連好幾個月的旱災，那稻米的用水量就讓人難以承受。水資源已經短缺了，一旦氣溫寒冷，導致生長季節縮短，更是雪上加霜。氣候極端扭曲的階段，春夏可能一連好幾個月不見一滴雨，田土乾涸，運河缺水——這時是什麼把農民逼到絕境呢？我們會說是大自然，而他們會說是老天爺。

遠去的明代逐漸化為中國歷史記憶的一部分，崇禎危機的震撼為人所淡忘，致災責任也從自然力量轉移到個人身上。到了十八世紀，許多人都會懷著溫情回顧明代，把明代刻劃成更美好的景象。揚州位於長江三角洲的江北，而一七三三年版《揚州府志》的纂修者索性跳過十七世紀，在回顧十六世紀時把當時幻想成純樸時代，「價和稅平」，不像自己所處的時代是個物價高漲的困頓年代。[25]假如明代真是這種失落的桃花源，那糧價的故事就是在警惕人們千萬不要徹底商業化，也不要拋棄所處時代的舊俗。對於這位十八世紀的文人，乃至於各種發表高見的人來說，詮釋必須帶有這樣的道德意涵。唯有從道德出發，才能在經濟中解讀出一套體系，超脫於受到物價衝擊的層面。畢竟對他們來說，氣候就跟天意一樣，根本是一套無從分析的體系。

從今天的角度來看，三十多年前學界把注意力擺在十六與十七世紀全球白銀貿易的做法，確實有助於擴大歷史認知，讓人深入瞭解世界史中的中國，進而讓我們擺脫訴諸道德淪喪的政治論調。但是，為了重新解釋明代危機與明朝覆亡而利用全球史的新發現，一旦沒有考慮進氣候因素的話，就等於漏掉藏在眼皮底下的事實，也就是當時中國無力招架小冰期當中的極小期。對特定經濟產業來說，從萬曆至崇禎年間湧入中國的白銀或許有其影響。然而，農業生產仍然是明代經濟的基礎，是養活漸增人口的必須手段，因此農產一受打擊就很要命。一旦田裡的莊稼因缺水而枯萎，或是因寒冷而死亡，百姓就會餓肚子，災荒價格也會隨之出現，所以災荒糧價才會變成我們研究明代環境史時數一數二的文獻指標。中國進入小冰期最嚴重的那幾年，寒冷與乾旱對糧產造成的那種壓力，要到一八五〇年代才會再次出現。[26]明代物價體系與政治體系無法承受糧食供應的全面崩潰。滿人也許更能適應乾冷的氣候，氣溫驟降促使他們大舉南下，在中國混亂已極之時長驅直入占領中國，加以改造，餘波至今蕩漾。清人設法適應了後崇禎時代的物價，最後在十八世紀時形成新的物價體系，直到小冰期在十九世紀中葉即將結束前再度出現氣候擾動，又把百姓趕上下一波饑荒及內戰的風口浪尖。這一回大浪打過，就輪到清朝覆亡了。

後記 氣候與歷史

剛開始蒐集明代文獻的物價資料時，我並不知道這些數據會引領我去何處。我本來很期待這些資料，可以帶來一些明代黎民百姓生活成本的紮實實證。如今我雖然已挖掘出許多價格資料，看到實際生活過的人支付資料上所說的價格，購買真實存在的東西，但我的期待還是難以實現。對於這類歷史知識，我的貢獻頂多只有從文獻證據中得出的兩點：其一，明代赤貧人家一年至少需要十四兩多一點才能度日，而體面之家（借用歐洲史的說法）的生活成本則是二十三兩出頭。其二，窮人的年度薪資收入介於五至十二兩，而比較體面的薪資水準，則介於十四至二十二兩。

當然，我這一回爬梳物價資料得到的成果，絕非這種概述所能總結。而尋找物價資料的過程，居然讓我走向環境史，這點不只大出我所料，研究起來也更有意思。傳統上，明朝的覆亡每每被人刻劃為一段政壇派系鬥爭、行政失措、稅收銳減與民變的時代，而這一切都籠罩在「道德失敗」的大帽子下。大清國之所以能入侵、占領大明國疆域，都是明朝自己的失敗——打著這種論調，其實是為了合理化明清兩朝遞嬗的過程。編出這種敘事並為之背書的，就是征服者。清軍入關時的指揮官多爾袞為此蓋棺論定，說「崇禎皇帝也，是好的」，強調都要怪武官「虛功冒賞」，文官「貪贓壞法」。多爾袞斷言，崇禎就是因為這些人的道德瑕疵，「所以把天下失了。」北京郊外明思陵的碑文上也刻有類似的看法。碑上說皇帝「身殉社稷」，而左右盡是「失德亡國者」。[1] 無論是打算把失敗者掃到一邊的人，還是覺得自己無力回天的人，「失德」都是很方便的說法。清初，許多仍忠於明朝的人欣然接受了這套見解，高調表示內疚，抓住任何一絲能解釋自己為何沒有為效忠過的朝代殉死的道德抗辯——用這種做法贏得新主子的寬恕。

天啟與崇禎兩朝確實有判斷失誤，否認失誤的影響也無濟於事。假如朝政是由有能的官員主導，而不是追求派系與個人利益者來把持，某些財政與軍事危機說不定不至於發生。但是，從地方史料透露出來的民間疾苦，讓我們曉得應該往另一個方向去解釋苦難的原因——不是用絕對的道德標準去衡量個人行動，而是以崇禎年間的絕望為脈絡來探討這些人的行為。前幾個泥淖期的官員發現彼此面臨類似的難題：一旦歉收，市場上與官倉中就沒有糧食，糧價應聲上漲。但最後一段泥淖期的規模，卻是前人所無從想像的。有些泥淖期以政治災難告終，例如景泰皇帝在一四五九年冬天遭遇的政變，但大部分的泥淖期則是煙消雲散，重回以往的結構之中。崇禎泥淖期的特徵在於糧價上漲到破天荒的程度，與此同時在大明北疆還有一支組織精良的軍隊，出於自己的糧食短缺問題而虎視眈眈，伺機要發動攻擊。考慮這種種狀況，把明朝的覆亡怪到崇禎手下官員的道德缺陷，未免也太不切實際。朝中上下確實有許多官員貪贓枉法，只為個人利益與安穩而犧牲百姓的福祉，但大多數人這麼做的時候，面對的同樣是當時人自己都無法想像的局面。

把本書提到的史事置於小冰期脈絡中，就能突顯明代人及其政權在十五至十七世紀時是處於什麼樣的氣候舞臺上。太陽能與人類需求的關係，是透過糧價調節的。從景泰年間到崇禎年間，糧價在五次環境泥淖其中激增，每一次都把價格多往上推一截，這樣的事實也說服我必須採用氣候史的大框架。我們不該忽略的是，中國人與自然之間的關係，可說是左右他們在這幾世紀間歷史經驗的關鍵。一旦經濟體仰賴太陽輻射為能源來源，那麼無論大自然是幽而不顯還是顯而易見，都必然是社會或國家生命力的決定因素。再次借用布勞岱爾的用詞「可能性的限度」，而這一限度是由大自然決定的。限度不見得是絕對的：綜觀歷史，人們經常出手干預，塑造環境條件以符合自身所需。人們為了因應自然而採取的行動有很多，像是建設基礎設施（如灌溉與排水系統）、育種（早熟稻）、建立制度（設置糧倉與糧食市場）、開發新科技（如水泵），以及控制生育率以限制人口成長，減輕糧食供給壓力。[2]

明代的物價紀錄，如何幫助我們評斷明代人這些應對人類世的策略好壞呢？問得更尖銳一點，明朝人在因應氣候變化時的表現是否不如預期？這個問題其實隱藏了一種預設立場，以為人的應變能力，可以不受當初激發出這種能力的那個「變」所影響。我要挑戰這種預設立場，藉此來回答這個問題。首先，雖然長期與短期的氣候擾動（前者是氣候變遷，後者是天氣變化）的關聯密切，特意區分的話恐將掩蓋彼此的關聯，但我們仍然必須加以區別。氣候史家用「小冰期」的概念來勾勒一段人類歷史的長期趨勢，最初是以歐洲的紀錄為基礎，但現在用亞洲的氣候指標也能清楚揭示這種趨勢的存在。歷史研究顯示，整段小冰河期間經常發生人為干預，旨在改變自身所處的環境狀態，明朝人也不例外。前一段提到的五種干預方式（基礎設施、基因育種、制度、科技與人口管理），中國人可以說每一種都運用自如，展現了回應環境壓力時的韌性。這些創新並非一蹴而就，也不見得總能在動盪幅度遠甚以往時做出彌補，但中國人確實發展出了自己的適應之道。

然而，短期擾動對人類卻有著截然不同的衝擊。長期擾動會迫使人類調整既有習慣以適應新的情勢，但短期災難——尤其是突然發生的強烈災難，反而無法催出適應力，而是摧垮適應力。至少我是這樣詮釋自己從景泰至崇禎年間找到的價格飆升，因為這時的糧價已經遠遠超越人們以往的經驗。我蒐集災荒價格時，史料來源幾乎都沒提到如何適應。文獻大多數時候只提到天災導致大規模饑荒，人人束手無策。

要說韌性與否的話，明朝人的韌性其實是沿著另一條更長期的時間線發展。我們已經看到一些有關缺糧因應能力的史料，也正因為明代人有這樣的適應力，缺糧才不至於演變成饑荒。以一五九五年河南大饑為例，當時萬曆皇帝與鄭貴妃直接出手干預。當糧價漲到每石五兩時，負責賑災的官員便利用這個價格，鼓勵民間糧商把駁船裝滿，派往災區。官倉想必曾一度有能力供應所需的糧食，畢竟明太祖曾命人在全國各地蓋糧倉。但維護糧倉狀態與儲存穀物的成本不容小覷，而這也增加了維持糧倉營運的挑戰。中央政府不願意採取必要措施阻止頹勢，逐漸在十五世紀時放手讓情況惡化，到了一五二七年更是把存糧量降到不足以因應嚴重生存危機的程度。[3]第一線官員很清楚自己所面對的挑戰。一五九四年之所以能免於饑荒，不是因為某種抽象的市場干預，而是因為負責的官員曉得自己無法取得足以因應急難的官糧，只有往市場找，才能找到所需的糧食。

萬曆與崇禎泥淖期的差異，並不在於結合國家與民間商業力量的知識是否失傳，或者官員不再採取創新手法因應危機。最核心的差別在於規模。一六三〇年代晚期的乾冷氣候，對糧食生產帶來持久的影響，遠遠超過以往氣候變遷衝擊的程度。此時到處都生不出糧食，無論是政府還是市場都無法彌補糧食供給的不足。崇禎末年的軍事亂象無疑導致國防與交通體系崩潰，缺糧的衝擊因此更形嚴重，但如果收成沒那麼差的話，衝擊的程度說不定不會那麼大，可惜天不從人願。書寫最後兩章時，我決定從原本側重的「小冰期在明代兩百年來的長期影響」中抽離出來，轉而強調崇禎年間的事件，突顯一六三〇年代與一六四〇年代全球危機帶來的短期衝擊——此時的氣候擾動削弱了明朝政權的生存能力。我們與其細數加劇危機的人為失誤，不如先從氣候著手，才能更貼近崩潰的實際情況。

明代人生活在長期的寒冷階段，也設法加以調適。即便我們把分析尺度從長期轉為短期，也不該因此忽略或遺漏這種長時間寒冷所造成的影響，或是低估當時人減緩這類影響的能耐。我想要強調的是，無論明代人在小冰期拉低年度農作循環溫度下限時曾經展現出何等韌性，一旦這個溫度下限在一六三八年至一六四四年間明顯崩潰時，他們再有韌性也不足以應付。換作是不同的統治政權，中國能否經受得起那幾年的環境災害呢？思考這種「假如」也許有其啟發，但「假如」畢竟不是事實。如果環境決定論的幽靈就在門外徘徊，我也不會在分析時將其拒於門外。當崇禎泥淖期降臨時，並非人人都束手就擒，許多人都卯足全勁盡力應對。但就像我們直到最近才注意到環境壓力有多嚴重一樣，當年的人們也被環境壓力的規模給壓得喘不過氣來。

我最後會引一段來自陝西省南端的心聲，為本書畫下句點。這位流露真情的仁兄，可能是奉派到當地為官之人。我們不知道他的身分，但他的話語以碑文的形式留傳下來。石碑原本立於華州城南三公里開外一座寺廟外牆的牆角。華州位於古都西安的東邊，屬渭河流域，剛好就在渭河注入黃河的附近。第二次世界大戰期間，石碑在當地人與占領軍日軍作戰時被人推倒。戰後石碑也沒有回歸原地，因為有人靈機一動，拿它來頂住塌掉的井沿。比起修好一口井來用，歷史文物又算得了什麼呢？過了十多年，考古學家才發現這塊碑，從井沿移開，安放在陝西省博物館，直至今天。

碑文的標題是〈感時傷悲記〉。[4]作者的名字放在文末，但石碑有一角已經被人敲掉，可能是戰爭期間的事。幸好關於這塊碑最重要的一點，也就是立碑時間仍然依稀可辨——那是一六四三年，明朝滅亡的前一年。碑記開頭講的是那些年間災荒的艱難經歷。接下來作者話鋒一轉，跟陳其德一樣，用物價來描繪經歷之極端。他先用一首五言絕句惹人熱淚，再用他蒐集到最駭人的資料，也就是物價清單，來呈現一六四三年的情況究竟有多麼恐怖。

稻米粟米每斗二兩三錢
小麥一斗二兩一錢
大麥一斗一兩四錢
蕎麥一斗九錢
莞豆一斗一兩八錢
麩子一斗五錢
穀糠一斗一錢

碑記作者提到，以前饑荒有可能導致斗米價格漲到三錢（十六世紀中葉以前罕有），甚至七錢（一六四三年以前只有十五個年頭出現這種價格，而且並無規律）。對於一六四三年生活在渭河流域的人來說，這種價格已是陳年歷史。價格代表的往昔已經不再，眼前的價格令人難以置信，未來的價格則無從想像。這些人絲毫不曉得清兵入關或蒙德極小期，更不會明白新一段中國歷史即將展開，而且是以他們為代價。

附錄 A　單位換算

單位		公制換算	英制換算
貨幣			
兩		37.3 公克（銀）	1.3 盎司
錢		3.73 公克（銀）	
分		0.373 公克（銀）	
文			
容積			
石		107.4 公升	23.6 加侖
斗		10.74 公升	2.36 加侖
升		1.07 公升	0.94 夸脫
重量			
擔		59.68 公斤	133.3 磅
斤		596.8 公克	1.33 磅
兩		37.3 公克	1.3 盎司
長度			
寸		3.2 公分	1.2 英吋
尺		32 公分	1.26 英呎
丈		3.2 公尺	3.5 碼
疋／匹	32 尺（洪武年間）	10.24 公尺	11.20 碼
	37 尺（嘉靖年間）	11.84 公尺	12.95 碼
	42 尺（萬曆年間）	13.44 公尺	14.70 碼
面積			
畝		0.066 公畝	0.165 畝

表 1.1 單位換算

資料來源：Boxer, *Great Ship from Amacon*, 181;《松江府志》（1630 年），15.3a–b; Schäfer and Kuhn, *Weaving an Economic Pattern*, 29, 38; 吳承洛，《中國度量衡史》，54、58、60。

附錄 B　明朝皇帝年表（1368-1644）

	皇帝名	年號	統治期間
1.	朱元璋	洪武	1368-1398
2.	朱允炆	建文	1399-1402
3.	朱棣	永樂	1403-1424
4.	朱高熾	洪熙	1425
5.	朱瞻基	宣德	1426-1435
6.	朱祁鎮	正統	1436-1449
7.	朱祁鈺	景泰	1450-1456
8.	朱祁鎮	天順	1457-1464
9.	朱見深	成化	1465-1487
10.	朱祐樘	弘治	1488-1505
11.	朱厚照	正德	1506-1521
12.	朱厚熜	嘉靖	1522-1566
13.	朱載坖	隆慶	1567-1572
14.	朱翊鈞	萬曆	1573-1620
15.	朱常洛	泰昌	1620
16.	朱由校	天啟	1621-1627
17.	朱由檢	崇禎	1628-1644

大類	細項	數量	單位	銀兩價	單價	年分
		1,000		11	0.011	1600
		700		10.4	0.015	1601
		1,700		19	0.011	1603
灰		4	房	12	3	1598
		4		15	3.33	1599
		4		15	3.33	1600
		4		12	3	1601
		3		10	3.33	1602
		2		6	3	1603
米		60	石	36	0.6	1593
		16		11	0.687	1598
		71		50	0.704	1599
		10		6	0.6	1600
		14		7.7	0.55	1601
		20		15	0.75	1602
		2		1.5	0.75	1604
蒲包		1,220	個	3	0.0025	1600
		1,800		4.5	0.0025	1603
		2,200		5	0.0023	1604
「布頭」		175	斤	17.5	0.1	1597
		500		50	0.1	1598
		190		19	0.1	1599
		514		50	0.097	1600
		530		52	0.098	1601
		19		2.2	0.116	1603
		32		3.8	0.119	1604
「希皮」		2,400	個	4	0.00167	1598
		2,800		4.7	0.00168	1600
		1,400		2	0.00143	1601
		1,700		2.7	0.00159	1602
		1,550		2.63	0.0017	1603

資料來源：《程氏染店查算帳簿》，頁 8、9、11、19、20、28、29、36、44、54、55、65、71、77、78。

大類	細項	數量	單位	銀兩價	單價	年分
		625		95.6	0.153	1598
		678		99.5	0.147	1599
		583		90	0.154	1600
		682		102.84	0.151	1601
		585		86.6	0.148	1602
		452		72	0.159	1603
		592		94.7	0.16	1604
	葛布	450	疋	67.5	0.15	1593
		181		28	0.155	1597
		339		51	0.15	1598
		238		35.7	0.15	1599
		130		19.5	0.15	1600
		200		32	0.16	1601
		37		5.7	0.154	1602
		71		10.6	0.149	1603
		110		18	0.164	1604
	客染布	91	疋	5	0.055	1598
		60		3.5	0.058	1599
		57		3.7	0.065	1600
		50		3	0.06	1601
		71		3.5	0.049	1603
		121		6.5	0.054	1604
	私染書布	11	疋	2.2	0.2	1600
		7		1.4	0.2	1601
糟		200	埕	25	0.125	1594
		220		22	0.1	1598
		214		21	0.098	1599
		230		23	0.1	1600
		190		18	0.095	1601
		155		15.5	0.1	1602
		153		15.3	0.1	1603
柴		700	斤	10	0.014	1598
		750		10	0.013	1599

表 5.4 程氏染店查算帳簿部分材料價格，1593 年至 1604 年

大類	細項	數量	單位	銀兩價	單價	年分
靛藍	土靛	10,000		100	0.01	1594
		16,300		160	0.01	1597
		2,000		14.4	0.0072	1598
	日張靛	39,900		610.4	0.0153	1597
		38,200		687.6	0.018	1598
		30,750		399.7	0.013	1600
		34,100		405.7	0.0119	1601
	園靛	7,200		93.6	0.013	1600
		12,000		131	0.0109	1601
		5,000		55	0.011	1603
布料	青布	13,800		3,030	0.22	1593
		12,500		2,680	0.215	1594
		2,928		670.7	0.229	1597
		164		32.1	0.196	1597
		8,057		1798	0.223	1598
		14,219		3,185.5	0.224	1599
		10,138		2,228	0.222	1600
		4,002		875.9	0.219	1601
		8,214		1,800	0.219	1602
		6,770		1,538	0.227	1603
		7,833		1,793.7	0.229	1604
	白布	4,168		625	0.15	1594
		5,073		811.7	0.16	1597
		680		98.2	0.144	1597
		12,172		1,862.3	0.153	1598
		7,296		1,079.8	0.148	1599
		5,100		790	0.155	1600
		8,209		1,238	0.151	1601
		9,464		1,701	0.18	1602
		10,016		1,596.7	0.159	1603
		10,885		1,720	0.158	1604
	缸上白布	387	疋	58	0.15	1594

鐵	斤	0.0125	40	0.048	96	140
木板	五尺	0.05	160	0.2	400	150
笠	頂	0.0125	40	0.05	100	150
墨	斤	0.1	320	0.3	600	188
鐵索	條	0.0125	40	0.06	120	200
磚	百箇	0.2	640	1.055	2,110	230
蘇木	斤	0.0375	120	0.24	480	300
手本紙	百張	0.0875	280	0.6	1,200	329
木柴	斤	0.001	3	0.007	14	367
兔	隻	0.05	160	0.375	750	369
木	丈	0.075	240	0.6	1,200	400
各色大箋紙	百張	0.25	800	2	4,000	400
錦	尺	0.1	320	0.8	1,600	400
中夾紙	百張	0.125	400	1.5	3,000	650

資料來源：《大明會典》，179.2a-13b；沈榜《宛署雜記》，頁 121、129-41、145-48、151、170。

銅	斤	0.05	160	0.07	140	−13
麤綿布	疋	0.125	400	0.18	360	−10
米	石	0.0312	100	0.05	100	0
小麥	石	0.025	80	0.04	80	0
大鐵鍋	口	0.1	320	0.17	340	6
大麥	石	0.013	40	0.025	50	25
桃梨	百箇	0.025	80	0.05	100	25
筆	隻	0.0025	8	0.005	10	25
小刀	把	0.025	80	0.05	100	25
榜紙	百張	0.5	1,600	1	2,000	25
錫	斤	0.05	160	0.1	200	25
鹽	斤	0.0031	10	0.0067	13	30
黄黑綠豌豆	石	0.0225	72	0.05	100	39
竹筯	雙	0.0062	20	0.015	30	50
杏	百箇	0.0125	40	0.03	60	50
香油	斤	0.0125	40	0.03	60	50
蜂蜜沙糖	斤	0.0125	40	0.032	64	60
黄牛	隻	3.125	10,000	8	16,000	60
大屏風	箇	0.3	960	0.8	1600	67
硃砂	兩	0.05	160	0.15	300	88
茶	斤	0.0125	40	0.04	80	100
酒醋	瓶	0.0125	40	0.04	80	100
葡萄	斤	0.0125	40	0.04	80	100
蘆席	領	0.0125	40	0.04	80	100
硫黄	斤	0.0125	40	0.04	80	100
大木桶	隻	0.0625	200	0.2	400	100
卓	張	0.125	400	0.4	800	100
鼓	面	0.0625	200	0.2	400	100
灰炭	斤	0.0012	4	0.004	8	100
奏本紙	百張	0.2	640	0.7	1,400	119
花椒	斤	0.0125	40	0.048	96	140

表 5.3 一三六八年至一五九〇年間實際價格的改變

品項	單位	1368 年價格		1590 年價格		價格指數變化百分比
		換算為銀兩	以斗米價為基數之指數	以銀兩計的價格	以斗米價為基數之指數	
胡椒	斤	0.1	320	0.007	14	−96
小絹	疋	0.25	800	0.026	52	−94
麤苧布	疋	0.275	880	0.1	200	−77
鵝	隻	0.1	320	0.05	100	−69
椶草帽	頂	0.1	320	0.05	100	−69
斗	量	0.025	80	0.015	30	−63
鴨	隻	0.05	160	0.03	60	−63
黑鉛	斤	0.0375	120	0.025	50	−58
葛布	疋	0.25	800	0.18	360	−55
凳	條	0.05	160	0.04	80	−50
烏木筋	雙	0.005	16	0.004	8	−50
核桃榛子	斤	0.0125	40	0.01	20	−50
棗栗	斤	0.0125	40	0.01	20	−50
雞野雞	隻	0.0375	120	0.0034	68	−43
犬	隻	0.125	400	0.12	240	−40
氈叚	叚	0.6	2,000	0.6	1,200	−40
交椅	把	0.3	960	0.3	600	−38
銀	兩	1	3,200	1	2,000	−38
麻布	疋	0.1	320	0.105	210	-34
金	兩	5	16,000	5.4	10,800	−33
紗	疋	1	3,200	1.1	2,200	−31
肉	斤	0.0125	40	0.015	30	−25
魚鱉蝦蟹	斤	0.0125	40	0.015	30	−25
菱芡	斤	0.0125	40	0.015	30	−25
鐵鋤	把	0.025	80	0.03	60	−25
麵	斤	0.0062	20	0.008	16	−20

表 5.2 1368 年與 1562 年部分價格變化百分比

品項	單位	《會典》估價，1368 年	嚴嵩家財抄沒估價，1562 年	海瑞估價，1562 年	1368 年至 1562 年價格變化率（百分比）
綾	疋	1.5	1.2		-40
交椅	張	0.3	0.2		-33
白蠟	斤	0.125	0.11		-12
交椅	張	0.3		0.3	0
鐵鍋	口	0.1		0.1	0
小刀	把	0.025		0.03	0
桌	張	0.125		0.15	20
錫	斤	0.05	0.06		20
熟銅	斤	0.05	0.076		52
杌	條	0.025	0.05		100
桌	張	0.125	0.25		100
女轎	乘	1	2		100
紗	疋	1	2		100
包頭	方	0.0125	0.03		140

資料來源：《大明會典》，179.2a-13b；《天水冰山錄》，頁 157-64；《海瑞集》，頁 129-30。

表 5.1 1368 年與 1451 年價格表部分價格變化百分比

品項	單位	1368 年估價（鈔價，文）	1451 年關稅（鈔價，文）	1451 年價格（關稅 ×16.7）	1368 年至 1451 年價格變化率
黑鉛	斤	3,000	100	1,670	-44
中夾紙	百張	10,000	340	5,678	-43
氈帽	個	4,000	170	2,839	-29
大碌	斤	30,000	670	22,378	-25
綾	疋	120,000	6,700	111,900	-7
白蠟	斤	10,000	670	11,190	11
胡椒	斤	8,000	670	11,190	39
紗	疋	80,000	6,700	111,900	39
錫	斤	4,000	340	5,678	42
鐵	斤	1,000	100	1,670	67
蒲席	張	1,000	100	1,670	67
三梭布	疋	40,000	4,000	66,800	67
楊梅	斤	1,000	100	1,670	67
鐵鍋	口	8,000	1,000	16,700	109
牛皮	張	24,000	4,000	66,800	178
生熟銅	斤	4,000	670	11,190	180
鹿皮	張	20,000	3,400	56,780	184

資料來源：《大明會典》35.40a-43a、179.2a-13b

表 3.3 薩里斯記錄的部分境外交易價格與中國國內價格比較

	境外交易價格				中國國內價格			
	單位	萬丹	婆羅洲	日本	價格	地點	年代	出處
		1608 年	1608 年	1614 年				
紡織品								
緞	尺	0.168		0.34	0.035	南京	1606	JFZ 49.74a
黃綾	尺	0.126	0.056		0.04	北京	1572	SB 136
素綾紗	尺			0.224	0.121	松江	1630	SF 15.5a
絨	尺	0.232	0.14	0.442				
生絲	擔	0.593	0.593	0.433				
食材								
茇	斤			0.04	0.012	廣州	1600	CRB 180
沙糖	斤	0.03		0.05	0.032	北京	1590	SB 122
蜂蜜	斤			0.6	0.032	北京	1590	SB 122
胡椒	斤	0.038		0.1	0.065	漳州	1608	PHP 516
染料與香料								
蘇木	斤			0.26	0.1	北京	1590	SB 133
麝香	斤	16.3	5.19	15	8	廣州	1600	CRB 180
金屬								
鉛	斤	0.044		0.088	0.033	杭州	1604	LHL 6.66b
鐵	斤	0.044		0.04	0.048	北京	1590	SB 122
銅	斤			0.1	0.07	廣州	1600	CRB 184
汞	斤			0.4	0.4	廣州	1600	CRB 180
錫	擔		0.111	0.35				
其他原物料								
燭	斤		0.111	0.25	0.15	北京	1590	SB 129
檀香	斤		0.296	0.1	0.4		1620	YMZ 161
銀硃	斤			0.6	0.4	北京	1590	SB 127
牛黃	兩		3.7		6	北京	1590	SB 151

薩里斯價格出處：Purchas, *Purchas His Pilgrimes*, 3:506–18; Saris, *Voyage of John Saris*, 204–6.

表 3.2 馬尼拉部分商品物價與中國國內價之比較，約 1575 年

	馬尼拉價格		中國國內價格			
	單位	價格	價格	地點	年代	資料來源
食物						
白麵	兩	0.01	0.012	北京	1590	SB 151
胡椒	斤	0.05	0.065	漳州	1608	PHP 516
糖	兩	0.014	0.03	北京	1590	SB 122
動物						
小牛	隻	1.46	2	上海	1596	PYD 299
正牛	隻	2	8	北京	1590	SB 132
鞋類						
鞋	雙	0.05	0.045	廣州	1556	CSC 124
藍緞鞋	雙	0.3	0.36	廣州	1556	CSC 124
絲綢						
撚絲	兩	0.115	0.08	廣州	1600	CRB 179
絲	兩	0.64	0.32	吳江	1561	*WX* 1561
陶瓷器						
磁湯碗	個	0.01	0.01	北京	1577	SB 141
磁飯碗	個	0.008	0.005	北京	1577	SB 141
磁湯碗	個	0.0163	0.01	北京	1577	SB 141
醜磁	個	0.011	0.005	上海	1628	YMZ 164
花碟	個	0.0167	0.007	北京	1577	SB 141
磁器	個	0.0167	0.005	淳安	1562	HR 131
傢俱						
春櫃	個	1.3	1.2	北京	1590	SB 135
櫃	個	0.7	0.6	北京	1590	SB 135
紅油卓	張	0.4	0.3	北京	1590	SB 132
桌	張	0.4	0.25	江西	1562	TS 162
官桌	張	0.4	0.25	淳安	1562	HR 129
案卓／條卓	張	0.8	0.4	北京	1590	SB 148
椅	張	0.4	0.2	江西	1562	TS 162
中牀	張	1.6	0.8	淳安	1562	HR 129
墨						
寫榜墨	笏	0.015	0.01	淳安	1562	HR 83
人						
「黑奴」	名	0.2	1	上海	1593	PYD 290

註：馬尼拉物價取自 Archivo General de Indias (ES.41091.AGI/16/Contaduria 1195)。

表 3.1 英國東印度公司年度自亞洲進口歐洲之品項，約 1620 年

品項	歐洲消費量（磅）	阿勒坡購買成本		亞洲購買成本		倫敦售價（對亞洲貿易前）		倫敦售價（對亞洲貿易後）	
		單價（先令）	總價（英鎊）	單價（先令）	總價（英鎊）	單價（先令）	總價（英鎊）	單價（先令）	總價（英鎊）
胡椒	6,000,000	2	600,000	0/2½	62,500	3/6	70,000	1/8	33,333
丁香	450,000	4/9	160,875/10	0/9	16,875	8	16,000	0/6	12,000
荳蔻皮	150,000	4/9	333,626	0/8	5,000	9	9,000	6	6,000
肉豆蔻	400,000	2/4	6666/13/4	0/4	6666/13/4	4/6	36,000	2/6	20,000
靛藍	350,000	4/4	75,833/6/8	1/2	20,416/12/4	7	54,500	5	37,000
波斯絲綢	1,000,000	12	600,000	0/8	400,000				
總價（英鎊）			1,456,001/10		511,458/5/8		183,500		108,333/6/8
銀（公斤）			175,800		61,375		22,020		13,000
兩			4,713,142		1,645,442		590,349		348,525

註：12 便士 =1 先令 (s)；20 先令 =1 英鎊（£）。

資料來源：Mun, *Discourse of Trade*, 268–69, 291–92.

水缸	0.04	2	1	1
廚桌	0.05	1	1	1
銅勺	0.05	1	1	1
火	0.05	1	1	0
蒸籠	0.06	1	1	0
焙籠	0.06	1	1	0
竹椅	0.06	6	4	0
水桶	0.08	1	1	1
鍋	0.1	3	1	2
火盆	0.1	1	1	0
小計（兩）		1.58	1.085	0.535
錫器				
盆		1	1	1
酒壺		1	1	1
燭臺		2	1	1
鏇		1	1	1
茶壺		1	1	1
硯匣		1	1	1
夜壺		1	1	1
重量（斤）		26.375	18.675	14.375
整副價值（兩）		1.85	1.3	1
磁器				
茶鍾		12	12	12
大白盤		10	10	10
湯碗		10	10	10
酒盞		10	10	10
白碟器		60	60	60
整副價值（兩）		0.5	0.5	0.5
錫瓷器小計（兩）		2.35	1.8	1.5
總計（兩）		15.44	11.635	8.965

資料來源：海瑞，《海瑞集》，頁129-35。

硯匣	0.07	0	1	1
硯匣	0.08	1	0	0
茶架	0.08	2	1	1
花面架	0.08	1	1	0
淨桶	0.1	1	1	1
腳桶	0.1	1	1	1
坐桶	0.12	1	1	1
浴桶	0.15	1	1	1
方爐	0.16	1	1	0
花衣架	0.16	1	1	0
執事架	0.5	1	0	0
小計（兩）		1.93	1.21	0.73
廚具與清潔用具				
刷箒	0.0025	4	1	0
苕箒	0.005	2	1	1
掃箒	0.005	2	1	0
鉢頭	0.005	2	1	0
糞箕	0.005	2	1	0
笊籬	0.005	1	1	0
火筯	0.01	1	1	0
鍋擀	0.01	1	1	0
挽桶	0.01	1	1	0
木燭臺	0.015	2	1	0
鍋蓋	0.015	3	1	2
木筯	0.015	2	1	0
茶匙	0.02	2	1	1
斧頭	0.03	1	1	1
廚刀	0.03	2	1	1
擂盆	0.03	1	1	0
飯甑	0.04	0	0	0
淘米桶	0.04	1	1	0

表 2.1：1562 年浙江官員家伙公告價

	單價	家伙配額		
		尹	二尹	少尹
傢俱				
牀笆	0.01	4	8	2
轎凳	0.02	2	1	0
小牀	0.04	2	2	2
床板	0.06	3	2	2
四柱牀	0.08	2	2	0
日傘	0.1	1	1	1
雨傘	0.13	1	1	1
案桌	0.15	1	1	1
官桌	0.25	6	4	4
交椅	0.25	0	0	4
交椅	0.275	0	4	0
交椅	0.3	6	0	0
涼牀	0.5	1	1	1
中牀	0.8	1	0	1
小桌幃	0.8	1	1	1
涼傘	1.5	1	1	1
暖牀	1.8	1	1	0
小計（兩）		9.58	7.54	6.2
日用品				
腳火凳	0.01	2	1	1
摺尺	0.015	2	0	0
粗凳	0.02	2	1	0
粗面架	0.02	1	1	1
粗衣架	0.03	1	1	1
桶盤	0.04	2	0	0
靴架	0.05	1	1	1
木魚並架	0.06	1	1	0

附錄C 參照表

製表文獻縮寫

CRB	Boxer, *The Great Ship from Amacon*
CSC	Boxer, *South China in the Sixteenth Century*
DP	Pantoja, *Advis du Reverend Père Iaques Pantoie de la Compagnie de Jésus*
HB	吳鋼，《華山碑石》
HR	海瑞，〈興革條例〉，《海瑞集》，上冊，頁38-145
IS	井上進，《中國出版文化史》
JFZ	葛寅亮，《金陵梵剎志》
LHL	范淶，《兩浙海防類考續編》
LW	張岱，《瑯嬛文集》
PHP	Purchas, *Purchas His Pilgrimes*, vol. 3
PYD	潘允端，《玉華堂日記》，轉引自張安奇〈明稿本《玉華堂日記》中的經濟史資料〉
SB	沈榜，《宛署雜記》
SC	沈津，〈明代坊刻圖書之流通與價格〉
SF	《松江府志》（一六三〇年）
TS	《天水冰山錄》，收入《明武宗外紀》
WSQ	王士翹，《西關志》
WSX	《吳尚賢分家簿》，轉引自巫仁恕，《優游坊廂》，333
WX	《吳江縣志》（一五六一年）
YMZ	葉夢珠，《閱世編》

圖表目次

表

圖

20 其他的研究多以時代較晚的物價為基準，去建構十七世紀的物價曲線，例如全漢昇，《明清經濟史研究》，頁165；Y. Wang, "Secular Trends of Rice Prices in the Yangtze Delta," 39–40; 岸本美緒，《清代中國の物價と經濟變動》，頁112–16; von Glahn, "Money Use in China and Changing Patterns of Global Trade in Monetary Metals," 191–92.

21 關於松江紡織品價格的崩潰，見葉夢珠，《閱世編》，頁157–58。

22 Parker, *Global Crisis*, ch. 5.

23 Le Roy Ladurie, *Histoire humaine et comparée du climat*, 100.

24 例如Liu Jian et al., "Simulated and Reconstructed Winter Temperatures," 2875.

25 《揚州府志》，(1733)。

26 Y. Wang, "Secular Trend of Prices during the Ch'ing Period," 362. Davis, *Late Victorian Holocaust*以全球角度探討這次危機。

後記　氣候與歷史

1 《多爾袞攝政日記》，3a，順治二年六月二十九日；轉引自Brook, *Troubled Empire*, 240.

2 例如二十世紀灌溉技術的演變，讓農業穩定度有了深遠的改變；Kueh, *Agricultural Instability in China*, 257–58.

3 Brook, *Confusions of Pleasure*, 103–4.

4 李子春，〈明末一件有關物價的史料〉。

第五章　崇禎年間的物價飆漲

1 Munro, "Money, Prices, Wages, and 'Profit Inflation,'" 17–18.

2 我這一段是概述 *The Great Wave*, 237–39 作的結論。

3 Munro, review of Fischer, *The Great Wave*.

4 葉夢珠，《閱世編》，頁 15。

5 一三七三年左右，計贓方式修改，一貫的價值下修為四百文，讓比較變得更加複雜；Farmer, *Zhu Yuanzhang and Early Ming Legislation*, 186. 不過，我沒有找到證據能證明前述的修改有套用在一四五一年的清單上。

6 《天水冰山錄》有好幾個現代重印本，但沒有重大修改。我依據的是一九五一年收錄在《明武宗外紀》（毛奇齡編，一九八二年重印）的版本；價格列在頁 157–64、170。關於《天水冰山錄》的評價，見 Dardess, *Four Seasons*, 215; Clunas, *Superfluous Things*, 46–49; 以及巫仁恕，《品味奢華》，頁 233–37。

7 岸本美緒，《清代中國の物價と經濟變動》，頁 220–27 也能佐證。
李德甫也有類似的論點，認為十六世紀人口成長，通貨溫和緊縮；《明代人口與經濟發展》，頁 89–101。

8 海瑞，《海瑞集》，頁 42。

9 《程氏染店查算帳簿》，1594–1604。重印收入《徽州千年契約文書》。

10 李貴民，〈明清時期藍靛業研究〉，150。李貴民在頁 144–50 對帳簿的討論焦點是資本的形成，而非物價。

11 葉夢珠，《閱世編》，頁 159。這本著作始終沒有付梓，直到上海一家出版社得到松江圖書館的抄本，於一九三四年出版為止。自一九七〇年代以來，《閱世編》一直是物價史家的愛書。

12 葉夢珠，《閱世編》，頁 153。

13 《上海縣志》的編纂把一六四二年銅錢價格崩跌歸咎於私鑄劣幣；《上海縣志》(1882)，卷 30，頁 9b。再往前，一五九九年的蘇州還有一次銅銀兌換率的崩潰，要三千文才能換一兩；《吳縣志》(1642)，卷 2，頁 30b–31a。

14 Atwell, "International Bullion Flows and the Chinese Economy," 88. Von Glahn, "Changing Significance of Latin American Silver in the Chinese Economy," 558–61 挑戰了這種詮釋，而且立論紮實。

15 葉夢珠，《閱世編》，頁 14–15。

16 葉夢珠，《閱世編》，頁 15。

17 葉夢珠，《閱世編》，頁 153–61。

18 葉夢珠，《閱世編》，頁 153–54。

19 Von Glahn, *Fountain of Fortune*, 215–16.

The Reconstruction of Climate in China for Historical Times, 98, 107主張有一段由寒冷與溫暖的「時期」構成的整體模式，並假設有一個經常性、週期性的乾旱階段，但這與我的發現並不一致，而我的數據也不支持這個假設。根據葛全勝的研究，這段時期的年度氣溫下降了約1°C，而夏季氣溫則下降2°C；Ge Quansheng et al., "Coherence of Climatic Reconstruction," 1014.

53 中央氣象局根據一四七〇年以來的地方志記錄所整理出的年降雨地圖，也能證明這項發現；中央氣象局氣象科學研究院，《中國近五百年旱澇分布圖》。

54 這個概況跟歐洲的情況高度相關；見見Alexandre, *Le climat en Europe*, 776–82.

55 《紹興府志》(1586)，卷13，頁32b。

56 張廷玉編，《明史》，頁485。

57 關於降水與聖嬰—南方震盪（ENSO）的關聯，見Brook, "Nine Sloughs," 43–45.

58 Dunstan, "Late Ming Epidemics," 8–18對這場饑荒有全面的研究。

59 《明神宗實錄》，卷197，頁3a、11a。

60 Le Roy Ladurie, *Histoire humaine et comparée du climat*, 225–37.

61 Marks, *China: Its Environment and History*, 188把一六一四年標定為華南氣候的轉捩點。

62 《明神宗實錄》，卷538，頁2b；卷539，卷9b；卷540，頁7b；卷542，頁2b。

63 顧起元，《客座贅語》，卷1，頁30b；吳應箕，《留都見聞錄》，卷2，頁13b。

64 Bauernfeind and Woitek, "Influence of Climatic Change," 307, 320.

65 想把局部大規模趨勢等同於全球氣候並不容易，見Brook, "Differential Effects of Global and Local Climate Data."

66 《松江府志》(1818)，卷80，頁18b。

67 Zheng et al., "How Climate Change Impacted the Collapse of the Ming Dynasty"探討崇禎年間的乾旱。H. Cheng et al., "Comment on 'On Linking Climate to Chinese Dynastic Change'"支持氣候異常加速明亡的論點。

68 《松江府志》(1818)，卷80，頁18b–20a。

69 Xiao et al., "Famine, Migration and War"大筆一揮，試圖把氣候對於這段時間人為災難的影響化為模型。

70 《內邱縣志》(1832)，卷3，頁44b–45b。

71 Parker, *Global Crisis*, 3–8 passim.

72 Siebert et al., *Volcanoes of the World*, 244–45, 324. 並見Atwell, "Volcanism and Short-Term Climate Change," 62–70.

《地方志災異資料叢刊》為題發表，希望能完整匯集中國歷史上的災異資料。

39 Brook, "Spread of Rice Cultivation," 660，這種做法是根據卜凱（John Lossing Buck）的分析。卜凱的區分方式，是華北種高粱、冬麥，華中與華南種稻米。明代華北主要糧食作物是小米，而非高粱，但卜凱畫出的分界線仍然適用。

40 我是以王德毅編，《中華民國臺灣地區公藏方志目錄》，頁1–98、101–239的各省地方志總數來進行，僅按照明代省界做調整。

41 關於各省人口，見李德甫，《明代人口與經濟發展》，頁127；他的材料是以一五七八年人口調查的官方數據為本（但官方數據不算非常可靠）。關於一五七八年的調查，見梁方仲，《中國歷代戶口、田地、田賦統計》，頁341。

42 C. Dyer, *Standards of Living in the Later Middle Ages*, 264. 關於華南氣候與糧價的關係，見Marks, "'It Never Used to Snow.'"

43 第一部運用官史與清代類書《古今圖書集成》全面研究氣候災難的著作，是陳高傭，《中國歷代天災人禍表》。佐藤武敏在《中国災害史年表》當中，則是加入了本紀中的資料。宋正海在氏著《中國古代自然災異相關性年表總匯》也是用官史，加上實錄與地方志中的資料。

44 宋濂，《元史》，頁1053。

45 主持修史的史家非常重視要留下有歷史重要性的紀錄，他們對氣候擾動的報告也因此具備了一致性。部分讀者（例如十九世紀的龍文彬）雖然覺得「災異諸目，明史天文五行二志不能備錄」(《明會要》，頁)，但他也覺得自己無法補官方紀錄之不足。

46 省級有《安徽通志》(1877)，卷347；《福建通志》(1871), 卷 271；《甘肅新通志》(1909), 卷 2；《湖北》(1921)，卷 75；《湖南通志》(1885)，卷 243；《山西通志》(1734)，卷 30；《四川通志》(1816)，卷 203；以及《浙江通志》(1735)，卷109。府級有《濟南府志》(1840)，卷20；臨清州志(1674)，卷3；《松江府志》(1630)，卷47；《蘇州府志》(1642)；《雲中郡志》(1652)，卷 12；以及《真定府志》(1762)，卷 7。南方與西南在這個樣本當中沒有得到表現

47 Grove, "Onset of the Little Ice Age," 160–62.

48 見Siebert et al., *Volcanoes of the World*, 239, 324. 並見Atwell, "Volcanism and Short-Term Climate Change," 50–55.

49 《江都縣志》(1881)，卷2，頁13b。Atwell在"Time, Money, and the Weather," 84–85，用中國以外的北半球夏季氣候異常，為十五世紀氣候勾勒出比較溫暖的輪廓。

50 Gallagher, *China in the Sixteenth Century*, 14, 316.

51 關於一五九〇年代作為北半球整體偏冷的十年，見Parker, "History and Climate."

52 許多人都有提到這個氣溫進一步下降的階段，例如Zhang Jiacheng and Crowley, "Historical Climate Records in China and Reconstruction of Past Climates," 841. 張家誠在

河縣志》(1673)，卷6；《濟南府志》(1840)，卷20，頁17b。

20 張廷玉編，《明史》，頁1。

21 朱元璋，《明太祖集》，頁153。一四二二年，戶部上奏長江北岸的饑荒災情時，永樂皇帝也提到同樣的唐代米價；《明太宗實錄》，卷247，頁1b。

22 Brook, *Confusions of Pleasure*, 70–71.

23 《光州志》(1660)，頁11，頁26a。

24 謝遷，〈兩淮水災乞賑濟疏〉，收入陳子龍，《皇明經世文編》，卷97，頁9b。

25 《平原縣志》(1749)，卷9，頁7b。

26 《松江府志》(1630)，卷13，頁74a。這年，米價漲到每斗一百三十文，比正常的災荒量價一百文還要高，但比起接下來十年間上看數百文來說還是低了。在這段簡短的地方志記錄中沒有提到知府是誰，但可以推測他有登高一呼的能力。一六三八年有個例子是鄉紳沒能提供自己的存糧，結果引發暴動，見《吳江縣志》(1747)，卷40，頁32b。

27 關於明代政府干預與商業供給之間的關係，見Brook, *Confusions of Pleasure*, 102–4, 190–93.

28 吳應箕，《留都見聞錄》，轉引自秦佩珩，〈明代米價考〉，204。

29 一五二三年與一五八九年饑荒致人相食的記錄，見《鹽城縣誌》(1875)，卷17，頁2b；《廬州府志》(1885)，卷93，頁10b。關於一六一五年至一六年山東饑荒期間的相食記錄，見徐泓，〈介紹幾則萬曆四十三、四年山東饑荒導致人相食的史料〉。

30 《原武縣志》(1747)，卷10，頁5a、6a.

31 《汶上縣志》(1932)，卷1，頁5b、6a。

32 《夏津縣志》(1741)，卷9，頁9b。

33 《固始縣志》(1659)，卷9，頁24b；關於小米在該縣農業中的地位，見卷2，頁25a。

34 《浙江通志》的編輯跟讀者解釋，他們要判斷是只紀錄祥瑞，還是只記錄災異（後者是可以上溯到《春秋》的傳統），而這會讓他們很難做人，畢竟記錄真相會有政治上的衝擊。總之，他覺得最好的做法是把一切都記錄下來，讓讀者自行判斷；《浙江通志》(1561),卷63，頁17b–18a。

35 例見《平湖縣志》(1627)，卷18，頁23a。

36 福建官員林希元（對十六世紀中葉的賑災政策有很大的影響力）允許商人每石加兩分，半是為了彌補運費，半是做為傭金。買主吸收差價，政府賑災支出則完全沒有增加；轉引自陸曾禹，《康濟錄》，卷3上，頁48a–b。作者認為林希元與王尚絅是明代救荒政策的兩大巨擘。

37 《海澄縣志》(1633)，卷18，頁4a、5b。

38 一批研究災異的歷史學家在賈貴榮、駢宇騫的帶領下，掃描地方志的災異部分，以

61 Cited in Munro, "Money, Prices, Wages, and 'Profit Inflation,'" 15.

62 Munro, "Money, Prices, Wages, and 'Profit Inflation,'" 18.

第四章 災荒糧價

1 使團的史官哈吉蓋耶索丁（Ghiyasu'd-Din Naqqash）記錄此事，收入Abru, *Persian Embassy to China*, 62.

2 關於永樂試圖擺脫篡位者標籤的嘗試，見Brook, *Great State*, 85–88.

3 我從永樂泥淖期找到的價格紀錄，只有一四〇四年與一四〇五年：《饒州府志》(1872)，卷31，頁29b；《潛書》(1618)，《潛山縣志》(1784)，卷1有出現。

4 例如吳宏，《紙上經綸》，卷6，頁3b。

5 《大明會典》，卷179，頁4a，已經根據官定兌換率轉換為銀與銅計的價格。

6 Boxer, *Great Ship from Amacon*, 184–85.

7 萬士和，〈條陳南糧缺乏事宜疏〉，收入《萬文恭公摘集》，卷11，頁8b，轉引自岸本美緒，《清代中國の物價と經濟變動》，頁226。

8 趙用賢，〈議平江南糧役疏〉，《皇明經世文編》，卷397，頁9a–b。趙用賢的觀察，是在把糧役轉換成用銀支付的優遇換算率下做出來的。

9 趙用賢，《松石齋集》，卷27，頁8a、10b。

10 任源祥，轉引自岸本美緒，《清代中國の物價と經濟變動》，頁226。

11 唐順之，〈與李龍岡邑令書〉，《唐荊川先生文集》，卷5，頁22a。

12 陸文衡，《嗇菴隨筆》，卷3，頁5a，轉引自岸本美緒，《清代中國の物價と經濟變動》，頁230。

13 劉本沛，轉引自岸本美緒，《清代中國の物價と經濟變動》，頁230。

14 《嘉定縣志》(1881)，卷3，頁13b。

15 其他糧食穀物在明代下半葉仍然比米便宜，就像一三六八年的情況，不過本章的主軸還是米價。

16 清代史家章學誠認為缺乏價格資料是地方志的缺點，他建議修纂的人應該納入糧價與其他物品價格；Wilkinson, *Studies in Chinese Price History*, 2, 5. 地方志當中的天氣紀錄甚至比物價紀錄更少；《邵武府志》(1543)，卷1，頁5b–11a是少數的例外。

17 一五六八年與一五八九年間的記錄，按時間先後例見：《歸化縣志》(1614)，卷10；《海澄縣志》(1633)，卷14，頁2a；《福建通志》(1871)，卷271，頁34a；《杭州府志》(1922)，卷84，頁23a；《廬州府志》(1885)，頁93，卷10b。

18 例如《樂亭縣志》(1755)，卷12，頁13a；《杭州府志》(1784)，卷56，頁17a；《延安府志》(1802)，卷6，頁1b；《永平府志》(1879)，卷30，頁26a。

19 一六一三年至一六一八年間三十文的例子：《雄縣新志》(1930)，卷8，頁45b；《齊歐洲卻占了瓷器貿易百分之五十的收入；"Ceramic Trade in Asia, 1602–82," 48–49.

44 沈德符，《萬曆野獲編》，頁680。我認為這句話指的是使臣在北京付的價格，但也可以理解為比本來的價格貴十倍。

45 "Letter from Fray Martin Ignacio de Loyola," in Blair and Robertson, *Philippine Islands* 12:58–59; 拼字錯誤與斷句已根據今日文法修改，內容並有一處小修正。儘管羅耀拉的叔公正是耶穌會會祖，但他本人卻是以方濟會士身分晉鐸，而不是耶穌會士。

46 六年後，巴耶薩估計從馬尼拉流往墨西哥的白銀為一年二百五十萬至三百萬里亞爾，是羅耀拉過去所說數字的三分之一；Boxer, *Great Ship from Amacon*, 74.

47 "Letter from Fray Martin Ignacio de Loyola," in Blair and Robertson, *Philippine Islands* 12:60.

48 Zúñiga letters appended to "Letter from Fray Martin Ignacio de Loyola," 12:61–63.

49 Zúñiga letters appended to "Letter from Fray Martin Ignacio de Loyola," 12:64–65.

50 Zúñiga letter, 25 May 1602, appended to "Letter from Fray Martin Ignacio de Loyola," 12:57–75.

51 貨幣供給量波動會影響整個體系內的其他地方，讓持有這些貨幣的商人備受壓力。史考特（Edmund Scott）是英國東印度公司駐萬丹商館的主事者，他觀察到這種效應：一六〇四年四月二十二日，一艘抵達萬丹的中國戎克船載來的是銅錢。這艘船一到，萬丹的銅錢隨之貶值，史考特之所以會提到此是，是因為他準備了一筆銅幣，要在當地做買賣。流入的銅錢一方片推升實際價格，另一方面也推高銀里亞爾的成本。見Scott, *Exact Discourse*, E1.

52 Boyd-Bowman, "Two Country Stores in XVIIth Century Mexico," 242, 244, 247.

53 顏俊彥，《盟水齋存讀》，頁702。

54 顧炎武，《天下郡國利病書》，卷26，頁33a-34a。Pintsun Chang, "Sea as Arable Fields," 20, 24–25討論了傅元初的疏。

55 《晉江縣志》(1765)，卷10，頁70b-71a；卷8，頁58b列出的功名中，有傅元初的名字。薛龍春在《王鐸年譜長編》一六三七年十一月十七日與一六三八年一月十四日兩條中有給出些許關於傅元初的細節。傅元初遭革職之事見張廷玉，《明史》，頁6863；並見6672。

56 顧炎武，《天下郡國利病書》，卷26，頁34a。

57 同一個議題在一六六〇年代捲土重來，而且吵得更兇；Chaudhuri, *Trading World of Asia and the East India Company*, 8.

58 對於這種主張最清楚的修正，是von Glahn, *Fountain of Fortune*, 113–41.

59 Crosby, *Columbian Exchange*.

60 Hamilton, "American Treasure and the Rise of Capitalism," 349–57.

也就是一中國兩等於一又二分之一英格蘭盎司（三十六 ·九克，與本書裡所用的一兩三十七 ·三克接近），相當於一又二十分之七個西班牙里亞爾銀幣的重量，然後重新計算。但就算這樣重算，也還是很難盡如人意，因為薩里斯說爪哇的兩在萬丹價值九到十個中國兩。把這兩種「兩」之間的關係整理一下，薩里斯表示十中國兩「剛好」等於六爪哇兩；不過，從他其他關於兌換率資料的精確程度來看，這個「6」八成是「9」，只是印錯了。銀跟錢幣重量的差異，意味著套利空間。薩里斯建議前往蘇卡達納做買賣的人先停靠班賈馬辛（Banjarmasin），「在此你將能以三斤錢換得一麻六甲兩，我從可信管道得知近年來其價格相當於九里亞爾。接著把麻六甲兩帶往蘇卡達納，可以用一兩（重量相當於一又四分之三加八分之一里亞爾）換四斤錢去購買鑽石，這樣一來就能靠一兩換得四分之三里亞爾的利潤。」

33 我還有找到另一個水銀的價格，是在澳門，每斤〇．五三兩；Boxer, *Great Ship from Amacon*, 180. 澳門的價格比較高，可能是因為歐洲買家在此競購。

34 Velho, *Le premier voyage de Vasco de Gama aux Indes*, 111–16. 價格是以十字幣／擔來記錄的。十字幣在十五世紀發行時，價值三百二十四里亞爾。一銀里亞爾重三．三公克來算，則十字幣的銀重量約一．〇七公斤。根據馬歡的紀錄，在卡利卡特（Calicut），舊的葡萄牙擔相當於九十四斤／五十六公斤，不過這個數字稍微比標準重量稍低；見 Prange, "'Measuring by the Bushel,'" 224n41. 這份報告對於亞歷山大港的價格如此重視，反映出葡萄牙人有意取代當地的威尼斯商人，由自己主宰亞洲商品貿易；Cook, *Matters of Exchange*, 11.

35 其他同時出現在薩里斯與維羅比價紀錄中的商品，也呈現類似的掉價：蘇木在日本售出的價格，只有以前在丹那沙林購入價的百分之三；肉豆蔻的價格只有以前在麻六甲的百分之一 ·四；安息香在萬丹的價格，只剩以前在阿育他亞價格的三分之二。

36 Torres, "'There Is But One World,'" 2.

37 Boxer, *Great Ship from Amacon*, 179–84. 我沒有取博克瑟推定的一六〇〇年，而是把這張價格表定在一六〇八年——一六〇七年至一六〇九年間，巴耶薩針對東亞貿易向宮廷提交報告，因此我取其中；見 Torres, "'There Is But One World,'" 13nn2 and 6.

38 轉引自 Gallagher, *China in the Sixteenth Century*, 16–18. 我把 Gallagher 用的「磅」跟「金幣」換算成斤與銀兩，畢竟黃金並非明代中國的通貨。

39 轉引自張怡，《玉光劍氣集》，頁 1010。畢方濟字金梁，張怡書中用的就是這個名字。

40 Brook, "Trading Places," 74.

41 Volker, *Porcelain and the Dutch East India Company*, 24–26, 35–45, 227.

42 Lavin, *Mission to China*, 77–79, citing Ruggieri's "Relaciones" in the Archivum Romanum Societatis Iesu (Jap. Sin. 101).

43 對此，何翠媚表示，明代瓷器出口在十七世紀初雖然只有百分之十六輸往歐洲，但

Brook, *Great State*, 156. 完整疏文見 Brook, "Trade and Conflict in the South China Sea," 26–29.

25 沈德符,《萬曆野獲編》,頁 317。

26 泉州市文物管理委員會與泉州市海外交通史博物館,〈福建泉州地區出土的五批外國銀幣〉,頁 373–80。根據張燮所說,馬尼拉流通最大的銀幣叫做「黃幣峙」,字面意思是「金披索」,價值四分之三兩;《東西洋考》,頁 94。

27 見 Brook, "Merchant Network in 16th Century China," 206–7,張瀚文轉引自此。

28 Lee and Ostigosa, "Studies on the Map *Ku Chin Hsing Sheng Chih Tu*," 6 引用了 Gaspar de San Augustin, *Conquistas de las Islas Filipinas.*

29 "Cuentas de las primeras compras que hicieron los oficiales de Manila a los mercaderes Chinos"(馬尼拉官員最早向中國商人購物的記錄), reprinted in Gil, *Los Chinos en Manila*, 561–67. 原件現藏 Caja de Filipinas: Cuentas de Real Hacienda, Archivo General de Indias, Sevilla (ES.41091.AGI/16/Contaduria 1195). 謝謝嚴旎萍的謄寫與解釋。文件無法證明 taes 與 maes(即 taels 與 mace)跟明代的白銀計價單位兩與錢可以完全對應。問題在於馬尼拉的 mae 與 tae 在當時兌換率為十六比一,而錢與兩在福建的兌換率則是十比一。不久後,馬尼拉的兌換率也來到十比一。

30 一五六九年來自馬尼拉的西班牙語文件提到米、豬、羊與牛數量充足,價格低廉;letter of Martin de Rada to the Marquis de Falces, reprinted in Filipiniana Book Guild, *Colonization and Conquest of the Philippines by Spain*, 149.

31 Sebastian Prange 以印度洋貿易經濟為題進行研究,提到胡椒扮演的角色,類似於太平洋貿易世界中的銀,以及大西洋的糖;"'Measuring by the Bushel,'" 235. 對於南中國海經濟體的整合來說,胡椒算是有類似的作用,影響力僅次於銀。

32 Purchas, *Purchas His Pilgrimes*, 3:504–19; Saris, *Voyage of John Saris*, 202–7. 運用薩里斯的資料時,挑戰在於搞清楚貨幣、重量與計數單位,因為每個港口用的都不一樣。比方說,紡織品有呎、碼、hastas(「半碼,從手肘至中指的長度」)、sasockes(「四分之三碼」)、疋(bolts,「一單位一百二十碼」)、截(pieces,「一單位十三碼」、「一單位十二碼」、「一單位九碼」),以及「法蘭德斯肘」("Flemmish ells",薩里斯沒有給出明確的長度,但我估計是四十五英吋),以及重量單位「擔」(picul)。香料的單位有 catties 與 bahars。在特爾納特(Ternate),「當地的 catty 是英格蘭的三磅五盎司,bahar 是兩百 catty。在特爾納特算十九 catty 的東西,在萬丹剛好是五十 catty。」不過,萬丹的「十 catty 等於一 Uta,十 Utas 為一 bahar」,而在班達(Banda)的「一小 bahar 為十 Cattees bahar,一百 Cattees Nuts;而一大 Bahar Mace,是一百 Cattees,也是一千 Cattees Nuts,而一 Cattee 等於英格蘭的五磅十三又二分之一盎司,價格變化很大」;見 Purchas, *Purchas His Pilgrimes*, 3:511. 為了稍微能夠一致,我根據薩里斯的說法,

求的能耐在自動抽取白銀，反而是歐洲貿易商採用明確的策略，為了把購買力最大化，於是利用白銀，把貴金屬在各個區域之間重新分配。他的原話是：「白銀在中國凌駕於其他金屬，中國在一八三〇年代以前對歐洲也是貿易順差，但這兩件事能否當成中國經濟有『磁吸』特性的證據，還得從歐洲貨幣滲透其他地方的模式來加以檢證。若要瞭解中國在現代早期世界中的貨幣功能，我們必得先探討與歐洲接觸後的貨幣化動向。」見 Horesh, "Chinese Money in Global Context," 113.

9 Mill, *History of British India*, 1:19. 馬士（Hosea Morse，一八七四年至一九〇八年間任職於皇家海關總稅務司）估計，從一六〇一年到一六二〇年，英國東印度公司對「東印度」輸出的白銀與錢幣每年為二萬八千八百四十七英鎊；Morse, *Chronicles of the East India Company*, 8. 兩者的差距，就留待英國的經濟學家去傷腦筋吧。

10 孟恩一文，本章使用的版本來自 Purchas, *Purchas His Pilgrimes*. 關於孟恩的重商主義，見 Kindleberger, *Historical Economics*, 87–100; Harris, *Sick Economies*, 164–68.

11 Mun, *Discourse of Trade*, 268–69, 291–92.

12 Mun, *Discourse of Trade*, 290–91, 293.

13 洪武年間規定的金銀兌換率是一比五。萬曆年間，葡萄牙人提到的黃金價值比較高，一兩金可換五‧四兩銀，如果黃金成色夠好，甚至可以換得高達七兩銀；見 Boxer, *Great Ship from Amacon*, 179, 184.

14 Von Glahn, *Fountain of Fortune*, 125–33.

15 沈德符對於市舶司的記錄雖然詳實，但漏掉了泉州市舶司，原因也許是因為嘉靖年間時泉州市舶司正關閉中；《萬曆野獲編》，頁317。

16 廣州市文物管理處，《廣州東山明太監韋眷墓清理簡報》，頁282。文中提到一枚威尼斯達卡，可能是十四世紀下半葉由總督 Antonio Vernier 發行的。

17 王光堯，《明代宮廷陶瓷史》，頁224。關於令文，見丘凡真，《吏文譯註》，頁70–71。

18 我認為「給價」不是貢使要求的價格，而是禮部認定的公道價；見《大明會典》，卷11，頁7b-10a。

19 《明世宗實錄》，卷68。「鐵銼」也有鐵製銼刀的意思，看上下文很難確定是哪一個意思。

20 張廷玉，《明史》，頁1980。

21 《大明會典》，卷111，頁7b、8a、9b、10a、15b、16a。

22 《大明會典》，卷113。

23 《明孝宗實錄》，卷73，頁3a–b；《明史》，頁4867-68；Brook, *Troubled Empire*, 222–23.

24 陳伯獻奏（一五一四年六月二十七日），《明武宗實錄》，卷113，頁2a，轉引自

之情為自己的行為找理由。但……古玩只有作為儲存、轉運大量財富的手法，才有其意義。如果不管財富，則『古』的概念根本不重要」；"Politics of Li Yu's *Xianqing ouji*," 498.

104 轉引自馬泰來，〈明代文物大賈吳廷事略〉，頁404。

105 Oertling, *Painting and Calligraphy*, 129.

106 李日華，《味水軒日記》，頁30–32。

107 俞劍華，《中國美術家人名辭典》，轉引自Clunas, *Elegant Debts*, 123.

108 Kuo, "Huizhou Merchants as Art Patrons," 180.

109 我所用的主要文獻有Clunas, *Superfluous Things*, 179–80；《大明會典》，卷179，頁2a；Girard, *Le voyage en Chine*, 252；李樂，《見聞雜記》，卷3，頁33b；卷10，頁35a；李日華，《味水軒日記》，頁246、401；沈德符，《萬曆野獲編》，頁663；《天水冰山錄》，頁159；巫仁恕，《優游坊廂》，頁333；袁忠道，《遊居柿錄》；張安奇，〈明稿本《玉華堂日記》的經濟史資料研究〉，頁298–309；張岱《陶庵夢憶》，頁7。

110 葉康寧，《風雅之好》，頁202–19。據說項元汴曾經用二千兩的價格，買了王羲之作品的唐代摹本，項家子弟後來在一六一九年將之售出，得回了這筆錢。我把這一項當成不可靠的離群值排除出去。

第三章　白銀、物價與海上貿易

1 William Atwell最早提出這種詮釋，先是一九七七年的"Notes on Silver, Foreign Trade, and the Late Ming Economy"然後是一九八二年的"International Bullion Flows and the Chinese Economy"。Atwell的論點在全球史領域備受推崇，尤其是Flynn and Giráldez, "Born with a 'Silver Spoon.'"對於外來白銀對中國經濟的影響，von Glahn在好幾本著作中有深刻的探討，尤其是*Fountain of Fortune*, 113–41. Atwell, "Another Look at Silver Imports into China"則是對批評者語帶機鋒的回擊。

2 陳其德，《垂訓樸語》，15a。陳其德說自己生於中華勝地之樂的說法，不是他獨創的，而是學嘉靖廣五子之中的盧楠；見Bol, *Localizing Learning*, 10.

3 即便不是南方人，也可以跟海上貿易難分難解，就像蘇州銀匠管方洲的故事所能證明；Brook, *Troubled Empire*, 213–15.

4 張燮，《東西洋考》，頁170。

5 談遷，《棗林雜俎》，頁483–84。

6 八里亞爾換一披索，所以英格蘭人才會稱披索為「八片幣」。

7 Von Glahn, *Fountain of Fortune*, 133–37.

8 In an insightful reassessment of the role of silver in international trade, Niv Horesh對於白銀在國際貿易中的角色有一番深刻的再評估，他主張中國並不是靠本身經濟體回應需

起騾夫日餉一錢四分，上至領兵將官的一兩，不過這些都有危險加給成分；《棗林雜俎》，頁115。

83 丁荷生、鄭振滿，《福建宗教碑銘彙編：興化府分冊》，頁103；並見《莆田縣志》(1879)，卷4，頁4b。

84 Girard, *Le voyage en Chine*, 243，本來的數字是四分之一里亞爾。

85 Huang, *Taxation and Governmental Finance*, 120.

86 《江寧府志》(1541)，卷14，頁68a。

87 一五四八年山東《萊蕪縣志》證明財政工資必須符合實際工資，內容提到縣倉裡度量存糧的人本來是拿二兩，但「現」已增加到三兩；《萊蕪縣志》(1548)，卷3，頁3a。

88 更夫：沈榜，《宛署雜記》，頁53；抬運夫：《松江府志》(1630)，卷9，頁39b。

89 刀筆吏：《清流縣志》(1545)，卷2，頁35a；遞夫：《臨朐縣志》(1552)，卷1，頁44b。

90 民校：《淄川縣志》(1546)，卷4，頁58a；驛人：《夏津縣志》(1540)，卷2，頁24a。

91 《明崇禎長編》，卷41，頁2b。

92 《大明會典》，卷39，頁1b–7b。官員除本俸之外，還有「柴薪」等加耗；見馮夢禎，《快雪堂日記》，頁72。

93 Huang, *Taxation and Governmental Finance*, 276. 時人的說法亦可證明黃仁宇的觀察，明代的最後一個世紀裡，經常有人抨擊官員索賄情事。

94 一旦社會收入不均，就很難估計其生活水準，見Coatsworth, "Economic History and the History of Prices in Colonial Latin America," 27.

95 窮人家的床：海瑞，《海瑞集》，頁129；有錢人家的床：《天水冰山錄》，頁160。

96 一五九〇年代住在盤山山腳下佛寺裡的窮人，每年賺兩千文，靠的是賣寺外大頻婆樹的果子；唐時升，〈遊盤山記〉，收入《盤山志補遺》(1696)，卷1，頁1b。有錢人是莊元辰，他說自己進京準備考試，十六個月就花了四百兩；濱島敦俊，《明末清初期の研究》，頁178。

97 馮琦，〈肅官常疏〉，引自徐泓，〈明末社會風氣的變遷〉，頁108。馮琦指責這些奢靡的官員，甚至有時候張羅宴會就要二三兩銀。

98 Girard, *Le voyage en Chine*, 249–50, 253.

99 Girard, *Le voyage en Chine*, 244.

100 Dudink, "Christianity in Late Ming China," 182.

101 張怡，《玉光劍氣集》，頁430。

102 李日華，《味水軒日記》，頁246。

103 呂立亭研究文人李漁，提到李漁說「有錢人競相以高價購買古玩，有時候會用思古

61 仁井田陞，《中國法制史研究——奴隸農奴法．家族村落法》，頁268。

62 張肯堂，《㽦辭》，卷1，頁18b、22b；卷2，頁6a；卷四，頁14；卷2，頁8a。

63 Edvinsson and Söderberg, "Evolution of Swedish Consumer Prices," 415.

64 Allen, *British Industrial Revolution*, 35–37.

65 根據對十九世紀中國男性的研究，可以得出平均身高是一百六十三公分出頭；見 Ward, "Stature, Migration and Human Welfare," 497.

66 莊元辰，《曼衍齋文集》，轉引自陳學文編，《湖州府城鎮經濟史料類纂》，頁52–53。

67 沈氏，《補農書》，卷1，頁18a。

68 張履祥，《補農書校釋》，頁142。

69 李樂，《見聞雜記》，卷7，頁15a。並見《明宣宗實錄》(1428)，卷54，頁8a；陳子龍，《皇明經世文編》，卷481，頁25b；屠隆，〈荒政考〉，頁181；沈榜，《宛署雜記》，頁89。

70 Girard, *Le voyage en Chine*, 113, 324.

71 呂坤，《時政錄》，卷2，頁52a。

72 葛寅亮，《金陵梵剎志》，卷5，頁10b。

73 魏大中，〈魏廓園先生自譜〉，收入黃煜，《碧血錄》，頁20a。

74 丁荷生、鄭振滿，《福建宗教碑銘彙編：泉州府分冊》，上冊，頁100。

75 比方說，有府志提到給府縣工人的工資，實際上比公告的來得低，是打過折的；《松江府志》(1630)，卷9，頁31a。

76 陳子龍，《皇明經世文編》，卷63，頁24a。

77 徐光啟，〈恭承新命謹陳急切事宜疏〉，收入陳子龍，《皇明經世文編》，卷488，頁25b；亦見徐光啟，《徐光啟集》，頁131；轉引自 Brook, *Confusions of Pleasure*, 154。梁家勉把這份疏的年份定在一六一九年；《徐光啟年譜》，頁124。一六四五年，負責戍守揚州城牆、抵禦清軍的兵丁，一天的薪俸是二十四文，「根本不足以果腹」: Struve, *Voices from the MingQing Cataclysm*, 12.

78 沈榜，《宛署雜記》，頁130、142、144、152。其他脈絡中也有同樣的價碼，見《船政》，頁39a、40a；黃冕堂，《明史管見》，頁369。

79 《景德鎮陶瓷史稿》，頁105；Gerritsen, *City of Blue and White*, 180–81，我有對她的估算稍作修改。

80 吳應箕，《留都見聞錄》，下卷，頁13b。

81 黃省曾，《蠶經》，轉引自陳學文編，《湖州府城鎮經濟史料類纂》，頁59。

82 祁彪佳以銀支給，讓鄉兵自己換銅錢，方便使用。軍官的日餉更高：隊長給銀六分，把總給銀八分，教師給銀一錢；《祁彪佳集》，頁35、123；《祁忠敏公日記》，卷3，頁29；卷4，頁8。至於一六四三年的兵役，談遷提到有些特別給餉還會更高，下故近來建茶所以不振也。」見謝肇淛，《五雜組》，頁213。

37 轉引自Bian, *Know Your Remedies*, 136–37.

38 Girard, *Le voyage en Chine*, 253.

39 Dai, "Economics of the Jiaxing Edition," 331–33. 明末時，書商把書價砍半，以賣出更大部頭的書，但價格又在一六四七年回到六分。

40 Clunas, *Superfluous Things*, 132引用了磯部彰《「西遊記」受容史の研究》。至於貧富讀者群的市場區隔，見Hegel, "Niche Marketing for Late Imperial Fiction."

41 Paethe and Schäfer, "Books for Sustenance and Life," 19–20, 46.

42 陸文衡，《嗇菴隨筆》，卷2，頁13a。

43 張安奇，〈明稿本《玉華堂日記》的經濟史資料研究〉，頁289。

44 一五一〇年代，王陽明替鄉約訂立規矩，若未能參加每月例會，罰銀一兩，這是很重的處罰；Wang Yangming, *Instructions for Practical Living*, 300.

45 《天水冰山錄》，頁160。

46 Feng Menglong, *Stories Old and New*, 462–64.

47 《青原志略》(1669)，卷7，頁6a。

48 Girard, *Le voyage en Chine*, 239–55. Brook, *Vermeer's Hat*, 87–99, 109–13對這場船難有更完整的描述。

49 Girard, *Le voyage en Chine*, 239.

50 這個價格在S. Dyer, *Grammatical Analysis of the "Lao Ch'ita,"* 266以及張肯堂，《晉辭》，卷6，頁13b得到大致上的佐證。

51 Girard, *Le voyage en Chine*, 243.

52 Girard, *Le voyage en Chine*, 244.

53 Girard, *Le voyage en Chine*, 246.

54 張怡，《玉光劍氣集》，頁324。

55 《大名府志》(1506)，卷1，頁12a。

56 張肯堂，《晉辭》，卷5，頁19a。謝謝姜永琳提點我這份材料。姜永琳在氏著"Defending the Dynastic Order at the Local Level"把《晉辭》翻譯成「直心斷獄」(Court Verdicts That Touch the Heart)，Will, *Handbooks and Anthologies for Officials in Imperial China*, 704則說是「犁辭」。我覺得這兩者都沒有把握到張肯堂的意思。

57 張肯堂，《晉辭》，卷5，頁19a。我不確定《大明律》會為了這種罪行而問斬。

58 張肯堂，《晉辭》，卷1，頁14a；卷5，頁14b；卷3，頁26a。

59 按順序分別出自張肯堂，《晉辭》，卷1，頁16a；卷6，頁18b；卷6，頁2b；卷5，頁25b–26a；卷1，頁16a、24a；卷3，頁2a–b；卷6，頁22b。

60 張肯堂，《晉辭》，卷1，頁16a。

政事》，重印收入《海瑞集》，頁38–145。關於海瑞的財政改革，可見Cartier, *Une réforme locale*, 56–84，但沒有提到價格。

20 海瑞，《海瑞集》，頁72。

21 海瑞，《海瑞集》，頁38。

22 朱逢吉的《牧民心鑑》流傳甚廣，堪稱治縣手冊，內容強調以市價備辦的重要性，建議知縣公告自己以什麼樣的價格購買那些品項（卷1，頁6a）。

23 海瑞，《海瑞集》:〈禮〉，頁81–89；〈兵〉，頁105；〈工〉，頁129–35。這三份清單的引言譯本見Cartier, *Une réforme locale*, 145–46.

24 海瑞，《海瑞集》，頁128。

25 吳楚材，〈《宛署雜記》後序〉，收入沈榜，《宛署雜記》，頁301。

26 沈榜，《宛署雜記》，頁171。關於「量入為出」的原則，見Grass, "Revenue as a Measure for Expenditure," 96.

27 沈榜，《宛署雜記》，頁121–74。

28 嚴格來說，這三份清單中的價格不盡然屬於萬曆年間。海瑞的價格比萬曆年間早了十年，從其他材料中找到的少數價格則落在萬曆年之後。我之所以把它們納入，是為了擴大爬梳的範圍。

29 沈榜，《宛署雜記》，頁170（四分）、147（五分）、124–28（六·四分）、170（二十分）。

30 我們之所以會知道，是因為在一六一五年時，陝西省華陰縣的知縣在中國五大聖山當中的華山立了碑，碑文上提到為了控制開銷，他公告縣衙在祭祀華山時用來供奉的肉，只會以每斤一分的價格收購，但鹿肉會例外以每斤二·二三兩的價格購買；吳鋼編，《華山碑石》，頁305、306。

31 Pantoja, *Advis du Reverend Père Iaques Pantoie*, 112. 我必須說，我沒有找到其他文獻提到這種價格。

32 關於菸草引進，見Brook, *Vermeer's Hat*, 120–23, 134–36.

33 沈榜，《宛署雜記》，頁134（二分）、146（三分）、150（十分）。

34 海瑞與沈榜製作的手冊，羅列近百種各色紙張的價格。沈榜的紙價出現在沈榜，《宛署雜記》，頁121–30、137、139、145–46。周啟榮在氏著*Publishing, Culture, and Power in Early Modern China*, 35提到沈榜的幾個價格。我在英文當中找不到跟「刀」對應的詞，常用的quire是二十四張（但往往會算到二十五張），ream是五百張，沒有一百張的量詞。

35 沈榜，《宛署雜記》，頁123、125、126、128、10；葉夢珠，《閱世編》，頁159。

36 謝肇淛曾經用一段文字討論故鄉福建的名茶松蘿茶。松蘿茶製作很吃工，對於這種茶的需求之大，反而造成零售商的瘋狂競爭，導致茶價掉到每斤百錢（大約十四分），茶商根本無法賺到錢。「安得費工如許？」謝肇淛問。「即價稍高，亦無市者矣。

二十日（辛卯日）(卷271，頁1a)。

4 《明神宗實錄》，卷270，頁4a(萬曆二十二年二月甲子)。

5 鄭州河南省博物館保存了一六五八年印刷版《饑民圖說》的一七四八年摹本。謝謝Roger Des Forges與我分享他的複印。

6 帶頭慷慨解囊者還有皇太后(《明神宗實錄》，卷 271，頁4a)、萬曆與鄭貴妃的兒子福王(朱常洵，一五八一年至一六四一年)(卷273，頁2a)與瀋定王(朱珵堯)(卷273，頁4b)。賑濟總額確切數字很難確定。部分數據見楊東明，《饑民圖說》，頁38b；王錫爵，〈勸請賑濟疏〉，收入陳子龍，《皇明經世文編》，卷395，頁7a；《明神宗實錄》，卷271，頁1a、9a。

7 陸曾禹，《康濟錄》，卷3a，頁66a。關於運用市場力量紓解一五九四年饑荒災情，見Yim, "Famine Relief Statistics," 5–7.

8 出自《虞城縣志》(1895)卷6a，頁12a的楊東明傳。

9 Libbrecht, *Chinese Mathematics in the Thirteenth Century*, 431.《數書九章》同一段還有另一道題目，算出來的米價會比麥價高兩倍，雖然不太可能，但也不至於不切實際。

10 Martzloff, *History of Chinese Mathematics*, 47.

11 Sun and Sun, *Chinese Technology in the Seventeenth Century*, xi. 雖然《天工開物》一直到一六三七年才付梓，但《天工開物》深刻把握到萬曆年間的氛圍與各種變化。關於宋應星的宇宙觀跟晚明生活與著作中「事物而既萬矣」的呼應，見Schäfer, *Crafting of the Ten Thousand Things*, 129.

12 李日華，《味水軒日記》，頁103，轉引自Brook, "Something New," 369。

13 Pantoja, *Advis du Reverend Père Iaques Pantoie*, 111–12.

14 利瑪竇也有一樣的觀察；見Gallagher, *China in the Sixteenth Century*, 12.

15 椅子的價格差異頗大，低有〇・二兩(《天水冰山錄》，頁162)到〇・四兩(沈榜，《宛署雜記》，頁148)，也有高達〇・五兩(巫仁恕，《優游坊廂》，頁334)。

16 吕立亭提到，十七世紀的奢侈品市場區分非常細，價格的差異不只能區別商品的品質，也能分別出身分相當的買家該是什麼社會地位；"Politics of Li Yu's *Xianqing ouji*," 495.

17 諸葛弩弓：范涞，《兩浙海防類考續編》，卷6，頁65a；翦絨風領頭圍：《天水冰山錄》，頁161；定窯瓷盤：張安奇，〈明稿本《玉華堂日記》的經濟史資料研究〉，頁306；十隻大鵝：沈榜，《宛署雜記》，頁170。

18 縣官有義務將庫藏造冊，定期上送道查考核；見李樂，《見聞雜記》，卷3，頁111b。

19 一五六二年，海瑞集結而成的淳安文集中保存了《興革條例》，收入氏著《淳安縣

40 Rusk, "Value and Validity," 471.
41 Hamilton, "Use and Misuse of Price History," 48.
42 Cartier, "Note sur l'histoire des prix," 876.
43 Beveridge, *Wages and Prices in England*, xxvi.
44 Klein and Engerman, "Methods and Meanings in Price History," 9.
45 Gibson and Smout, *Prices, Food and Wages in Scotland*, 14.
46 Braudel, *Structures of Everyday Life*, 27.
47 印刷品與手寫文獻的差異，對於中國與歐洲歷史書寫有其影響，討論見 Brook, "Native Identity under Alien Rule," 237–39.
48 關於前工業經濟體中食物熱量的運用，見 Muldrew, *Food, Energy and the Creation of Industriousness*, chs. 1–2.
49 Reddy, *Money and Liberty in Modern Europe*, 63–73.
50 葛全勝等人回顧十四份中國長期氣候變遷，發現只要數據是以十年為單位，區域的變異就會很明顯，但以三十年為單位的話，基本上就沒有什麼差異；見 "Coherence of Climatic Reconstruction."
51 關於文獻取徑對氣候史研究的價值與侷限，見 Alexandre, *Le climat en Europe*, 9–42. Alexandre 蒐集了極為大量的資料，候選文本超過三千五百份，其中他挑出兩千三百九十份可靠的文本，再加上四百四十條從帳簿等他類文獻中找到的蛛絲馬跡。
52 Bauernfeind and Woitek, "Influence of Climatic Change," 304.
53 例見 Campbell, *Great Transition*, 45, 57, 341.
54 Campbell, *Great Transition*, 345.
55 郭益耀有一項研究在概念上相關，他主張可以把受到糧食短缺打擊的地區，當成氣候擾動的指標，尤其是短期擾動；見氏著 *Agricultural Instability in China*, 286–300.
56. 謝肇淛，《五雜組》，頁 31。關於清初的收成預測，討論見 Agøy, "Weather Prognostication in Late Imperial China as Presented in Local Gazetteers."

第二章　太平盛世：萬曆年間的物價體系

1 關於青年萬曆皇帝的生活，見 R. Huang, *1587, a Year of No Significance* 前四章。
2 《明神宗實錄》，卷 271，頁 1a（萬曆二十二年三月辛卯）。這一段在王錫爵〈勸請賑濟疏〉文後也有收錄，只是有兩處小出入；收入陳子龍，《皇明經世文編》，卷 397，頁 7a-b。對話全文見 Brook, "Telling Famine Stories."
3 《明神宗實錄》，卷 271，頁 1a。感覺《實錄》中萬曆對王錫爵的說法，是把好幾個時間點的事情湊在一起。比方說，他在四月五日（甲子日）（卷 270，頁 4a）提到看到《饑民圖說》的事，而他同意王錫爵奏請將百官俸祿挪去賑濟的時間點則是四月的半年均價，因此在一五七〇年時改至五月與八月（陽曆六月與九月）查價；見李劍農，〈明代的一個官定物價表與不換紙幣〉，頁257。

21 朝廷多次下令官員尊重市價，相關詔令見《大明會典》，卷37，頁31 a–33b。

22 謝彬，《南京戶部志》，卷17，頁5b。

23 丘凡真，《吏文譯註》，頁151。

24 轉引自李劍農，〈明代的一個官定物價表與不換紙幣〉，頁257。

25 張肯堂提到自己有一次斷案時，認為賣地五十畝的賣家向買家收取的費用超過原本的買價太多，因此命令賣家必須把價格降到每畝〇．三；《䀌辭》，卷6，頁27b。

26 葉春及，《惠安政書》，卷11，頁11b。

27 張瀚，《松窗夢語》，頁143。

28 轉引自川勝守，《明清江南農業經濟史研究》，頁209。

29 雖然標榜價格的公平，跟儒家認為國家應該為了百姓的福祉而進行干預的原則並行不悖，但這種對於價格的關注也不特別。明代上半葉時，同時期的英格蘭地方當局也根據大不相同的哲學、教會法與行政慣例，積極試圖規範物品價格，日後才漸漸放手讓市場自行運作；見Britnell, "Price-Setting in English Borough Markets," 15.

30 黃彰健，〈明洪武永樂朝的榜文峻令〉(1977)，重刊於氏著《明清史研究叢稿》，頁275、282。

31 明律中跟公平價格有關的部分泰半襲自元朝法律。元朝政府規定官員必須按照御史在一三一〇年所謂的「街市實值」支價。之所以可以落實，多虧一二八三年就有規定官員每月派員到市場調查，「估到時值」回報；見《大元聖政國朝典章》，卷26，頁3a–4a、6a。根據一三四一年令，官員若有強迫賤價購買情事，則按收賄的罪則處罰，也就是說與時價相差愈多，處罰就愈重；見韓國學中央研究院編，《至正條格》，頁97。一四三七年之後的明代文獻才比較常出現和買，此後中央的規定放寬，讓地方官員與商人可以就官方採辦的價格進行協商，以確保官府需購置的商品不至於跟市價脫節，缺乏合適的價格激勵；蘇更生，〈明初的商政與商稅〉，頁436。

32 官員為了稅收目的而替土地估價時，也要尊重當地的土地價格；顧炎武，《天下郡國利病書》(1572)，卷8，頁77b。

33 Le Goff, *Money and the Middle Ages*, 144–45.

34 《歙縣志》(1609)，卷6，頁12a，轉引自Brook, *Confusions of Pleasure*, 238.

35 張怡，《玉光劍氣集》，頁502，此事發生在高拱再度出任首府大學士時期。

36 李樂，《見聞雜記》，卷11，頁42b–44b。

37 Hamilton, "Use and Misuse of Price History," 47.

38 沈榜，《宛署雜記》，頁141。

39 海瑞，《海瑞集》，頁130。

竟「價值」一詞在漢代就有了。

5 紙：彭信威，《中國貨幣史》，頁477n2；木炭與筷子：海瑞，《海瑞集》，頁88、130。

6 李芳家在嘉興算是最有錢的家庭。有一回，他出門時看到門外有一枚銅錢掉在沙土裡，他就這麼走過去不管。當天稍晚，他想起這件事，覺得那文錢有貓膩，於是打算回頭撿起來，卻發現已經有人撿走了。李芳懷疑那是一枚「惡錢」，也就是用成色不佳的原料鑄造的假幣，於是派僕人找到撿走錢的人。僕人找到之後，李芳提議用一枚好的銅錢換那枚惡錢。見談遷，《棗林雜俎》，頁593。

7 外國觀察家反覆提到明代中國老百信分文計較，例見Ch'oe Pu, *Record of Drifting across the Sea*, 157. 關於晚明文學中的銅錢，見Shan, "Copper Cash in Chinese Short Stories," 230–35.

8 Girard, *Le voyage en Chine*, 125.

9 陳其德，《垂訓樸語》，6a。

10 例如章懋（一四三七年至一五二二年）批評有官員出於「世俗私小之見」而非「公平正大之道」，不准周邊的糧食進入災區，未能降低災荒糧價。他就把價格的公平與公益性相結合。見陳子龍，《皇明經世文編》，卷95，頁14a。

11 徐光啟，《農政全書校注》，頁194。

12 上海博物館圖書資料室，《上海碑刻資料選輯》，頁82–83。關於商人平衡物價差距的自我期許，見張瀚，《松窗夢語》，頁80；英譯見Brook, "Merchant Network in Sixteenth Century China," 187.

13 De Vries, *Price of Bread*, 9–10.

14 馬林斯與史考特的說法，轉引自Muldrew, *Economy of Obligation*, 44–46。

15 例如，《玉山縣志》(1873)，卷4a，頁37b提到，按照明代的舊版縣志所說，學田生產的糧食「照時值易銀」，等於是准許其販售。一五二四年，戶部官員提議把大運河糧船上兵丁的糧餉折銀，要求以「市價」為之，才能核可；見謝彬，《南京戶部志》，卷10，頁18a。

16 徐光啟，《徐光啟集》，頁459。先前一位明代鄉紳提醒諸子，持家的關鍵在於「訪稻穀時值之高下」的能力；見Ebrey, *Chinese Civilization and Society*, 198.

17 俞森，《荒政叢書》，卷1，頁5b–6a。關於清代脈絡下的市價觀念，見Will, "Discussions about the Market-Place," 328–29.

18 謝彬，《南京戶部志》，卷17，頁4b，引自《諸司職掌》。歐洲君主也會要求地方官上報當地糧價，見De Vries, *Price of Bread*, 22.

19 劉若愚，《酌中志》，頁101。

20 查價本來是訂在每年一月與七月為之，但因為商人抱怨一月與七月的價格低於真正

註釋

序言 淺嘗物價史研究

1 Le Roy Ladurie, *Histoire humaine et comparée du climat*, 17–29. 關於小冰期的實體指標，見Mann et al., "Global Signatures and Dynamical Origins of the Little Ice Age and Medieval Climate Anomaly"; Campbell, *Great Transition*, 335–44; Degroot, *Frigid Golden Age*, 2–9, 31–41. 近年來對於小冰期年輪數據的總結，見Wilson et al., "Last Millennium Northern Hemisphere Summer Temperatures." 我的研究也支持中國經歷小冰期初期的乍臨，見Brook, "Nine Sloughs," 30–44.

2 關於「大國」的概念，見Brook, "Great States."

3 政治與軍事面向的歷史，在Parsons, *Peasant Rebellions of the Late Ming*以及Wakeman, *Great Enterprise*有非常詳盡的內容。

4 關於歐洲史學界開始研究氣候史，見Le Roy Ladurie, "Birth of Climate History."

5 Yang Lien-sheng, *Money and Credit in China*, 103.

6 彭信威，《中國貨幣史》，頁442–69; Kaplan, *Monetary History of China*, 597–616.

7 Nakayama, "On the Fluctuation of the Price of Rice"; Nakayama, "Shindai zenki Kōnan no bukka dōkō." 對於清代十七世紀物價的其他研究還有Y. Wang, "Secular Trend of Prices during the Ch'ing Period"; Marks, "Rice Prices, Food Supply, and Market Structures"，以及Will and Wong, *Nourish the People*.

8 Frank, *ReOrient*, ch. 2.

9 Deng, "Miracle or Mirage"對法蘭克的假設有一番鞭辟入裡的批判。

第一章 陳其德的故事

1 陳其德，〈災荒記事〉，見於他的文集《垂訓樸語》，16a–20a，以及《桐鄉縣志》(1887)，卷20，〈祥異〉，頁8a–10a。本章引文中括弧內的頁碼為《桐鄉縣志》版本。

2 陳其德，《垂訓樸語》，頁14b–15a。

3 Kuroda, "What Can Prices Tell Us about 16th–18th Century China?"對於明代下半葉以銀為交易媒介的情況有相當實用的概述。

4 Finlay, *Pilgrim Art*, 33提到馬來語的這個名稱，源於泰米爾語對於小錫幣的稱呼*karshápana*，而這個詞進一部變成漢語中的「價值」一詞。這種語源不太可能，畢

Xiao, Lingbo, Xiuqi Fang, Jingyun Zheng, and Wanyi Zhao. "Famine, Migration and War: Comparison of Climate Change Impacts and Social Responses in North China in the Late Ming and Late Qing Dynasties." *Holocene* 25, no. 6 (2015): 900–910.

徐泓，〈介紹幾則萬曆四十三、四年山東饑荒導致人相食的史料〉，《明代研究通訊》，6 (2003)，頁143–49。

徐泓，〈明末社會風氣的變遷——以江浙地區為例〉，《東亞文化》，24 (1986)，頁83–110。

薛龍春，《王鐸年譜長編》，三冊，北京：中華書局，2019。

Yang Lien-sheng. *Money and Credit in China: A Short History*. Cambridge, MA: Harvard University Press, 1952.

葉康寧，《風雅之好：明代嘉萬年間的書畫消費》，北京：商務印書館，2017。

Yim, Shui-yuen. "Famine Relief Statistics as a Guide to the Population of Sixteenth-Century China: A Case Study of Honan Province."《 史問題》，3:9 (1978)，頁1–30。

張安奇，〈明稿本《玉華堂日記》的經濟史資料研究〉，《明史研究論叢》，5，南京：江蘇古籍出版社，1991，頁268–311。

Zhang Jiacheng. *The Reconstruction of Climate in China for Historical Times*. Beijing: Science Press, 1988.

Zhang Jiacheng and Thomas Crowley. "Historical Climate Records in China and Reconstruction of Past Climates." *Journal of Climate* 2 (August 1989): 833–49.

Zheng, Jingyun, Lingbo Xiao, Xiuqi Fang, Zhixin Hao, Quansheng Ge, and Beibei Li. "How Climate Change Impacted the Collapse of the Ming Dynasty." *Climatic Change* 127, no. 2 (2014): 169–82.

中央氣象局氣象科學研究院編，《中國近五百年旱澇分布圖》，北京：地圖出版社，1981。

University of California Press, 1996.

——. "Money Use in China and Changing Patterns of Global Trade in Monetary Metals, 1500–1800." In *Global Connections and Monetary History, 1470–1800*, edited by Dennis Flynn, Arturo Giráldez, and Richard von Glahn, 187–205. Burlington: Ashgate, 2003.

Wakeman, Frederic. *The Great Enterprise: The Manchu Reconstruction of Imperial Order in Seventeenth-Century China*. Berkeley: University of California Press, 1985.

王光堯，《明代宮廷陶瓷史》，北京：紫禁城出版社，2010。

王家範，〈明清江南消費經濟探測〉，《華東師範大學學報》，2 (1988)，頁 157–67。

王德毅，《中華民國臺灣地區公藏方志目錄》，臺北：漢學研究資料及服務中心，1985。

Wang, Yeh-chien (王業鍵). "The Secular Trend of Prices during the Ch'ing Period (1644–1911)." 《中國文化研究所學報》，5:2 (1972)，頁 47–71。

——. "Secular Trends of Rice Prices in the Yangzi Delta, 1638–1935." In *Chinese History in Economic Perspective*, edited by Thomas Rawsi and Lillian Li, 35–68. Berkeley: University of California Press, 1992.

Ward, Peter. "Stature, Migration and Human Welfare in South China, 1850–1930." *Economics and Human Biology* 11, no. 4 (December 2013): 488–501.

Wilkinson, Endymion. *Studies in Chinese Price History*. New York: Garland, 1980.

Will, Pierre-Étienne. "Discussions about the Market-Place and the Market Principle in Eighteenth-Century Guangdong."《中國海洋發展史論文集》，7 (1999)，頁 323–89。

——. *Handbooks and Anthologies for Officials in Imperial China: A Descriptive and Critical Bibliography*. Leiden: Brill, 2020.

Will, Pierre-Étienne, and R. Bin Wong, eds. *Nourish the People: The State Civilian Granary System in China, 1650–1850*. Ann Arbor: Center for Chinese Studies, University of Michigan, 1991.

Wilson, Rob, et al. "Last Millennium Northern Hemisphere Summer Temperatures from Tree Rings: Part I. The Long Term Context." *Quaternary Science Reviews*, 9 January 2016, http://dx.doi.org/10.1016/j.quascirev.2015.12.005.

Wong, R . Bin. *China Transformed: Historical Change and the Limits of European Experience*. Ithaca, NY: Cornell University Press, 1997.

吳承洛，《中國度量衡史》，1937，上海：商務印書館，1957。

巫仁恕，《品味奢華：晚明的消費社會與士大夫》，臺北：中央研究院、聯經出版公司，2007。

巫仁恕，《優游坊廂：明清江南城市的休閒消費與空間變遷》，臺北：中央研究院近代史研究所，2013。

幣〉，《考古》，6 (1975)，頁373–80。

Reddy, William. *Money and Liberty in Modern Europe: A Critique of Historical Understanding*. Cambridge: Cambridge University Press, 1987.

佐藤武敏，《中國災害史年表》，東京：國書刊行會，1993。

Rusk, Bruce. "Value and Validity: Seeing through Silver in Late Imperial China." In *Powerful Arguments: Standards of Validity in Late Imperial China*, edited by Martin Hofmann et al., 471–500. Leiden: Brill, 2020.

Schäfer, Dagmar. *The Crafting of the Ten Thousand Things: Knowledge and Technology in Seventeenth-Century China*. Chicago: University of Chicago Press, 2011.

Schäfer, Dagmar, and Dieter Kuhn. *Weaving and Economic Pattern in Ming Times (1368–1644): The Production of Silk Weaves in the State-Owned Silk Workshops*. Heidelberg: Edition Forum, 2002.

Shan Kunqing. "Copper Cash in Chinese Short Stories Compiled by Feng Menglong (1574–1646)." In *Money in Asia (1200–1900): Small Currencies in Social and Political Contexts*, edited by Jane Kate Leonard and Ulrich Theobald, 224–46. Leiden: Brill, 2015.

Siebert, Lee, Tom Simkin, and Paul Kimberley. *Volcanoes of the World*. 3rd ed. Berkeley: University of California Press, 2011.

宋正海，《中國古代自然災異相關性年表總匯》，合肥：安徽教育出版社，2002。

Struve, Lynn. *Voices from the Ming-Qing Cataclysm: China in Tigers' Jaws*. New Haven, CT: Yale University Press, 1993.

蘇更生，〈明初的商政與商稅〉，《明史研究論叢》，卷2，臺北：大立出版社，1985，頁427–48。

Torres, José Antonio Martinez. "'There Is But One World': Globalization and Connections in the Overseas Territories of the Spanish Hapsburgs (1581–1640)." *Culture and History Digital Journal* 3, no. 1 (June 2014). https://brasilhis.usal.es/en/node/7660.

Tsien, Tsuen-Hsuin. *Science and Civilisation in China*. Vol. 5:1, *Paper and Printing*. Cambridge: Cambridge University Press, 1985.

Volker, T. *Porcelain and the Dutch East India Company, as Recorded in the Dagh-Registers of Batavia Castle, Those of Hirado and Deshima and Other Contemporary Papers, 1602–1682*. Leiden: Brill, 1954.

von Glahn, Richard. "The Changing Significance of Latin American Silver in the Chinese Economy, 16th–19th Centuries." *Journal of Iberian and Latin American Economic History* 38, no. 3 (December 2020): 553–85.

——. *Fountain of Fortune: Money and Monetary Policy in China, 1000–1700*. Berkeley:

and England during the Price Revolution Era, ca. 1520–ca. 1650." *História e Economia* 4, no. 1 (2008): 14–71.

——. Review of David Hackett Fischer, *The Great Wave: Price Revolutions and the Rhythm of History*. *EH.Net Review*, 24 February 1999, ehreview@eh.net, accessed 10 June 2022.

中山美緒，(Nakayama Mio，並見岸本美緒)，"On the Fluctuation of the Price of Rice in the Chiang-nan Region during the First Half of the Ch'ing Period (1644–1795)." *Memoirs of the Research Department of the Toyo Bunko* 37 (1979): 55–90.

中山美緒，〈清代前期江南の物價動向〉，《東洋史研究》，37:4 (1979)，頁77–106。後收入岸本美緒，《清代中國の物價と經濟變動》，東京：研文出版，1997，頁99–135。

仁井田陞，《中國法制史研究——奴隸農奴法・家族村落法》，東京：東京大學出版會，1981。

Oertling, Sewall. *Painting and Calligraphy in the "Wu-tsa-tsu": Conservative Aesthetics in Seventeenth-Century China*. Ann Arbor: Center for Chinese Studies, University of Michigan, 1997.

Paethe, Cathleen, and Dagmar Schäfer. "Books for Sustenance and Life: Bibliophile Practices and Skills in the Late Ming and Qi Chenghan's Library Dasheng Tang." In *Transforming Book Culture in China, 1600–2016* (Kodex 6), edited by Daria Berg and Giorgio Strafella, 19–48. Wiesbaden: Harrassowitz Verlag, 2016.

Parker, Geoffrey. *Global Crisis: War, Climate Change and Catastrophe in the Seventeenth Century*. New Haven, CT: Yale University Press, 2013.

——. "History and Climate: The Crisis of the 1590s Reconsidered." In *Climate Change and Cultural Transformation in Europe*, edited by Claus Leggewie and Franz Mauelshagen, 119–55. Leiden: Brill, 2018.

Parsons, James. *Peasant Rebellions of the Late Ming*. Tucson: University of Arizona Press, 1970.

彭信威，《中國貨幣史》，上海：羣聯出版社，1954。

Pomeranz, Kenneth. *The Great Divergence: China, Europe, and the Making of the Modern World Economy*. Princeton, NJ: Princeton University Press, 2000.

Prange, Sebastian. "'Measuring by the Bushel': Reweighing the Indian Ocean Pepper Trade." *Historical Research* 84, no. 224 (May 2011): 212–35.

秦佩珩，〈明代米價考〉，收入氏著《明清社會經濟史論稿》，鄭州：中州古籍出版社，1984，頁199–210。

全漢昇，《明清經濟史研究》，臺北：聯經，1987。

全漢昇，〈宋明間白銀購買力的變動及其原因〉，《新亞學報》，8:1 (1967)，頁157–86。

泉州市文物管理委員會、泉州市海外交通史博物館，〈福建泉州地區出土的五批外國銀

——. *Histoire humaine et comparée du climat*. Vol. 1, *Canicules et glaciers (XIIIe–XVIIIe siècle)*. Paris: Fayard, 2004.

李德甫，《明代人口與經濟發展》，北京：中國社會科學出版社，2008。

李貴民，〈明清時期藍靛業研究論文〉，碩士論文，國立成功大學歷史研究所，2004。

李劍農，〈明代的一個官定物價表與不換紙幣〉，收入明史論叢第八冊《明代經濟》，臺北：學生書局，1968。

李子春，〈明末一件有關物價的史料〉，《考古》，10 (1960)，頁50。

梁方仲編，《中國歷代戶口、田地、田賦統計》，上海：上海人民出版社，1980。

梁家勉編，《徐光啟年譜》，上海：上海古籍出版社，1981。

Libbrecht, Ulrich. *Chinese Mathematics in the Thirteenth Century: The Shu-shu chiu-chang of Ch'in Chiu-shao*. Cambridge, MA: MIT Press, 1973.

Liu Jian et al. "Simulated and Reconstructed Winter Temperatures in the Eastern China during the Last Millennium." *Chinese Science Bulletin* 50, no. 24 (December 2005): 2872–77.

Lu, Tina. "The Politics of Li Yu's *Xianqing ouji*." *Journal of Asian Studies* 81, no. 3 (August 2022): 493–506.

Mann, Michael, et al. "Global Signatures and Dynamical Origins of the Little Ice Age and Medieval Climate Anomaly." *Science* 326 (November 2009): 1256–60.

Marks, Robert. *China: Its Environment and History*. Lanham, MD: Rowman and Littlefield, 2012.

——. "'It Never Used to Snow': Climate Variability and Harvest Yields in Late-Imperial South China, 1650–1850." In *Sediments of Time: Environment and Society in Chinese History*, edited by Mark Elvin and Liu Ts'ui-jung, 435–44. Cambridge: Cambridge University Press, 1998.

——. "Rice Prices, Food Supply, and Market Structures in Eighteenth-Century South China." *Late Imperial China* 12, no. 2 (December 1991): 64–116.

Martzloff, Jean-Claude. *A History of Chinese Mathematics*. Translation of *Histoire des mathématiques chinoises* (1987). New York: Springer, 2006.

Morse, Hosea Ballou. *The Chronicles of the East India Company, Trading to China 1635–1834*. Vol. 1. Oxford: Clarendon, 1926.

Muldrew, Craig. *The Economy of Obligation: The Culture of Credit and Social Relations in Early Modern England*. London: Macmillan, 1998.

——. *Food, Energy and the Creation of Industriousness: Work and Material Culture in Agrarian England, 1550–1780*. Cambridge: Cambridge University Press, 2011.

Munro, John. "Money, Prices, Wages, and 'Profit Inflation' in Spain, the Southern Netherlands,

井上進，《中國出版文化史：書物世界と知の風景》，名古屋：名古屋大學出版會，2002。

Jiang, Yonglin. "Defending the Dynastic Order at the Local Level: Central-Local Relations as Seen in a Late-Ming Magistrate's Enforcement of the Law." *Ming Studies* 1 (2000): 16–39.

——, trans. *The Great Ming Code / Da Ming lü*. Seattle: University of Washington Press, 2005.

江西省輕工業廳陶瓷研究所編，《景德鎮陶瓷史稿》，北京：三聯書店，1959。

Kaplan, Edward, trans. *A Monetary History of China*. 2 vols. Bellingham: Center for East Asian Studies, Western Washington University, 1994.

川勝守，《明清江南農業經濟史研究》，東京：東京大學出版會，1992。

Kindleberger, Charles. *Historical Economics: Art or Science?* Berkeley: University of California Press, 1990.

King, Gail, trans. "The Family Letters of Xu Guangqi." *Ming Studies* 21 (Spring 1991): 1–41.

岸本美緒（並見中山美緒），〈明末田土の市場關一考察〉，收入《山根幸夫教授退休紀念明代史論叢》，下卷，東京：汲古書院，1990，頁751–70。

岸本美緒，《清代中國の物價と經濟變動》，東京：研文出版，1997。

Klein, Herbert S., and Stanley J. Engerman. "Methods and Meanings in Price History." In *Essays on the Price History of Eighteenth-Century Latin America*, edited by Lyman L. Johnson and Enrique Tandeter, 9–20. Albuquerque: University of New Mexico Press, 1990.

Kueh, Y. Y. *Agricultural Instability in China, 1931–1991: Weather, Technology, and Institutions*. Oxford: Clarendon, 1995.

Kuo, Jason. "Huizhou Merchants as Art Patrons in the Late Sixteenth and Early Seventeenth Centuries." In *Artists and Patrons: Some Economic and Economic Aspects of Chinese Painting*, edited by Li Chu-tsing, 177–88. Seattle: University of Washington Press, 1989.

Kuroda Akinobu. "What Can Prices Tell Us about 16th–18th Century China?"《中国史学》，13 (2003)，頁101–17。

Lavin, Mary. *Mission to China: Matteo Ricci and the Jesuit Encounter with the East*. London: Faber, 2011. Lee, Fabio Yu-ching, and José Luis Caño Ostigosa. *Studies on the Map "Ku Chin Hsing Sheng Chih Tu."* Taipei: Research Center for Humanities and Social Sciences, National Tsing Hua University, 2017.

Le Goff, Jacques. *Money and the Middle Ages: An Essay in Historical Anthropology*. Translated by Jean Birrell. Cambridge: Polity, 2012.

Le Roy Ladurie, Emmanuel. "The Birth of Climate History." In *Climate Change and Cultural Transformation in Europe*, edited by Claus Leggewie and Franz Mauelshagen, 197–215. Leiden: Brill, 2018.

Grass, Noa. "Revenue as a Measure for Expenditure: Ming State Finance before the Age of Silver." PhD diss., University of British Columbia, 2015.

Grove, Jean. "The Onset of the Little Ice Age." In *History and Climate: Memories of the Future*, edited by P. D. Jones et al., 153–85. New York: Kluwer, 2001.

廣州市文物管理處，〈廣州東山明太監韋眷墓清理簡報〉，《考古》，4 (1977)，頁280–83。

Guo, Yanlong. "Affordable Luxury: The Entanglements of the Metal Mirrors in Han China (202 BCE–220 CE)." PhD diss., University of British Columbia, 2016.

濱島敦俊，〈明末江南鄉紳の具體像〉，收入岩見宏、岩見宏、谷口規矩雄編，《明末清初期の研究》，京都：京都大學人文科學研究所，1989，頁165–83。

Hamilton, Earl. "American Treasure and the Rise of Capitalism." *Economica* 27 (1929): 338–57.

——. "Use and Misuse of Price History." *Journal of Economic History* 4, Supplement (December 1944): 47–60.

Harris, Jonathan Gil. *Sick Economies: Drama, Mercantilism, and Disease in Shakespeare's England*. Philadelphia: University of Pennsylvania Press, 2011.

Hegel, Robert. "Niche Marketing for Late Imperial Fiction." In *Printing and Book Culture in Late Imperial China*, edited by Cynthia J. Brokaw and Kai-wing Chow, 236–37. Berkeley: University of California Press, 2005.

Heijdra, Martin（馬泰來），〈明代文物大賈吳廷事略〉，《故宮學術季刊》，23:1 (2005)，頁397–411。

Ho, Chui-mei. "The Ceramic Trade in Asia, 1602–82." In *Japanese Industrialization and the Asian Economy*, edited by A.J.H. Latham and Heita Kawakatsu, 35–70. London: Routledge, 1994. Ho, Ping-ti. *The Ladder of Success in Traditional China: Aspects of Social Mobility, 1368–1911*. New York: Columbia University Press, 1962.

Horesh, Niv. "Chinese Money in Global Context: Historic Junctures between 600 BCE and 2012." Stanford Scholarship Online, doi:10.11126/stanford/9780804787192.003.0004. Translated from "The Great Money Divergence: European and Chinese Coinage before the Age of Steam,"《中國文化研究所學報》，55 (2012)，頁103–37。

黃冕堂，《明史管見》，濟南：齊魯學社，1985。

Huang, Ray. *1587, a Year of No Significance*. New Haven, CT: Yale University Press, 1981.

——. *Taxation and Governmental Finance in Sixteenth-Century Ming China*. Cambridge: Cambridge University Press, 1974.

黃煜，《碧血錄》，《知不足齋叢書》本，上海：古書流通處，1921。

黃彰健，〈明洪武永樂朝的榜文峻令〉，收入黃彰健，《明清史研究叢稿》，臺北：商務印書館，1977，頁237–86。

(November 1975): 1–59.

Dyer, Christopher. *Standards of Living in the Later Middle Ages: Social Change in England c. 1200–1520*. Cambridge: Cambridge University Press, 1989.

Dyer, Svetlana Rimsky-Korsakoff. *A Grammatical Analysis of the "Lao Ch'ita" with an English Translation of the Chinese Text*. Canberra: Faculty of Asian Studies, Australian National University, 1983.

Ebrey, Patricia. *Chinese Civilization and Society: A Sourcebook*. New York: Free Press, 1981.

Edvinsson, Rodney, and Johan Söderberg. "The Evolution of Swedish Consumer Prices, 1290–2008." In *Exchange Rates, Prices, and Wages, 1277–2008*, edited by Rodney Edvinsson et al., 412–52. Stockholm: Ekerlids Förlag, 2010.

Farmer, Edward. *Zhu Yuanzhang and Early Ming Legislation: The Reordering of Chinese Society following the Era of Mongol Rule*. Leiden: Brill, 1995.

Filipiniana Book Guild. *The Colonization and Conquest of the Philippines by Spain: Some Contemporary Source Documents, 1559–1577*. Manila: Filipiniana Book Guild, 1965.

Finlay, Robert. *The Pilgrim Art: Cultures of Porcelain in World History*. Berkeley: University of California Press, 2010.

Fischer, David Hackett. *The Great Wave: Price Revolutions and the Rhythm of History*. New York: Oxford University Press, 1996.

Flynn, Dennis, and Arturo Giráldez. "Born with a 'Silver Spoon': The Origin of World Trade in 1571." *Journal of World History* 6, no. 2 (Fall 1995): 201–21.

Frank, Andre Gunder. *ReOrient: Global Economy in the Asian Age*. Berkeley: University of California Press, 1998.

傅衣凌，〈論明清時代福建土地買賣契約中的「銀主」〉，《抖擻》，52: 1 (1983)。

Gallagher, Louis, ed. *China in the Sixteenth Century: The Journals of Matthew Ricci, 1583–1610*. New York: Random House, 1953.

Ge Quansheng, Jingyun Zheng, Yanyu Tian, Wenxiang Wu, Xiuqi Fang, and Wei-Chyung Wang. "Coherence of Climatic Reconstruction from Historical Documents in China by Different Studies." *International Journal of Climatology* 28, no. 8 (2008): 1007–24.

Gerritsen, Anne. *The City of Blue and White: Chinese Porcelain and the Early Modern World*. Cambridge: Cambridge University Press, 2020.

Gibson, A.J.S., and T. C. Smout. *Prices, Food and Wages in Scotland, 1550–1780*. Cambridge: Cambridge University Press, 1995.

Gil, Juan. *Los Chinos en Manila (siglos XVI y XVII)*. Lisboa: Centro Cientifico e Cultural de Macau, 2011.

Chuan, Han-sheng, and Richard A. Kraus. *Mid-Ch'ing Rice Markets and Trade: An Essay in Price History*. Cambridge, MA: East Asian Research Center, Harvard University, 1975.

Clunas, Craig. "The Art Market in 17th Century China: The Evidence of the Li Rihua Diary."《美術史與觀念史》，冊1，南京：南京師範大學出版社，2003頁201–24。

——. *Elegant Debts: The Social Art of Wen Zhengming*. London: Reaktion Books, 2004.

——. *Fruitful Sites: Garden Culture in Ming Dynasty China*. London: Reaktion Books, 1996.

——. *Screen of Kings: Royal Art and Power in Ming China*. Honolulu: University of Hawai'i Press, 2013.

——. *Superfluous Things: Material Culture and Social Status in Early Modern China*. Cambridge: Polity, 1991.

Coatsworth, John H. "Economic History and the History of Prices in Colonial Latin America." In *Essays on the Price History of Eighteenth-Century Latin America*, edited by Lyman Johnson and Enrique Tandeter, 21–33. Albuquerque: University of New Mexico Press, 1990.

Cook, Harold. *Matters of Exchange: Commerce, Medicine, and Science in the Dutch Golden Age*. New Haven, CT: Yale University Press, 2007.

Crosby, Alfred. *The Columbian Exchange: Biological and Cultural Consequences of 1492*. Westport, CT: Greenwood, 1972.

Dai, Lianbin. "The Economics of the Jiaxing Edition of the Buddhist Tripitaka." *T'oung pao* 24, no. 4/5 (2008): 306–59.

Dardess, John. *Four Seasons: A Ming Emperor and His Grand Secretaries in Sixteenth-Century China*. Lanham, MD: Rowman and Littlefield, 2016.

David, Percival, trans. *Chinese Connoisseurship: The Ko Ku Yao Lun, the Essential Criteria of Antiquities*. London: Faber and Faber, 1971.

Davis, Mike. *Late Victorian Holocausts: El Niño Famines and the Making of the Third World*. London: Verso, 2002.

Degroot, Dagomar. *The Frigid Golden Age: Climate Change, the Little Ice Age, and the Dutch Republic, 1560–1720*. Cambridge: Cambridge University Press, 2018.

Deng, Kent. "Miracle or Mirage? Foreign Silver, China's Economy and Globalization from the Sixteenth to the Nineteenth Centuries." *Pacific Economic Review* 13, no. 3 (2008): 320–58.

De Vries, Jan. *The Price of Bread: Regulating the Market in the Dutch Republic*. New York: Cambridge University Press, 2019.

Dudink, Adrian. "Christianity in Late Ming China: Five Studies." PhD diss., University of Leiden, 1995.

Dunstan, Helen. "The Late Ming Epidemics: A Preliminary Survey." *Ch'ingshih went'i* 3, no. 3

and Qing." In *Explorations in the History of Science and Technology in China*, edited by Li Guohao et al., 659–90. Shanghai: Chinese Classics, 1982.

——. "Telling Famine Stories: The Wanli Emperor and the 'Henan Famine' of 1594." *Études chinoises* 34, no. 2 (2015): 163–202.

——. "Trade and Conflict in the South China Sea: China and Portugal, 1514–1523." In *A Global History of Trade and Conflict since 1500*, edited by Lucia Coppolaro and Francine McKenzie, 20–37. Basingstoke: Palgrave Macmillan, 2013.

——. "Trading Places." *Apollo*, November 2015, 70–74.

——. *The Troubled Empire: China in the Yuan and Ming Dynasties*. Cambridge, MA: Harvard University Press, 2010.

——. *Vermeer's Hat: The Seventeenth Century and the Dawn of the Global World*. New York: Bloomsbury, 2008.

Campbell, Bruce, *The Great Transition: Climate, Disease and Society in the Late-Medieval World*. Cambridge: Cambridge University Press, 2016.

Cartier, Michel. "Les importations de métaux monétaires en Chine: Essai sur la conjoncture chinoise." *Annales* 35, no. 3 (1981): 454–66.

——. "Note sur l'histoire des prix en Chine du XIVe au XVIIe siècle." *Annales* 24, no. 4 (1969): 876–79.

——. *Une réforme locale en Chine au XVIe siècle: Hai Rui à Chun'an, 1558–1562*. Paris: Mouton, 1973. Chang, Pin-tsun. "The Sea as Arable Fields: A Mercantile Outlook on the Maritime Frontier of Late Ming China." In *The Perception of Maritime Space in Traditional Chinese Sources*, edited by Angela Schottenhammer and Roderich Ptak, 12–267. Wiesbaden: Harrassowitz, 2006.

Chaudhuri, K. N. *The Trading World of Asia and the East India Company, 1660–1760*. Cambridge: Cambridge University Press, 1978.

陳高傭，《中國歷代天災人禍表》，上海：上海暨南大學，1939；上海：上海書店，1986。

陳學文編，《湖州府城鎮經濟史料類纂》，杭州，1989。

Cheng, Hai, Lawrence Edwards, and Gerald Haug. "Comment on 'On Linking Climate to Chinese Dynastic Change: Spatial and Temporal Variations of Monsoonal Rain.'" *Chinese Science* 55, no. 32 (November 2010): 3734–37.

程民生，《宋代物價研究》，北京：人民出版社，2008。

Chow, Kai-wing. *Publishing, Culture, and Power in Early Modern China*. Stanford, CA: Stanford University Press, 2004.

in Germany during the 16th Century Price Revolution." *Climatic Change* 43, no. 1 (1999): 303–21.

Beveridge, William. *Wages and Prices in England from the Twelfth to the Nineteenth Century*. 1939. London: Cass, 1965.

Bian, He. *Know Your Remedies: Pharmacy and Culture in Early Modern China*. Princeton, NJ: Princeton University Press, 2020.

Bol, Peter. *Localizing Learning: The Literati Enterprise in Wuzhou, 1100–1600*. Cambridge, MA: Harvard University Asia Center, 2022.

Boxer, C. R. *South China in the Sixteenth Century*. London: Hakluyt Society, 1953.

——. *The Great Ship from Amacon*. Lisbon: Centro de Estudoes Históricos Ultramarinos, 1960.

Boyd-Bowman, Peter. "Two Country Stores in XVIIth Century Mexico." *Americas* 28, no. 3 (January 1972): 237–51.

Braudel, Fernand. *The Structures of Everyday Life: The Limits of the Possible*. Translated by Siân Reynolds. Civilization and Capitalism, 15th–18th Century 1. London: Collins, 1981.

Britnell, Richard. "Price-Setting in English Borough Markets." *Canadian Journal of History* 31, no. 1 (April 1996): 1–15.

Brook, Timothy. *The Confusions of Pleasure: Commerce and Culture in Ming China*. Berkeley: University of California Press, 1998.

——. "Differential Effects of Global and Local Climate Data in Assessing Environmental Drivers of Epidemic Outbreaks." *Proceedings of the National Academy of Sciences* 114, no. 49 (5 December 2017): 12845–47.

——. *Great State: China and the World*. New York: HarperCollins, 2020.

——. "Great States." *Journal of Asian Studies* 75, no. 4 (November 2016): 957–72.

——. "The Merchant Network in 16th Century China: A Discussion and Translation of Zhang Han's 'On Merchants.'" *Journal of the Economic and Social History of the Orient* 24, no. 2 (1981): 165–214.

——. "Native Identity under Alien Rule: Local Gazetteers of the Yuan Dynasty." In *Pragmatic Literacy, East and West, 1200–1330*, edited by Richard Britnell, 235–45. Woodbridge: Boydell and Brewer, 1997.

——. "Nine Sloughs: Profiling the Climate History of the Yuan and Ming Dynasties, 1260–1644." *Journal of Chinese History* 1 (2017): 27–58.

——. "Something New." In *Early Modern Things: Objects and Their Histories, 1500–1800*, edited by Paula Findlen, 369–74. Abingdon: Routledge, 2013.

——. "The Spread of Rice Cultivation and Rice Technology into the Hebei Region in the Ming

俞森，《荒政叢書》，1690。
袁忠道，《遊居杮錄》，上海：遠東出版社，1996。
張岱，《琅嬛文集》，上海：廣益書局，1936。
張岱，《陶庵夢憶》，上海：商務印書館，1939。
張瀚，《松窗夢語》，1593，與《治世餘聞》並刊，北京：中華書局，1985。
張肯堂，《䍃辭》，1634，臺北：學生書局，1970。
張履祥，《補農書校釋》，陳恆力校釋，北京：農業出版社，1983。
張履祥，《楊園先生全集》，1782。
張廷玉編，《明史》，北京：中華書局，1974。
張燮，《東西洋考》，北京，中華書局，1981。
張怡，《玉光劍氣集》，北京，中華書局，2006。
趙用賢，《松石齋集》，1618。
朱逢吉，《牧民心鑑》，1404，日本寬政版，1852。
朱元璋，《明太祖集》，胡士萼點校，合肥：黃山書社，1991。

二手史料

Agøy, Erling. "Weather Prognostication in Late Imperial China as Presented in Local Gazetteers (1644–1722)." Unpublished.

Alexandre, Pierre. *Le climat en Europe au Moyen Age: Contribution à l'histoire des variations climatiques de 1000 à 1425, d'après les sources narratives de l'Europe occidentale*. Paris: École des Hautes Études en Sciences Sociales, 1987.

Allen, Robert. *The British Industrial Revolution in Global Perspective*. New York: Cambridge University Press, 2009.

Atwell, William. "Another Look at Silver Imports into China, ca. 1635–1644." *Journal of World History* 16, no. 4 (2005): 467–89.

———. "International Bullion Flows and the Chinese Economy circa 1530–1630." *Past and Present* 95 (1982): 68–90.

———. "Notes on Silver, Foreign Trade, and the Late Ming Economy." *Ch'ing-shih wen-t'i* 3, no. 8 (1977): 1–33.

———. "Time, Money, and the Weather: Ming China and the 'Great Depression' of the Mid-Fifteenth Century." *Journal of Asian Studies* 61, no. 1 (February 2002): 83–113.

———. "Volcanism and Short-Term Climate Change in East Asian and World History, c. 1200–1699." *Journal of World History* 12, no. 1 (2001): 29–98.

Bauernfeind, Walter, and Ulrich Woitek. "The Influence of Climatic Change on Price Fluctuations

Scott, Edmund. *An Exact Discourse of the Subtleties, Fashions, Policies, Religion, and Ceremonies of the East Indians*. London: Walter Burre, 1606.
上海博物館圖書資料室，《上海碑刻資料選輯》，上海：上海人民出版社，1980。
沈榜，《宛署雜記》，1593，北京：北京古籍出版社，1980。
沈德符，《萬曆野獲編》，1606，北京：中華書局，1997。
沈氏，《補農書》，崇禎年間，再版收入張履祥，《楊園先生全集》，1782。
沈津，〈明代坊刻圖書之流通與價格〉，《國家圖書館館刊》，1 (臺北：1996)，頁101–18。
宋濂編，《元史》，北京：中華書局，1976。
宋應星，《天工開物》，董文校勘，1962，臺北：世界書局，2002。
Sun, E-tu Zen, and Shiou-chuan Sun, trans. *Chinese Technology in the Seventeenth Century: T'ienkung k'ai-wu*. University Park: Pennsylvania State University Press, 1966.
談遷，《棗林雜俎》，北京：中華書局，2007。
唐順之，《唐荊川先生文集》，1573。
唐甄，《潛書》，北京：中華書局，1963。
《天水冰山錄》，1562，再版收入毛奇齡，《明武宗外記》，1951。
屠隆，〈荒政考〉，收入李文海、夏明方編，《中國荒政全書》，卷1，北京：北京古籍出版社，2003。
Velho, Álvaro (attrib.). *Le premier voyage de Vasco de Gama aux Indes (1497–1499)*. Paris: Chandeigne, 1998.
萬士和，《萬文恭公摘集》，1592。
王士翹，《西關志》，1548，北京：北京古籍出版社，1990。
Wang Yangming. *Instructions for Practical Living, and Other Neo-Confucian Writing*. Translated by Wing-tsit Chan. New York: Columbia University Press, 1963.
吳鋼編，《華山碑石》，西安：三秦出版社，1995。
吳宏，《紙上經綸》，徽州，1721，東京大學東洋文化研究所大木文庫。
吳應箕，《留都見聞錄》，1644，1730，貴池先哲遺書重印，1920。
謝彬，《南京戶部志》，1550。
謝肇淛，《五雜組》，上海：上海書店出版社，2001。
徐光啓，《農政全書校注》，三冊，石聲漢校注，上海：上海古籍出版社，1979。
徐光啓，《徐光啓集》，上海：上海古籍出版社，1963。
顏俊彥，《盟水齋存讀》，1632。
楊東明，《饑民圖說》，1748。
葉春及，《惠安政書》，1573，《石洞集》版，1672。
葉夢珠，《閱世編》，上海：上海古籍出版社，1981。

顧炎武，《天下郡國利病書》，京都：中文出版社，1975。
海瑞，《海瑞集》，北京：中華書局，1981。
賈貴榮、駢宇騫編，《地方志災異資料叢刊》，北京：國家圖書館出版社，2010。
丘凡真編，《吏文譯註》，首爾：世昌出版社，2012。
李樂，《見聞雜記》，1610，含1612續二卷，上海：上海古籍出版社，1986。
李日華，《味水軒日記》，上海：遠東出版社，1996。
劉若愚，《酌中志》，北京：北京出版社，2000。
龍文彬，《明會要》，1887，北京：中華書局，1956。
呂坤.《時政錄》，1598，臺北：文史哲出版社，1971。
陸文衡，《嗇菴隨筆》，臺北：廣文書局，1969。
陸曾禹，《康濟錄》，1739，蘇州，1784。
毛奇齡編，《明武宗外記》，1947，北京：神州國光社，1951；上海：上海書店，1982。
Mill, James. *The History of British India*. 3 vols. London: Baldwin, Cradock, and Joy, 1817.
《明崇禎長編》，臺北：臺灣銀行，1969。
《明神宗實錄》，臺北：中央研究院歷史語言研究所，1962。
《明世宗實錄》，臺北：中央研究院歷史語言研究所，1962。
《明太宗實錄》，臺北：中央研究院歷史語言研究所，1962。
《明太祖實錄》，臺北：中央研究院歷史語言研究所，1962。
《明武宗實錄》，臺北：中央研究院歷史語言研究所，1962。
《明孝宗實錄》，臺北：中央研究院歷史語言研究所，1962。
《明宣宗實錄》，臺北：中央研究院歷史語言研究所，1962。
Mun, Thomas. *A Discourse of Trade, from England unto the East-Indies: Answering to Diverse Objections Which Are Usually Made against the Same*. 1621. 2nd ed. (1621), reprinted in *Purchas His Pilgrimes*, edited by Samuel Purchas, 5:262–301. Reprinted in *A Select Collection of Early English Tracts on Commerce*, edited by J. R. McCulloch, 1–47. London: Political Economy Club, 1856.
Pantoja, Diego. *Advis du Reverend Père Iaques Pantoie de la Compagnie de Jésus envoyé de Paquin Cité de la Chine*. Translation of *Relacion de la Entrada de Algunos Padres de la Compañia de Iesus en la China*. Arras: Guillaume de la Rivière, 1607.
Purchas, Samuel. *Purchas His Pilgrimes: Contayning a History of the World in Sea Voyages and Lande Travells by Englishmen and Others*. London: Henrie Featherstone, 1625. Glasgow: James MacLehose and Sons, 1905.
Saris, John. *The Voyage of Captain John Saris to Japan, 1613*. Edited by Ernest Satow. London: Hakluyt Society, 1900.

參考書目

本書引用的地方志，在註解中已有載明書名與版本年代，本處不再另行列出。

一手文獻

Abru, Hafiz, ed. *A Persian Embassy to China*. Translated by K. M. Maitra. Edited by L. Carrington Goodrich. New York: Paragon, 1970.

Blair, Helen, and James Robertson, eds. *The Philippine Islands, 1493–1803*. 55 vols. Cleveland: Arthur H. Clark, 1903–9.

陳其德，《垂訓朴語》，陳梓編，桐鄉，1813。

陳子龍編，《皇明經世文編》，1638，北京：中華書局，1987。

《程氏染店查算帳簿，1594–1604》。收入《徽州千年契約文書》，王鈺欣、周紹泉編。石家莊：花山文藝出版社，1991–93。8:74–158

Ch'oe Pu. *A Record of Drifting across the Sea*. Translated by John Meskill. Tucson: University of Arizona Press, 1965.

《船政》，南京：兵部，1546。

《大明會典》，北京，1587。

《大元聖政國朝典章》。1322。臺北：國立故宮博物院，1976。

丁荷生、鄭振滿編，《福建宗教碑銘彙編：泉州府分冊》，三冊，福州：福州人民出版社，2003。

丁荷生、鄭振滿編，《福建宗教碑銘彙編：興化府分冊》，福州：福建人民出版社，1995。

范淶，《兩浙海防類考續編》，1602。

Feng Menglong (馮夢龍). *Stories Old and New: A Ming Dynasty Collection*. Translated by Shuhui Yang and Yinqin Yang. Seattle: University of Washington Press, 2000.

馮夢禎，《快雪堂日記》，南京：鳳凰出版社，2010。

葛寅亮編，《金陵梵剎志》，南京：禮部，1607。

Girard, Pascale, trans. *Le voyage en Chine d'Adriano de las Cortes S.J. (1625)*. Paris: Chandeigne, 2001.

顧起元，《客座贅語》，南京，1618。

Beyond
64
世界的啟迪

氣候危機與大明王朝的終結

The Price of Collapse: The Little Ice Age and the Fall of Ming China

作者 卜正民（Timothy Brook）
譯者 馮奕達
副總編輯 洪仕翰
責任編輯 洪仕翰
行銷總監 陳雅雯
行銷企劃 張偉豪
封面設計 陳恩安
排版 宸遠彩藝

出版 衛城出版 / 左岸文化事業有限公司
發行 遠足文化事業股份有限公司（讀書共和國出版集團）
地址 231 新北市新店區民權路 108-3 號 8 樓
電話 02-22181417
傳真 02-22180727
法律顧問 華洋法律事務所　蘇文生律師
印刷 呈靖彩藝有限公司
初版 2024 年 5 月
初版三刷 2024 年 6 月
定價 480 元
ISBN 9786267376331（紙本）
9786267376355（EPUB）
9786267376348（PDF）

ACRO POLIS
衛城出版
Email acropolismde@gmail.com
Facebook www.facebook.com/acrolispublish

國家圖書館出版品預行編目(CIP)資料

價崩：氣候危機與大明王朝的終結/卜正民(Timothy Brook)作；馮奕達譯. -- 初版. -- 新北市：衛城出版, 左岸文化事業有限公司, 2024.05
面；　公分. -- (Beyond ; 64)(世界的啟迪)
譯自：The price of collapse : the little ice age and the fall of Ming China.

ISBN 978-626-7376-33-1（平裝）

1. 氣候變遷　2. 明史

626　　113002389